JN015559

# 観光英語検定試験

## 問題と解説

四訂版

全国語学ビジネス観光教育協会 観光英検センター〔編〕
山口百々男〔監修〕

音声無料
ダウンロード

Kenkyusha

# 目　次

# 改訂にあたって

世界に向けての観光キャンペーン「ようこそジャパン」に見られるように、海外から日本へ観光のために来訪する人々に「美しい日本」を紹介する動きも高まる今日この頃です。「日本の文化」また「日本の観光」に関する学習熱も以前よりも高まっています。観光英語検定試験は、このようにグローバルな時代のニーズに応え毎年実施され、海外・国内における観光に関する「知識・教養」とそれを英語で表現する「語学力」を問う試験として存続しています。

観光英語検定試験の特色は、「海外観光事情」と「国内観光事情」の出題内容にあります。観光英語検定試験における「筆記試験」と「リスニング試験」には、そのレベル（1 級から 3 級）に応じた語学面における『ことば』（英語と日本語）と知識面における「文化」（海外と国内の知識・教養）の内容が出題されています。

本書を改訂するにあたり、次の特徴を念頭において編纂しました。

（1） 観光英語検定試験問題の「傾向と対策」を知る。
（2） 海外での観光の旅先で「すぐに使える観光英語」を厳選する。
（3） 国内での観光案内で「すぐに活用できる観光英語と文化教養」を厳選する。

元来、「観光」の語源は易経（えききょう）（儒教の基本テキスト五経の筆頭に挙げられる経典）にある「国の光を観る」という意味です。英語ではTOURISMが広く用いられています。「光」とは何か。諸説ありますが、少なくとも単なる「物見遊山的な観光」ではなく「体験的な観光」でしょう。その国が保有する「雄大な観光地」、その国の人々が創造した「壮大な歴史を有する観光都市」、そしてその国が誇る「壮麗なまた神秘的な世界遺産（文化・自然・複合）」などを体験することでしょう。「観光」を通して人は深い感動を覚え、そして人は豊かに変容するのです。

本書は、単なる「観光英検試験の受験書」ではなく、そのような観光を体験する前に「**英語を**」学習すること、そして観光を体験しながらその国の観光と文化を「**英語で**」学習するカギとなる入門書です。

令和 3 年夏

山口百々男

# 観光英語検定試験の概要

**主催:** 全国語学ビジネス観光教育協会
観光英検センター

**後援:** 文部科学省
一般社団法人　日本ホテル協会
一般社団法人　日本旅行業協会
株式会社　JTB 総合研究所

**試験実施日:**
10 月下旬　3 級・2 級・1 級
願書受付期間: 7 月初旬～9 月中旬

●お問い合わせ先／受験案内・願書等申し込み先
〒101–0061 東京都千代田区神田三崎町 2–8–10　ケープビル 2F
観光英検センター (全国語学ビジネス観光教育協会内)
TEL 03–5275–7741　FAX 03–5275–7744
http://www.zgb.gr.jp　E-mail:info@zgb.gr.jp

## (1)　観光英語検定試験

観光英語検定試験 (TEPT = Tourism English Proficiency Test) は、グローバル化された世界の中での観光分野・旅行分野において、特定の資格を与えるために必要な「語学」(「読む・書く・話す・聞く」における総合的な英語コミュニケーション能力) と「文化」(海外または国内における「観光事情」や「日本事情」における総合的な基礎知識) に関する教養とその運用能力の有無をはかる試験である。

[注] 以下、観光英語検定試験を「**観光英検**」と略す。

## (2)　観光英検の認定基準と運用範囲

観光英検には「1 級・2 級・3 級」の各レベルがある。

3 級 (初級レベル)

1.　英検 (実用英語技能検定) 3 級程度／ TOEIC [D] レベル (220–470)
2.　海外における「団体旅行」に参加して、少人数での観光名所巡り、ホテル・レストラン、ショッピングなどにおいて必要とされる観光・旅行全般に関する基礎的な英語を運用することができる。
3. 国内において外国人に対して「道案内」や「パンフレット類」などを英語で説明することができる。また日本の観光名所、さらには日本の伝統文化や現代文化をやさしい英語で紹介することができる。

2級 (中級レベル)

1. 英検 (実用英語技能検定) 2級程度 / TOEIC [C] レベル (470–600)
2. 観光・旅行関係の業界において、海外業務に携わる時に必要とされる基礎的な英語を運用することができる。
3. 海外における「個人旅行」を予約するとき、個人で旅程を組み、乗物やホテルの予約、また単独で観光や買物などの際英語で対処することができる。
4. 国内において外国人に対して、日本の観光名所や名所旧跡、また日本の伝統文化や現代文化など、日本の観光事情や文化事情を英語で紹介することがきる。

1級 (上級レベル)

1. 英検 (実用英語技能検定) 準1級・1級程度／TOEIC [B・C] レベル (600–860)
2. 国内 (inbound) において、「外国人観光客」に対して日本各地の観光地 や名所旧跡などを英語で紹介しながら「通訳ガイド」(Guide-Interpreter) ができる。
3. 海外 (outbound) において、日本から同行する「日本人観光客」などを接遇しながら英語で「添乗」(Tour Escort) することができる。
4. 国内または海外のエアライン関連の業務遂行にあたり、外国人に対して十分に接客できる「客室乗務員」(Flight Attendant) や「地上係員」(Ground Staff) として英語で対応することができる。
5. 国内または海外のホテル・レストラン関連の業務遂行において、外国人に対して十分に接客できる「ホテル主任」(Hotel Assistant Manager) として英語で対応することができる。
6. その他、観光・旅行関連の広い教養と一般常識を保ちながら、海外また国内において英語で活躍できる。
7. 海外における風俗習慣や国際儀礼などの「異文化」を英語で理解する

ことができる。

## (3)　観光英検の試験方法

〈1〉　試験の所要時間

◆ 3 級　筆記試験：60 分　リスニング試験：約 30 分
◆ 2 級　筆記試験：60 分　リスニング試験：約 30 分
◆ 1 級　筆記試験：10 分　面接試験：約 10 分

〈2〉　試験問題の番号

出題される設問が「通し番号」で統一されている。

2級・3級

「筆記試験」は (1)〜(50)、「リスニング試験」は (51)〜(90)、合計 90 題となっている。

1級

「筆記試験」は (1)〜(4) 4 題、「面接試験」は (1) から (4) 4 題、合計 8 題となっている。

〈3〉　出題の方式

2級・3級

「筆記試験」と「リスニング試験」における全問は、四肢択一式の「客観問題」であり、すべて 4 つの選択肢のうちから正解を 1 つ選び、解答用紙のマーク欄を塗りつぶす「四択・マークシート方式」となっている。

1級

「筆記試験」は「英文和訳」「和文英訳」を**記述方式**で行う。
「面接試験」は、特定課題について試験官と受験者とによる**英問英答**で行う。

### 2級・3級

**〔筆記試験〕**

(1)　「適語の選択」(**観光用語**の問題)：設問には「適語」を選択するように下線が施され、その問題に対して 4 つの選択肢の中から正解を 1 つ選ぶ。

(2)　「語句・適文の選択」(**対話・会話**の問題)：設問には「語句・適文」を選択するように下線が施され、その問題に対して 4 つの選択肢の中から正解を 1 つ選ぶ。

(3) 「語句の整序」(**英文構成**の問題): 設問には「適切な文章」を構成するように下線が施され、その問題に対して4つの選択肢の中から正解を1つ選ぶ。

(4) 「正誤選択」(**英文読解**の問題): 指定された英文資料を読み、その内容について正しいものを4つの選択肢の中から選ぶ。または内容と一致する「正しい文」、あるいは「正しくない文」を4つの選択肢の中から1つ 選ぶ。

(5) 「内容一致」(**海外観光・日本観光**の問題): 指定された設問を読み、その内容と一致する文章となるよう英語または日本語の「適切な語句」を4つの選択肢の中から1つ選ぶ。

〔**リスニング試験**〕

(6) 「写真描写」: 指定された「**写真**」に対して、4つの選択肢の中から正解を1つ選ぶ。

(7) 「イラスト描写」: 指定された「**イラスト**」に対して、4つの選択肢の中から正解を1つ選ぶ。

(8) 「対話方式」: 設問された「**対話文**」においてコミュニケーションが成立するように、4つの選択肢の中から正解を1つ選ぶ。

(9) 「会話方式」: 設問された「**会話文**」においてコミュニケーションが成立するように、4つの選択肢の中から正解を1つ選ぶ。

(10) 「観光事情」: 指定された「**海外観光事情**」また「**国内観光事情**」に対して、4つの選択肢の中から正解を1つ選ぶ。

**1級**

「筆記試験」は「英文和訳」「和文英訳」を**記述方式**で行う。

「面接試験」は、特定課題について試験官と受験者とによる**英問英答**で行う。

## (4) 観光英検の問題の形式と内容

### ・「3級・2級」における問題の形式と内容

### 【1】 出題の形式

筆記試験

［A］語学面

設問1. 『観光用語』の問題 (Vocabulary)

適語の選択 (Fill-in-the-Blank)

［Part A］英—和形式:「海外用語」［1］〜［3］・「国内用語」［4］

〜[5]
[Part B] 和—英形式:「海外用語」[6]〜[8]・「国内用語」[9]〜[10]

設問 2. 『英語コミュニケーション』の問題 (Communication)
適文の選択 (Fill-in-the-blank)
[Part A] 対話形式:「海外観光」[11]〜[13]・「国内観光」[14]〜[15]
[Part B] 会話形式:「海外観光」[16]〜[18]・「国内観光」[19]〜[20]

設問 3. 『英文構成』の問題 (Composition)
語句の整序 (Word order / Fill-in-the-Underline)
「記述形式」:「海外観光」あるいは「国内観光」[21]〜[26]

設問 4. 『英文読解』の問題 (Reading Comprehension)
正誤の選択 (Multiple-choice by filling-in-the-blank)
[Part A]『記述』「海外観光事情」[26]〜[30]
[Part B]『記述』「国内観光事情」[31]〜[35]
[Part C]『会話』「国内観光事情」[36]〜[40]

[B] 知識面

設問 5: 『観光事情』に関する内容把握の問題 (Overseas Tourism & Japanese Tourism)
適語・適文の選択 (Multiple-choice by filling-in-the-blank)
[Part A]「海外観光」[41]〜[43]・「海外文化」[44]〜[45]
[Part B]「国内観光」[46]〜[48]・「国内文化」[49]〜[50]

**リスニング試験**

[A] 語学面

設問 6. 『写真描写』による状況把握 (Picture Format)
「海外観光」[51]〜[53]・「国内観光」[54]〜[55]

設問 7. 『イラスト描写』による状況把握 (Illustration Format)
「海外観光」[56]〜[58]・「国内観光」[59]〜[60]

設問 8. 『対話』に関する内容把握 (Dialog Format)
「海外観光」[61]〜[65]・「国内観光」[66]〜[70]

設問 9. 『会話』に関する内容把握 (Conversation Format)
「海外観光」[71]〜[75]・「国内観光」[76]〜[80]

[B] 知識面

設問 10.『観光事情』に関する内容把握。

【3 級】観光に関する「**英会話**」(Conversation Format)
[Part A]「海外観光」[81]〜[85]
[Part B]「国内観光」[86]〜[90]
【2 級】観光に関する「英文記述」(Description Format)
[Part A]「海外観光」[81]〜[85]
[Part B]「国内観光」[86]〜[90]

**【2】 出題の内容**

① 旅行関連

主として「語学面」での観光英語・旅行英語を問う内容である。したがって「出題の形式」で前述したように、筆記試験では「設問 1」から「設問 4」、リスニング試験では「設問 6」から「設問 9」までの範囲と関連する。

1. エアライン
出発: 自動搭乗手続き・検問・出入国手続き・顔認識機・免税店、搭乗など
機内: 設備・座席・化粧室・機内食・機内販売・離着陸など
到着: 通過乗客・乗り換え客・入国荷物受取・税関申告など
2. ホテル
フロント部門: 自動チェックイン・チェックアウト・会計・顔認識機など
宿泊部門: 客室・客室設備・各種接客サービスなど
宴会部門: 宴会・各種会議など
3. レストラン
飲食部門: 食堂・カフェショップ・バー・宴会など
食堂: 予約・注文・従業員など
食事: 朝食・昼食・夕食・バイキング・カフェテリアなど
献立: 飲物・前菜・スープ・魚介類・肉食類・果物など
4. ショッピング
デパート: 案内・売場 (衣類、化粧品、靴、カメラ、バッグ) など
専門店: 装身具・宝石・美術品・工芸品・陶芸品など
免税店: 酒類・香水・菓子類など
5. 交通機関
陸運: 鉄道 (列車)・自動車 (タクシー、バス等)、ホームドアなど

航空：飛行機・航空会社・飛行場・飛行など
海運：船舶・船舶会社・船着場・航海など

6. 観光・旅行
観光：見物、見学、観光地、観光名所、写真撮影など
旅行：企画、手配、旅程、申込、予約、料金、運賃など
案内：運送機関、切符の購入、掲示など

7. 通信・銀行
電話：携帯電話・E メール・インターネット・ファックス・通信文など
郵便：はがき、切手、郵便物、小包、配達など
銀行：換金・クレジットカード・トラベラーズチェックなど

8. 娯楽・レジャー
観賞：美術館、博物館、演劇、音楽、コンサートなど
娯楽：カラオケ、ディスコ、ナイトクラブ、カジノなど
スポーツ：野球、テニス、ゴルフ、水泳、サーフィンなど

9. 病気・医薬
病院：病棟、施設、医者、患者、診察、医療器具など
病気：内科、外科、婦人科、耳鼻咽喉科、歯科、精神科など
医療：内服薬、薬剤、薬草、処方箋、服用など

10. 観光・旅行情報
世界の主要都市・空港コードなど
国名・国民・国語・都市・通貨単位など

② **観光関連**

★近年「英語通訳ガイド試験」の受験者が「観光英語検定試験」を受験する傾向がある。前者は主として「インバウンド」（海外からの外国人が訪日する旅行）を中心とするが、後者は「インバウンド」と「アウトバウンド」（日本から海外に向けての旅行）の両面を目標とする。これは英語関連の検定試験の中で「観光英検試験」のみが有する特色である。

「観光英語検定試験」は、海外と国内の「観光」と「旅行」を主たるテーマとしている。 特に「設問 5」と「設問 10」の「Part B：国内観光の既出例」における「英語」と「知識」は、「通訳ガイド試験（第 1 次・第 2 次）」の内容としてもひんぱんに出題されている。「設問 5」と「設問 10」は、「英語で」海外・国内の観光事情・文化事情の「知識・教養」を検定す

ることになっている。

下記に列挙された国名・地名・観光名所・文化遺産などの内容は、各「3級」と「2級」の書籍に記載されている。

■ 設問 5 海外観光と国内観光に関する問題

★下記［Part A］と［Part B］における各級【3級・2級】の後に記載されている「国名・県名・固有名・風物」などは、本書第5章の「出題例」(41〜50) または「演習例」(1〜10) で取り上げられている。1例を挙げたにすぎないので、他は本文を参考にすること。

なお、新ガイドラインでは、選択肢には「国名・県名」は「固有名 (地名・文化など)」で列挙される場合がある。出題に関する「形式」は異なるが「内容」はほぼ同じである。

［Part A］『海外観光の既出例』

1. **世界遺産**: 宗教施設 (教会・寺院・モスク)・景勝地・遺跡と史跡・名所旧跡など。
   【3級】(41) the Taj Mahal (インドにあるタージ・マハル霊廟)
   【2級】(3) Sistine Chapel (バチカン宮殿内にあるシスティーナ礼拝堂)
2. **自然資源**: 自然景観、国立公園・州立公園・半島・山岳・渓谷・湖沼など。
   【3級】(3) Chichen-Itza (メキシコにあるチェン・イッツァ［マヤ文化遺産］)
   【2級】(1) the Jungfrau (スイスにあるユングフラウ山地の最高峰)
3. **文化資源**: 歴史的建造物、教会・聖堂・寺院・宮殿・城郭・庭園。
   【3級】(42) the Grand-Place (ベルギーのグアン・プラス: 由緒ある建造物群)
   【2級】(2) Borobudur (インドネシアにあるボロブドゥール: 古代寺院の遺跡)
4. **伝統工芸・郷土芸能・衣食住**: 郷土料理・工芸品・特産品・美術品・音楽など。
   【3級】(44) Alcohol (アルコール (禁酒): イスラム教の飲食物タブー)
   【2級】(4) Islamic (law) (イスラム教の戒律［コーラン］)
5. **年中行事・祭り・風習**: 国民の祝日・宗教行事・地域の例祭・慣習・

娯楽など。

【3級】(45) Travel insurance (旅行保険。旅行中の事故・災害から守る)

【2級】(5) shoulder (ローマにある「トレビの泉」での慣習)

[Part B]『国内観光の既出例』

1. **世界遺産**: ユネスコ無形文化遺産・日本国立[県立]公園・日本ジオパークなど。

   【3級】(50) Namahage Festival (秋田県のユネスコ無形文化遺産)

   【2級】(8) Mt. Aso (阿蘇くじゅう国立公園。日本[世界]ジオパーク)

2. **自然資源**: 自然景観・半島・山岳・渓谷・海岸・温泉・洞窟など。

   【3級】(6) Kusatsu Onsen (群馬県の草津温泉。日本三名泉の一つ)

   【2級】(46) Katsurahama Beach (高知県の「観月の名所」・坂本龍馬銅像))

3. **文化資源**: 歴史的建造物・神社仏閣・宮殿・寺院・城郭・庭園など。

   【3級】(48) Eihei-ji Temple (福井県にある道元禅師が開山した由緒ある禅寺)

   【2級】(6) Kanazawa (石川県の「兼六園」の所在地。日本三名園の1つ)

4. **郷土芸能・伝統工芸・衣食住**: 郷土料理・伝統工芸・特産品・美術・音楽など。

   【3級】(10) Tsukudani (佃煮。江戸時代に製造された調理食品)

   【2級】(49) Bonsai (世界に風靡し、bonsai は今や国際英語)

5. **年中行事・祭事・風習**: 国民の祝日・年中行事・祭事・地域の例祭・娯楽など。

   【3級】(19) Makunouchi bento (江戸時代に歌舞伎の幕間に食した風習)

   【2級】(10) Kyoto Imperial Palace (京都御所。「時代祭」の正午の起点)

■ 設問 10 海外観光と国内観光に関する問題

| [Part A]『**海外観光の出題例**』 | [Part B]『**国内観光の出題例**』 |
| --- | --- |
| 【3 級】 | |
| [出題例] 朝食の種類 | 富士箱根国立公園 |
| [演習例] 空港でのトラブル | 九州新幹線「つばめ号」 |
| 【2 級】 | |
| [出題例] 機内放送 (西部から東部へ) | 合掌造り (ユネスコ世界遺産) |
| [演習例] タスマニア島 (ユネスコ世界遺産) | 沖縄県 (首里城・ひめゆりの塔など) |

★ 2 級「国内観光の出題」に関しては、新ガイドラインでは「会話」ではなく「解説」になる。出題に関する「形式」は変更されても「内容」は同じである。

## ・「1 級」における問題 (筆記試験・面接試験) の形式と内容

### 【1】『筆記試験』の形式と内容

◆ 試験時間は 10 分である。

◆ 会場では受験者 1〜2 名が受験する。

◆ 試験内容は、「**英文和訳**」と「**和文英訳**」における各「**海外観光**」と「**国内観光**」である。

**《1》英文和訳**

設問 1 海外観光:《例題 1》『**グランド・キャニオン国立公園**』(世界遺産)

設問 2 国内観光:《例題 2》『**合掌造りの民家** (白川郷)』(世界遺産)

**《2》和文英訳**

設問 3 海外観光:《例題 3》『**モン・サン・ミシェル**』(世界遺産)

設問 4 国内観光:《例題 4》『**2020 東京オリンピックエンブレム**』

### 【2】『面接試験』の形式と内容

◆ 試験時間は約 10 分である。

◆ 受験者 (1 人) は試験官による「英問英答」と「英語による説明」がある。

◆ 面接内容は、「海外観光事情」と「国内観光事情」に関する記事である。

**《1》英問英答。**

指定された記事内容に関する「英問英答」が実施される。

各設問には 5 題の質問が設定されている。

設問 1　英語で書かれた「海外観光事情」に関する記事内容について試験官から英語で質問される。受験者は記事内容を見ながら英語で答える。

《例題 1》『**海外での空港手続**』

「質問事項」: 5 題

設問 2　日本語で書かれた「国内観光事情」に関する記事内容について試験官から英語で質問される。受験者は記事内容を見ながら英語で答える。

《例題 2》『**日本旅館**』

「質問事項」: 5 題

《2》**英文紹介**。

特定の課題（与えられた題目）に関する「英文による紹介」が実施される。

◆ 受験者は試験官から特定の課題に関する設問が与えられ、英語で即答する。受験者が特定の課題について説明し終えると、試験官はその内容に関して質問をすることがある。

設問 3　英語で問われた「海外観光」に関する課題について、受験者は試験官に英語で説明する。

《例題 3》『**バチカン市国**（世界遺産）』

「質疑応答」: 1〜2 題（あるいは 3 題）

設問 4　英語で問われた「国内観光」に関する課題について、受験者は試験官に英語で説明する。

《例題 4》『**富士山（世界遺産）**』

「質疑応答」: 1〜2 題（あるいは 3 題）

# 音声について

本書の音声 (MP3) は、研究社ウェブサイトから以下の手順で聴くことができます (http://www.kenkyusha.co.jp/)。

まず、研究社ウェブサイトのトップページより「音声各種資料ダウンロード」にアクセスし、一覧の中から「観光英語検定試験 2 級」を選んでください。

【ダウンロードする場合】

(1) 上記から開いたページで「ダウンロード」のボタンをクリックすると、ユーザー名とパスワードの入力が求められますので、以下のように入力してください。

ユーザー名: guest

パスワード: TEPT24

(2) ユーザー名とパスワードが正しく入力されると、ファイルのダウンロードが始まります。PC でダウンロード完了後、解凍してご利用ください。

【ウェブ上で聴く場合】

(1) 上記から開いたページで「音声を聞く」のボタンをクリックすると、ユーザー名とパスワードの入力が求められますので、以下のように入力してください。

ユーザー名: guest

パスワード: TEPT24

(2) 音声用のページが開きますので、聞きたい箇所のボタンを押してください。

音声ファイルには本文の中で「音声 1」「音声 2」……と記した部分のデータが収録されています。

※スマートフォンやタブレット端末で直接ダウンロードされる場合は、解凍ツールと十分な容量が必要です。Android 端末でダウンロードした場合は、ご自身で解凍用アプリなどをご用意いただく必要があります。

※パソコンでダウンロードして、スマートフォンなどへ転送することもできます。音声ファイルの転送の仕方につきましては、スマートフォンなどの取扱説明書をご覧くださるようお願い申し上げます。

※なお、ご使用の機器によっては、音声がうまく再生されない場合もございます。あらかじめご了承ください。

# 第1部　筆記試験

# 第１章　観光用語の問題

## 出題傾向

与えられた短文中で用いるのに最も適した「観光用語」を選択する問題である。［Part A］と［Part B］に分かれている。［Part A］では、「英語」に対する「和訳」、［Part B］では、「日本語」に対する「英訳」を答えさせる問題である。いずれも、出題されているのは日常的によく用いられる観光英語の表現である。

**◆出題形式**

［Part A］《英語 → 日本語》下線部分の「英語」に対応する最も適切な「和訳」となる「観光用語」を４つの選択肢から１つ選ぶ問題である。

［Part B］《日本語 → 英語》下線部分の「日本語」に対応する最も適切な「英訳」となる「観光用語」を４つの選択肢から１つ選ぶ問題である。

最近の出題数は、［Part A］と［Part B］いずれも各「5 問」で、合計「10 問」である。

**◆出題内容**

「観光英検の形式と内容」(p. ix) で前述したように、広範囲にわたるが、主として下記の内容が出題されている。左側は過去に出題された「観光英語の項目」、右側は「既出問題の項目」である。主として「エアライン英語」、「ホテル英語」、「レストラン英語」、「観光 ・ 旅行英語」が頻繁に出題されている。受験対策だけではなく、海外を旅行する時に「すぐに使える観光英語」として役立つ。

|  |  |  |
|---|---|---|
| (1) | エアライン | quarantine / inoculation / in-bound 等 |
| (2) | ホテル | confirmation slip / valet / roster 等 |
| (3) | レストラン | aperitif / table d'hôte / entrée 等 |
| (4) | ショッピング | purchase / price range / installment plan 等 |
| (5) | 交通機関 | berth / detour / pedestrian / toll road 等 |
| (6) | 観光・旅行 | archipelago / peninsula / atoll / beaten track 等 |
| (7) | 通信・電話 | envelope / prefix / housephone 等 |
| (8) | 観賞・娯楽 | intermission / aquarium / box office 等 |

（9）　病気・医薬品　consultation / ambulance / pharmacy 等
（10）　観光事情　countersign / Fahrenheit / consulate 等

◎参考図書◎
『観光のための中級英単語と用例』（三修社刊、山口百々男著）

## 出　題　例

### 〈A〉　英語 → 日本語

**【出題例 1–A】**

Read the following English statements from (1) to (5) and choose the most appropriate Japanese translation for the underlined part from among the four choices: a), b), c) and d).

（1）　We'll compensate you for your lost baggage.
a）弁償する　b）請求する　c）換金する　d）調査する

（2）　Our tour members have settled all incidental charges.
a）個人勘定　b）設備使用料　c）保険料　d）臨時費用

（3）　Complimentary meals are offered on flights longer than four hours to and from Europe.
a）軽い　b）追加注文可能な
c）無料の　d）有料の

（4）　You have to pay a small deposit at the time of reservation and the rest later.
a）内金　b）残金　c）資金　d）借用金

（5）　Kushiro-Shitsugen, the largest marshland in Japan, is the habitat of red-crested white cranes.
a）生息地　b）領地　c）出生地　d）出身地

## 〈B〉　日本語 → 英語

**【出題例 1–B】**

Read the following Japanese statements from (6) to (10) and choose the most appropriate English translation for the underlined part from among the four choices: a), b), c) and d).

(6)　トラベルチェックの下方に副署してください。

Would you ______ your traveler's checks at the bottom?

a) autograph　　b) countersign
c) sign　　d) seal

(7)　ここにサインをしてください。出国カードに署名を落としています。

Sign here, please. You missed the signature in the ______ card.

a) embarkation　　b) disembarkation
c) identification　　d) vaccination

(8)　今晩の宿泊予約を再確認したいのです。

I'd like to ______ my hotel reservation for tonight.

a) refuse　　b) reconfirm　　c) reconvert　　d) revise

(9)　空調設備のあるレストランやタクシーでたばこを吸うことは今後許されません。

People are no longer allowed to smoke in ________ restaurants or taxis.

a) air-condition　　b) air-conditioned
c) air conditioner　　d) air conditioning

(10)　日本では敬老の日を毎年祝います。

We celebrate ______ every year.

a) Vernal Equinox Day
b) Respect-for-the-Aged Day
c) Coming-of-Age Day
d) Labor Thanksgiving Day

## 解答と解説

### 〈A〉　英語 → 日本語

**【出題例 1–A】**

**■解　答■**　(1)–a)　(2)–a)　(3)–c)　(4)–a)　(5)–a)

**(1)　お客さまの紛失したお荷物に関しては弁償いたします。**

解　説　**a)** が正解。**compensate**〈動〉「(損失などを) 弁償する」(＝make up for; pay for)。空港で到着した飛行機から手荷物受取所にて預けた手荷物、またホテルなどでのランドリーサービスで洗濯物に何らかの損傷がある場合に用いる単語である。【空港】My suitcase is badly cracked, and the lock is damaged. Can you *compensate* me for this damaged suitcase?「私のスーツケースにひどいひびが入りロックもだめになりました。損傷したスーツケースを補償してもらえますか」。cf. **compensation**〈名〉①「弁償、補償」: make *compensation* for (the lost baggage) (紛失荷物の) 弁償。②「賠償金」(monetary compensation): *compensation* for damages 損害賠償金。

【注】 **b)** 「**請求する**」charge a person (10 dollars for) (代金・料金を請求する)。【ホテル】How much do you *charge* for a single room with a bath? → We *charge* 150 dollars for an overnight stay.「バス付きのシングルの室料はいくらですか」(＝What's the rate for a single room?) →「1泊150ドルです」(＝The hotel *charges* you 150 dollars for the room per night. / It's 150 US dollars per night.)

**c)** 「**換金する**」encash; have (a check) cashed; convert into cash (小切手などを現金に換える); cash (a traveler's check) (現金化する)。【銀行】I'd like to have my traveler's checks *cashed* into US dollars, please.「トラベラーズチェックを米ドルに現金化してもらいたいのです」(＝Can I have these traveler's checks *cashed* into US dollars?)

**d)** 「**調査する**」inspect (点検する); examine (検査する); investigate (into).【空港】Going through customs means having your baggage *inspected* by a customs officer.「税関を通るということはお客さまの手荷物を税関職員が検査することです」。cf. **inspection**〈名〉「検査; 点検」(=examination): customs *inspection* 税関[通関]検査。

**(2) ツアー参加者は個人勘定の精算をすべて済ませました。**

解 説 **a**) が正解。**incidental charges**「個人勘定」。ホテル宿泊を終え、チェックアウトするときに団体で一括支払いする勘定以外に請求される「個人的な雑費」(冷蔵庫の飲食物、個人通話、有料映画、ルームサービスなど)の支払いのことである。☆**incidental**〈形〉「付属して発生する」: *incidental* account 個人雑費勘定 / **charge**〈名〉「勘定; 料金」。charge はサービス行為・労働に対して支払われる「料金・価格」、price はものを販売する時の「品物の値段」、fare は乗物に対する「料金」、cost は実際に支払われる金額の「原価・代価」、expense は支払いの「総額」を指す。charge, price は売り手が決める「価格」、cost, expense は支払う側からみた「費用」である。incidental charges は incidentals; personal [individual] account とも言う。【ホテル】Any *incidental charge* should be paid individually prior to check-out.「個人勘定はチェックアウトの前に個人的に支払わなくてはならない」(=*Incidentals* must be charged separately.)。cf. **incidentals** (通例複数形)〈名〉「個人勘定; (宿泊料と金銭の精算における)別勘定」。

**【注】 b)「設備使用料」**a rental charge [fee] for facilities [establishment]; the rate for using facilities.

**c)「保険料」**a premium (保険契約者が保険会社に支払う掛け金のこと); an insurance premium (保険の掛け金); insurance expense [fee]。

**d)「臨時費用」**extra expenses;〈雑費〉incidental expenses;〈支出〉extraordinary expenses; special expenditures.

**(3) 無料の食事はヨーロッパ間を往復する4時間以上の飛行便で提供される。**

解 説 **c**) が正解。**complimentary**〈形〉「無料の」。complimentary meal は機内食のように無料で提供される食事のことである。航空会社によって異なるが、飛行する距離や時間に応じてフルコース食 (full(-course) meal) または軽食 (snack) が出される。最近では格安航空会社 (LCC [Low-Cost Carrier]) が増加するに伴い有料化 (a shift [change] from a free to a fee-paying service) する傾向がある。【機内】*Complimentary* *meals* are served on flight in both business and economy classes.「機内ではビジネスクラスとエコノミークラスともに食事が無料で出される」。cf. complimentary「優待の」。【娯楽】I received a *complimentary* ticket for a music concert tonight.「今夜の音楽会の優待券を受け取りました」/ **to and from**「(の間を)往復する、行き帰りの」。【ホテル】The Hilton Hotel and other major hotels provide free shuttle service *to and from* the airport.「ヒルトンホテルと他の主要ホテルは空港との間を往復する無料のシャトルバス便を出している」

**【注】 a）「軽い」**light: 軽(い)食(事) light meal [refreshments]; light dishes (そばやうどんなど): snack. cf.「(サンドイッチなどの)軽い弁当」は snack lunch と言う。

**b）「追加注文可能な」**able [possible] to order additional dishes. 定食 (set [table d'hôte] meal) またフルコース料理 (full-course dishes) などに含まれていない料理の中で「追加の (additional) 注文 (order) ができること」である。cf. **additional**〈形〉「追加の」: *additional* charge [cost] 追加料金。

**d）「有料の」**pay: 有料トイレ *pay* toilet / 有料ロッカー *pay* locker. cf.「有料」〈名〉charge (入場料など); toll (道路や通信): レジ袋の有料化 *charge* on [charging for] plastic shopping bag / 有料駐車場〈米〉*toll* parking lot; 〈英〉*toll* car park.

**(4) 予約時には少額の内金を支払う必要があり、残額は後日の支払いで結構です。**

解　説　**a）**が正解。**deposit**〈名〉「内金」。ホテルのチェックイン時、買物時また観光旅行時などで事前にいくらか「前金」(money paid in advance) を支払うことである: reservation *deposit* (ホテル確保などのために要求される)予約金。最近では credit card 番号を連絡すれば不要の場合もある。通称「デポ」。【ホテル】When a travel agent makes room reservations at a hotel, you are asked to pay a certain amount of *deposit* to protect your reservations.「旅行業者がホテルの部屋を予約する時、その予約保証のために一定額の頭金を支払うよう請求される」/ **the rest**「残り; 残りの物[人]、他の物[人]」。【ホテル】I'll pay 100 dollars in traveler's checks and *the rest* in cash.「200ドルはトラベラーズチェックで、残りは現金で払います」

**【注】 b）「残金」**the balance; the money left (over): He paid the *balance* in full.「残金を全額支払った」

**c)**「**資金**」a fund; funds (基金); capital (資本): *fund*-raising campaign 資金カンパ。They raised their *capitals* [collected their *funds*] to start business.「彼らは商売するための資金を調達した」

**d)**「**借用金**」money to borrow;〈借金〉a loan; a debt: 借金がある be in *debt* [in the red] / 借金がない be free [clear] of *debt*: He got into *debt*.「彼は借金した」(＝He borrowed money.)

**(5)　日本最大の沼沢地である釧路湿原は丹頂鶴の生息地である。**

解　説　**a)** が正解である。**habitat**〈名〉「生息地」。動物の「生息地」また植物の「自生地」、動植物の「生育地」のことである：*habitat* for various wild creatures 多様な野生動物の生息地。cf.「生息する」〈動〉inhabit at; live in: The red-crested cranes *inhabit at* [live in] the marshland of Hokkaido.「丹頂鶴(特別天然記念物：special natural monument [treasure]) は北海道の沼沢地に生息する」/ **crested**「とさか[冠毛]のある」: *crested* ibis 冠毛のトキ(特別天然記念物)。

**【注】 b)**「**領地**」〈領土〉territory;〈領国〉domain;〈封土〉fief: the right to acquire *territory* 領地獲得の権利。

**c)**「**出生地**」one's birthplace; place of one's birth; hometown: basic information including the holder's name, birth date and *birthplace* 所有者の氏名や生年月日また出生地などの基本情報。

**d)**「**出身地**」one's native place; hometown. cf. come from「〜の出身である」: He *comes from* Nakatsu City in Oita Prefecture.「彼は大分県中津市の出身です」(福沢諭吉)

## 〈B〉　日本語 → 英語

**【出題例 1–B】**

**■解　答■**　(6)–b)　(7)–a)　(8)–b)　(9)–b)　(10)–b)

**(6)　Would you countersign your traveler's checks at the bottom?**

解　説　**b)** が正解。**countersign**「副署する」前もって書かれた署名済みの小切手・書類・トラベラーズチェックなどに、同一使用者であるという確証のために使用する前に受取人の面前でもう一度副署する。トラベラーズチェックの場合などは下方に副署することになっている。holder's sign とは「(トラベラーズチェックの購入時に行う)所持者の署名」のこと。【銀行・買物】You need to *countersign* a traveler's check when you cash it or make payment for your purchases.「トラベラーズチェックを現金化する場合または買い物時の支払いをする場合、副署する必要がある」。cf. countersign〈名〉「副署、連署」(=countersignature)。日本のような「印鑑」(personal seal) を使用しない欧米では「署名」(signature) が日常的に使用される。ちなみに「実印」は registered [official] personal seal,「認印」は unregistered [unofficial] personal seal と言う。

**【注】 a) autograph**〈動〉「自署[サイン]する」。cf. autograph〈名〉「自署; サイン」: *autograph* album サイン帳 / May I have your *autograph*, please?「サインをいただけますか」

**c) sign**〈動〉「(書類などに)署名する、サインする」(=put [write] one's signature): He *signed* his name to a traveler's check.「トラベラーズチェックに署名した」(=He wrote [put] his *signature* on a traveler's check.)。ホテルなどで "Sign, please." という表現をよく聞くが、この単語は名詞でなく「動詞」(サインをする)である。日本語の「署名」の意味の「サイン」を英語で表現する場合、書類・手紙・契約書などの「サイン」は signature, 作家や芸能人など有名人の「サイン」は autograph, 野球などの「サイン」は signal と言う。サインを要求するとき、Your sign, please. とは言わない。ちなみに英語の sign は「しるし、徴候」また「星座」の意味がある。Please give me your sign. といえば「君の星座は何ですか」と解釈されることもありうる。

**d) seal**〈動〉「(文書などに)捺印する; (手紙などを)封印する」: They signed and *sealed* the treaty.「彼らは条約に調印した」

**(7) Sign here, please. You missed the signature in the embarkation card.**

解　説　**a)** が正解。**embarkation**〈名〉「出国」: *embarkation* card「出国カード」。飛行機の乗客が海外から日本へ帰国する際に出国審査官に提示するカード。【空港】May I see your passport, boarding pass and *embarkation* card, please?「旅券と搭乗券、それに出国カードを拝見できますか」。☆ *Embarkation* / Disembarkation card [E/D card]「出入国(記録)カード」。国によって呼称が異なる場合がある。ニュージーランドまた香港では Arrival Card / Departure Card, オーストラリアでは Incoming Passenger Card / Outgoing Passenger Card などと言う。【空港】An *E/D card* should be filled out before you land at your destination.

「E/Dカードは目的地到着前に書き入れなければならない」

**【注】 b） disembarkation**〈名〉「入国」: *disembarkation* card「入国(記録)カード」(=entry card)。飛行機の乗客が日本から海外へ入国する証明書。海外旅行の最初の到着地で氏名・生年月日・旅券番号など所定の書類に記入し、入国審査官に提示するカードのこと。【空港】You should not forget to sign here when you fill out the *disembarkation* card.「入国カードに記入する時ここにサインを忘れないでください」

**c） identification**［ID］〈名〉「身分証明、身元確認」。海外でトラベラーズチェックを使用する場合、身分証明書の提示が求められる場合がある。例えば旅券、国際免許証、(大手の)クレジットカードなどがある。*identification* card「身分証明書」(=identity card)、ID cardとも言う。アメリカでは州にもよるが18歳または21歳未満の者に対して酒類は販売しないので身分証明書が問われる。【銀行】Do you have anything showing your *identification*? → I use my passport as an ID card.「何か身分を証明するものをお持ちですか」→「身分証明書としてパスポートを持っています」

**d） vaccination**〈名〉「ワクチン注射、予防接種」。現在では黄熱病のみが国際保健規則で定められている。通常の旅行では必要なく、省略する国が多い: vaccination card「予防接種証明書」(=vaccination certificate; immunization card; yellow card [book]; shot record)。【旅行】In addition to a valid passport and visa, entering passengers are required to have the *vaccination card* for yellow fever if arriving from an infected area.「旅券と査証に加え、入国者は感染地から到着する場合、黄熱病予防のため予防接種証明書を受ける必要がある」

**(8) I'd like to reconfirm my hotel reservation for tonight.**

解　説　**b)**が正解。**reconfirm**［RCFM］〈動〉「(予約等を)再確認する」。re (再度)＋confirm (確認)。飛行機、ホテル、レストランなどを予約し (reserve; book)、その後直接に口頭でまたは電話、Eメール、ファックスなどで再確認することである。国際線の航空券の再確認などは従来出発の72時間前に行うのが原則であったが現在はそれほど厳しくはない。【空港】I'd like to *reconfirm* my reservation on Flight 112 for Chicago on May 1st.「5月1日のシカゴ行き112便の予約を再確認したいのですが」。【レストラン】Let me *reconfirm* our reservation for tonight. We reserved a table for two at 7 p.m.「今晩の予約を再確認させてください。

私たちは今晩 7 時 2 人用のテーブルを予約しました」。cf. **reconfirmation**〈名〉「(予約などの)再確認」。【空港】You should make your *reconfirmation* of your flight at least 24 hours prior to flight departure.「飛行機の出発の少なくとも 24 時間前に予約を再確認すべきです」

【注】 a） **refuse**〈動〉「断る、拒絶する」。cf. **refusal**〈名〉「拒絶」。【レストラン】You may be *refused* admission to this restaurant because you're wearing such a casual dress.「こんなカジュアルな服装ではこのレストランに入るのは断られます」

c） **reconvert**〈動〉「(外貨を)再交換[再両替]する」。cf. **reconversion**〈名〉「(外貨の)再交換、再両替」。【銀行】You can *reconvert* your surplus [unspent] local currency into the original currency on departure at the airport.「出発空港では余った現地通貨を元の通貨に再交換できます」(＝Your unspent local money can be *reconverted* into the original currency at the departure airport.)

d） **revise**〈動〉「改正[修正]する」。cf. **revision**〈名〉「改正、修正」。【観光】The *revised* itinerary says we leave tomorrow at seven-thirty.「修正された旅程には明日の出発は 7 時 30 分だと書いてあります」

**(9) People are no longer allowed to smoke in air-conditioned restaurants or taxis.**

解 説　**b**) が正解。**air-conditioned**〈形〉「冷暖房装置付きの」: *air-conditioned* accommodation エアコン付きの宿泊施設。【ホテル】Airport transportation by an *air-conditioned* limousine service can be arranged through the concierge.「冷暖房付きのリムジンによる空港間送迎はコンシェルジェによって手配されます」

【注】 a） **air-condition**〈動〉「エアコンをつける」。【乗物】The sightseeing bus is well *air-conditioned* but has no toilet.「観光バスにはエアコンがついているがトイレはない」

c） **air conditioner**〈名〉「エアコン、クーラー、冷暖房装置」。日本語で「クーラー」と言うが英語では air conditioner と言う。英語の cooler は「冷却用容器」や「冷蔵庫」の意味である: turn down [turn up] the *air conditioner* エアコンを弱める[強める] / turn off [turn on] the *air conditioner* エアコンを止める[つける]。【ホテル】The *air conditioner* isn't working properly. Can you send someone to fix it?「エアコンが正常に作動していません。すぐに誰かよこしていただけますか」

**d**）**air conditioning**［AC］〈名〉「空気調節、冷暖房」。【ホテル】The *air conditioning* isn't working in my room. It seems to be broken. Can you move me to another room?「部屋のエアコンが作動しません。故障のようです。部屋換えをしていただけますか」

**(10) We celebrate Respect-for-the-Aged Day every year.**

解　説 **b**）が正解。**Respect-for-the-Aged Day**「敬老の日」。老人を敬愛し、過去の社会貢献に敬意を払い、長寿と幸福を祈願する日である。(This national holiday was established as a day to honor the aged [the elderly citizens] and thank for their past contributions to society wishing for their longevity and happiness)。1966年の老人福祉法の制定を記念して敬老の日が定められた。元来9月15日に祝ったが2003年には9月の第3月曜日に変更された(ハッピマンデー制度)。外国人にはElderly People's DayまたはSeniors' Day, Senior Citezens' Dayのほうが理解しやすい。

【注】**a**）**Vernal Equinox Day**「春分の日」(3月21日頃)。cf. Autumnal Equinox Day「秋分の日」(9月23日頃)

**c**）**Coming-of-Age Day**「成人の日」(1月第2月曜日)。外国人にはAdult's DayまたはDay celebrating the legal age for adulthoodのほうが理解しやすい。

**d**）**Labor Thanksgiving Day**「勤労感謝の日」(11月23日)。古来「新嘗祭(にいなめさい)」として祝っていた。cf. 北米でも11月の第4木曜日には「感謝祭」(Thanksgiving Day)を祝う。「勤労」の言葉はない。英国から1620年Mayflower号で米国に来た移住者が最初の収穫を神に感謝したことが由来。七面鳥やカボチャの料理が出される。

## 演習問題

### 《演習 1–A》

Read the following English statements from (1) to (8) and choose the most appropriate Japanese translation for the underlined part from among the four choices: a), b), c) and d).

(1) Passengers should not lose their baggage claim check.
a）申請書　b）搭乗券　c）保険証　d）引換証

( 2 )　My passport expired on May 1st because I did not renew it.

a) 発行する　b) 請求する　c) 紛失する　d) 失効する

( 3 )　A surcharge is added to the fares for travel on weekends.

a) 延長料金　b) 超過料金　c) 追加料金　d) 最低料金

( 4 )　Ground staff help passengers to board the aircraft.

a) 地上職員　b) 地上手配業者　c) 航空整備員　d) 空港接客係員

( 5 )　We will be taxiing to the runway for a few more minutes.

a) 滑走する　b) 離陸する　c) 着陸する　d) 停止する

( 6 )　I'm lost. I'm looking for the consulate general.

a) 大使館　b) 総領事館　c) 公使館　d) 派出所

( 7 )　You should take any animals to the quarantine station at international airports.

a) 税関　b) 出入国　c) 検査　d) 検疫

( 8 )　Mt. Kaimon, a dormant conical volcano, is noted for "Satsuma-Fuji" because it looks like Mt. Fuji(san).

a) 休火山　b) 活火山　c) 死火山　d) 寄生火山

## 《演習 1–B》

Read the following Japanese statements from (9) to (15) and choose the most appropriate English translation for the underlined part from among the four choices: a), b), c) and d).

( 9 )　添乗員はチェックアウトの際に団体勘定を支払います。

The tour conductor pays the ______ at the check-out.

a) travel voucher　b) tour price

c) master account　d) group rate

(10)　送迎用バスはこの空港ビルの後部に駐車してあります。

The ______ is parked at the rear of this airport building.

a) courtesy bus　b) connection bus
c) shuttle bus　d) transfer bus

(11)　車掌は私に別のバスに乗れる乗換え券をくれた。

The conductor gave me a ______ to board another bus.

a) transfer　b) transient　c) transit　d) transport

(12)　無料手荷物許容量はエコノミークラスの乗客1人につき20キロに制限されている。

Free baggage ______ is limited to 20 kilograms for an economy-class passenger per person.

a) allowance　b) charge
c) claim　d) compartment

(13)　引き続きご旅行なさるお客さまはお降りいただき、その際は所持品をすべてお持ちください。

Transit passengers are required to disembark taking all their personal ______ with them.

a) belongings　b) berths　c) bassinets　d) breakdown

(14)　ポリネシア人は南太平洋の広大な群島に住んでいる。

The Polynesians dwell in the vast ______ of the South Pacific.

a) archipelagoes　b) channels
c) continents　d) peninsulas

(15)　桜島の噴火口はしばしば天高く白い噴煙の柱を吹き上げている。

The main ______ of Sakurajima Island often spews white columns of smoke high into the sky.

a) crater　b) eruption　c) lava　d) ravine

# 解答と解説

## 《演習 1–A》

**■解　答■**　(1) –d)　(2) –d)　(3) –c)　(4) –a)　(5) –a)　(6) –b)　(7) –d)　(8) –a)

**(1)　乗客は委託手荷物引換券を紛失してはいけない。**

解　説　**d)** が正解。**claim check**「(委託手荷物) **引換証**」。baggage claim check (=baggage claim tag)。受託手荷物の確認のために航空会社が発行する合札のこと。「出発地」で委託手荷物を預けた時に受け取り、「到着地」で委託手荷物を引き取る時の照合札である。単に baggage tag または claim tag とも言う。一片は委託手荷物に付けて輸送し、他の一片は旅客に渡して目的地で旅客が手荷物を受け取る時の照合確認に使用する。cf. **claim**〈動〉①「(権利として) 請求する (make a claim)」。日本語で「不満・苦情を述べる」とき「クレームをつける」と言うが、英語では complain; make a complaint と表現する。【空港】Did you *claim* the damages for your broken baggage?「破損した手荷物の損害賠償を請求しましたか」。②「(当然のものとして) 受け取る」空港の手荷物受取所などで自分の物として受けること。【空港】Where should I go to *claim* my baggage? → You have to go to the baggage claim area over there.「荷物はどこで受け取りますか」→「向こうの手荷物受取所に行ってください」

**【注】 a)**「**申請書**」declaration form: baggage *declaration form* 手荷物税関申告書。【税関】When you fill in the *baggage declaration form*, you must write in block letter style, not in script style.「手荷物税関申告書に記入する時、筆記体ではなく活字体で書いてください」

**b)**「**搭乗券**」boarding card「(旅客機の) 搭乗カード」。boarding pass, embarkation ticket とも言う。【空港】You'll have to show your *boarding card* at the security check before the Immigration and also at the boarding gate.「搭乗券は出国審査の前に保安検査また搭乗口でも見せる必要があります」

**c)**「**保険証**」insurance certificate.【空港】You had better keep your own *baggage insurance certificate* in your bag.「手荷物保険証はバッグにしまっておくほうがよい」

**(2)　私の旅券は更新しなかったので 5 月 1 日には失効した。**

解　説　**d)** が正解。**expire**〈動〉「満了する；失効する」。期限が満了すること(=end)、有効期限が切れること(=run out)。【旅券・切符】The validity term of your passport [ticket] *expired*. You had better get it as soon as possible.「お客さまの旅券[切符]は有効期限切れです。できるだけ早く取るほうがいいですよ」。cf. **expired**〈形〉「有効期限切れの」: *expired* ticket 有効期限切れの切符。**expiration**〈名〉「満了; 失効」。*expiration* date 失効期日: What's the *expiration date* of your credit card?「カードの失効期日はいつですか」☆日本語と英語の語法には要注意。When ではない。

**【注】 a)「発行する」**issue.【空港】Air tickets *issued* at normal fares are valid for one year from the date of commencement of journey.「普通運賃で発券される航空券は旅行開始から1年間有効である」

**b)「請求する」**charge.【ホテル】How much do you *charge* for a single room with a bath? → We *charge* 150 dollars for an overnight stay.「バス付きシングルルームの料金はいくらですか」(=What's the rate for a single room?) →「1泊150ドルです」(=It's 150 US dollars per night.)

**d)「紛失する」**lose.【空港】I *lost* my air ticket [passport] somewhere.「私は航空券[旅券]をどこかで失った」。cf. **loss**〈名〉「紛失; 損失」。【空港】In the event of damage or *loss* of baggage, please notify us immediately.「万一荷物の損傷または紛失の場合には直ちに当社に通知してください」

**(3)　週末の旅行運賃には追加料金が加算される。**

**解　説**　**c)** が正解。**surcharge**〈名〉「追加料金、割増金」。【空港】Your baggage weighs almost 35 kilos. There's going to be a *surcharge*.「お客さまの荷物の重量はほとんど35キロです。追加料金がかかります」。excess weight baggage *charge* (手荷物重量超過料金)とも言う。持ち込み許容量を超える手荷物の料金のこと。同意語には additional charge [fee]; extra charge [fee] などがある。【ホテル】You'll have to pay an *extra charge* if you want to stay here longer.「もう少し滞在をご希望であれば追加料金を支払わなくてはなりません」

**【注】 a)「延長料金」***extension* charge. ホテルなどで宿泊客が出発予定日などを繰り下げて滞在期間を延長する時に支払う料金のこと。【ホテル】What is the *extension charge* for a single room?「シングルルームの延長料金はいくらですか」

**b**）「**超過料金**」excess charge; excess［extra］fare（乗り越し超過運賃）。【空港】How much is the *excess* baggage *charge*［*excess fare*］?「荷物超過料金［超過運賃］はいくらですか」

**d**）「**最低料金**」minimum charge［rate; fare］.【観光】Please give us a rough estimate of the *minimum charge* for the tour.「最小限の旅費をざっと見積もってください」

**(4)　地上職員は旅客の搭乗を手伝います。**

解　説　**a**）が正解。**ground staff**「（空港の）地上職員、（航空会社の）地上勤務員」。〈語法〉構成要素を考える時は複数扱い、集合体を考える時は単数扱いとなる。英語の staff は職員全体を指し、日本語の「スタッフ」のように各人を指す時は a staff member と言う。航空機が空港に「到着」すると地上職員は待機しており、各客室乗務乗務員から「航空機入国書類」などを受け取るとともに到着旅客を世話する。また「出発」する時には旅客を無事に飛行機に乗せる業務を担当する。ground crew また ground hostess［G/H］とも言う。旅客の搭乗手続きから手荷物、貨物の積み下ろし、さらには航空整備にいたるまでの空港の地上のサービス業務全般に及ぶ業務は ground services と言う。【機内】You had better ask the *ground staff* at the airport which gate you need for your connecting flight to Boston.「ボストンまでの接続便に乗るためのゲートがどこかにあるかを空港で地上勤務員に尋ねるとよいでしょう」

【注】 **b**）「**地上手配業者**」ground operator; land agent［operator］. 手配旅行または主催旅行に必要な宿泊・輸送などの地上旅行の手配をする地元ツアー・オペレータ。アメリカでは local tour operator または receptive tour operator とも言う。旅行業者による訪問地での宿泊・地上輸送・観光などの地上旅行を手配することを ground arrangement, land arrangement, land operation と言う。

**c**）「**航空整備員**」aircraft mechanic. 航空機のエンジン、機体、計器類などをチェックする。ライセンスをもった整備士は英国では licensed engineer と言う。

**d**）「**空港接客係員**」airport receptionist. 入国時には空港で旅客を出迎えたり、空港または（バス）輸送中にホテルへのチェックイン手続きなどを行う。出国時には空港で搭乗便への補助などを行う。

**(5)　しばらくの間飛行機は誘導路を移動滑走いたします。**

解　説　**a**）が正解。**taxi**［taxiing; taxying; taxied］〈動〉「（飛行機が）地

上[水上]滑走する」。飛行機が着陸または離陸のために誘導路をゆっくりと自力で滑走移動すること。【空港】The airplane is *taxiing* [*taxying*] for a takeoff.「飛行機は離陸のため滑走中である」。cf. **taxiing**〈名〉「(空港で飛行機の)地上滑走」。☆**taxi**〈動〉「タクシーで行く」通常はtake a taxiまたはgo by taxiと言う。/ **runway** [R/W]〈名〉「(飛行場の)滑走路」。【機内】We're just about to start taxiing to the *runway*.「当機は滑走路に移動をしはじめています」

【注】 **b**) 「(飛行機が)**離陸する**」take off.【空港】What time does AA Flight 123 for Paris *take off*?「パリ行きのAA123便は何時に離陸しますか」

**c**) 「(飛行機が)**着陸する**」land; touch down.【機内】When will the plane be *landing* at the airport?「飛行機は空港にいつ着陸しますか」(= What time will the plane *land* at the airport?)

**d**) 「(乗物が)**停止する**」stop.【交通】How long does the bus *stop* here?「このバスはここにどれくらい停止しますか」

**(6) 道に迷いました。総領事館を探しています。**

解 説 **b**) が正解。**consulate general**「総領事館」。consulate〈名〉「領事館」: (Japanese) *Consulate* General (日本)総領事館 / get a visa at the *consulate* ビザ[査証]は領事館で受け取る。【空港】I lost my passport. What should I do? → You should go to the Japanese *consulate*.「旅券を紛失しました。どうしたらいいのでしょうか」→「日本領事館に行くべきです」。cf. **consul**〈名〉「領事」: *consul* general 総領事(複数形: consuls general) / vice-*consul* 副領事 / honorary *consul* 名誉領事 / acting *consul* 代理領事。cf. **consular**〈形〉「領事の」: *consular* agent 領事代理 / *consular* assistant 領事館補 / **be lost**「道に迷っている」(状態)。【観光】We *are* completely *lost*. Where are we now?「完全に迷ってしまいました。私たちは今どこでしょうか」。cf. get lost「道に迷う」。lose one's way (道に迷う)と同じ意味であるがget lostのほうが口語的である。【空港】I *got lost*. Could you show me the way to the Japan Airlines check-in counter?「迷ってしまったのですがJAL搭乗手続きカウンターはどこでしょうか」

【注】 **a**) 「**大使館**」embassy: the *embassy* staff 大使館員(公使館員よりは上位) (=a member of the embassy) / the American [British] *Embassy* in Tokyo 東京の米国[英国]大使館。cf. ambassador「大使」。

**c**）「**公使館**」legation: (a member of) the *legation* staff 公使館員。

**d**）「**派出所**」police box [booth] [PB]: *police box* on a street corner 街角の派出所。

**(7)　国際空港ではどんな動物も検疫所に連れて行ってください。**

解　説　**d**）が正解。**quarantine**〈名〉「検疫；隔離」。語源は中世のイタリアでペストの感染を防ぐために外国から帰国する船舶を港外に40日間隔離した。これをイタリア語でQuarantina (40日間)と言ったことから。通常animal quarantine（動物検疫）とplant quarantine（植物検疫）がある：*quarantine* station [depot] 免疫所。【空港】You should go through *quarantine station* for fruit.「果物の検疫所を通過する必要がある」☆CIQ [CUSTOMS—IMMIGRATION—QUARANTINE]（「通関」（荷物・免税品・課税品などの検査）—「出入国管理」（旅券・出入国カードなどの検査）—「検疫」（予防接種証明書などの検査））。諸外国の出入国に際しての必要な検査や手続きを行うこと、またはこれらに当たる監督庁のことである。ちなみにこれらの手続きをgovernment formalitiesと言う。

【注】**a**）「**税関**」customs.【空港】At the *customs* entering passengers are expected to declare all items accompanied that are not free of duty.「税関において入国する旅行者は免税品以外のすべての携帯品を申告することになっています」

**b**）「**出入国**」immigration. 出入国管理局がその国に出入りする旅客の審査と記録をすること。国によってはpassport control, border controlなどとも言う。【空港】After landing, you'll first go [pass] through *immigration* and clear customs at the airport.「着陸後は空港での入国審査と税関を通過しなくてはいけない」

**c**）「**検査**」inspection. ⇒「調査する」【出題例1–A(1)】(p. 6)

**(8)　開聞岳は円錐形の休火山であり、富士山に似ていることから「薩摩富士」とも呼ばれる。**

解　説　**a**）が正解。**dormant volcano**「休火山」。inactive volcanoとも言う。conical volcanoは「コニーデ型火山、円錐形[成層]火山」(＝cone-shaped *volcano*)のこと。【観光】Mt. Fuji is truly one of the most beautiful *conical volcanoes* in the world.「富士山はまぎれもなく世界の中でも最も美しい成層火山の1つである」。cf. **volcano**（複 -es, -s）「火山」：submarine *volcano* 海底火山(＝undersea *volcano*).

【注】 **b)「活火山」**active [live] volcano.【観光】Sakurajima is the *active volcanic* island located in Kagoshima Bay.「桜島は鹿児島湾内の活火山島である」

**c)「死火山」**extinct volcano.【観光】Mt. Aso(san) is a series of five volcanic peaks, all of which are now *extinct volcanoes*, except for Mt.Naka(dake) which is still active.「阿蘇山は5つの火山峰が連なっており、現在も活火山である中岳を除きすべて噴火していない火山である」☆有史以来活動の記録がない火山のこと。現在では「休火山」とともに学術的には廃用である(古い呼称)。「活火山」以外の火山に関しては「活火山ではない」あるいは「噴火していない火山」などと表現されることがある。(国土交通省・気象庁。2013年10月)

**d)「寄生火山」**parasite [parasitic] volcano.「側(そく)火山」(flank [lateral] volcano; monticule)ともいう。大きな火山体をもつ火山において、山頂火口(中心火口)以外の山腹や山麓で噴火が起きてつくられる小火山のこと(浅間山・有珠山などにある)。

## 《演習 1–B》

**■解　答■** (9)–c)　(10)–a)　(11)–a)　(12)–a)　(13)–a)　(14)–a)　(15)–a)

**(9) The tour conductor pays the master account at the check-out.**

解　説　c)が正解。**master account**「団体勘定、親[本]勘定」(= master bill)。ホテルで団体客の場合、添乗員などが全体を一括して支払う勘定のことである。⇔ personal account (個人勘定); incidental *account* (個人雑費勘定): make up the *master account* [*bill*] 団体勘定を精算する。【ホテル】*Master account* does not include costs of a personal account, such as valet service, laundry charges, telephone calls and alcoholic beverage.「本勘定には世話サービス、洗濯代、電話代そしてお酒代のような個人的な費用は入っていません」。cf. master は形容詞で「主たる; 親の; 原盤の」の意味がある: *master* key 合い鍵、(全客室の施錠・開錠ができる)親鍵。account〈名〉[A/C]「勘定(書)、精算書」: separate *account* 別勘定 / pay an *account* of 500 dollars 500ドルの勘定を支払う」/ **tour conductor** [TC]「(旅行団体の)添乗員」。通称「ツアコン」。海外での呼称には tour leader, tour manager または tour escort などがある。最近

日本でも tour director と呼ぶ傾向がある。

【注】 a) **travel voucher**「旅行クーポン(＝travel coupon)、旅行券、旅行経費支払い証明書」。提供されるべき旅行サービスの具体的な内容を明記し、それらに対する支払いを保証した証票のこと。【旅行代理店】We'll send you a *travel voucher* and the detailed information of your itinerary.「旅行券と旅程の詳細な情報を送ります」

b) **tour price**「旅行販売価格、旅費 (＝tour fare)」。【観光】The *tour price* includes admission to the Blue Mosque.「旅費にはブルーモスク(トルコの世界遺産)への入場料が含まれています」

d) **group rate**「団体料金; 団体割引料金」。一定(例: 20名)以上の団体に適用する料金のこと。ホテルの場合は通常朝食 (continental breakfast) が付く。【旅行代理店】How many people do we need to get the *group rate*?「団体料金の適用には何人が必要ですか」

**(10) The courtesy bus is parked at the rear of this airport building.**

解説 a) が正解。**courtesy bus**「(ホテル運行の)送迎バス」(＝courtesy coach)。ホテルと空港・駅・繁華街などの間を無料で往復する。cf. **courtesy**〈形〉「無料の、サービスの; (ホテルなどの)送迎用の」: *courtesy* car [van] (各ホテルが持っている)送迎用の車。特に空港に近いホテルでは定期的に空港とホテルを往復する無料送迎サービスを行っている。無料ではあるが欧米では運転手には手荷物1個につき1ドルのチップを渡す習慣がある。【ホテル】The *courtesy car* will be there in ten minutes to pick you up. Just go outside and wait near the center door.「迎えの車が10分以内にはそちらにお迎えに参ります。外に出て正面口のそばでお待ちください」/ *courtesy* room サービスの部屋 (＝complimentary room)。ホテルのチェックアウト後に使用できる客室で、着替えをしたり、また手荷物を保管したりする / (hotel) *courtesy* telephone (ホテル)無料連絡電話。空港などにあるホテルに直結している予約専用の電話。通常は手荷物引取所近くにある空港のホテル案内所付近に設置されている / *courtesy* parking 顧客無料駐車場。cf. **courtesy**〈名〉「(ホテルなどにおける)特別な配慮 (hospitality)、礼儀 (＝etiquette)、好意 (＝favor)」。到着時の出迎えや出発時の見送り、また客室への果物または花を無料で提供すること。

【注】 b) **connection bus**「接続バス」。シカゴなどにある広大な国際

空港には数ヵ所のターミナルの間を運行するバスがある。接続バスの標識にはCONNECTIONと記載されている。【空港】You have to take a *connection bus* to the departure terminal 2 for your next flight.「お客様が次の便に乗るためには出発ターミナル2まで接続バスを利用しなくてはいけません」

**c**）**shuttle bus**「連絡バス、近距離往復バス、循環バス」: *shuttle bus* to and from the airport [hotel]「空港[ホテル]までのシャトルバス」

**d**）**transfer bus**「連絡輸送バス」。老人や身体障害者のために改良した大型バスの意味でもよく用いられる。

**(11)　The conductor gave me a transfer to board another bus.**

解　説　**a**）が正解。**transfer**〈名〉①「乗換え；乗換え駅」(＝〈英〉junction). ②「乗換え切符」: *transfer* ticket 乗換え切符、乗換え券。単にtransferとも言う。市内バスはこの切符をもらうと別料金を払わないで乗り換えることができる。【バス】You can obtain a *transfer ticket* from the bus driver, which permits you to board another bus without paying an additional charge.「追加料金を支払うことなくほかのバスに乗れる乗換え切符をバス運転手からもらえます」。cf. **transfer**〈動〉「乗り換える」。【交通】We must *transfer* from bus to train in Boston.「ボストンでバスから列車に乗り換える」/ **conductor**〈名〉〈英〉(バス・電車の)車掌；〈米〉(バス・電車・列車の)車掌」☆英国では列車の車掌はguardと言う。

【注】**b**）**transient**〈名〉「〈米〉(ホテルなどの)短期滞在客」⇔ resident (長期滞在者)。【ホテル】I'm a *transient*. Can you give me a discount rate for a week or more?「短期滞在者なのですが、1週間くらい泊まりますので割引をしてくださいますか」。cf. **transient**〈形〉「短期滞在の」: *transient* guest 短期宿泊客 (＝transient visitor)

**c**）**transit**〈名〉「通過；寄港；乗り継ぎ」(＝connection)。入国するのではなく「一時的に通過すること」である。航空機で目的地に行く途中、飛行機の給油、機体の整備、乗務員の交替などの理由で他国に「一時的に寄港すること」である。☆transferと混同しないこと。

**d**）**transport**〈名〉「〈英〉(乗客・貨物の) 輸送(機関)、交通機関 (＝〈米〉transportation)」: air *transport* 空輸 / land *transport* 陸送、陸上輸送機関。cf. **transport**〈動〉「(乗客・貨物を)輸送[運送]する」(＝carry)。【空港】This red bus *transports* passengers from the airport to the city.「この赤いバスは空港から市街地まで旅客を輸送します」

**(12)　Free baggage allowance is limited to 20 kilograms for an economy-class passenger per person.**

解 説　**a)** が正解。**allowance**〈名〉「許容範囲[限度]」: free baggage *allowance*［ALLOW］無料手荷物許容量。☆航空機で設けられている荷物の重量または個数・容積に関する規定。委託手荷物または機内持ち込み手荷物が許容重量以内であれば追加料金はとられない。許容量は航空会社によって異なる。通常は国際線の場合 economy class は 20 キロまで、business class は 30 キロまで、first class は 40 キロまでは無料である。/ weight *allowance* 許容範囲内の重量制限。cf. **allow**〈動〉「許す (＝permit, let)」:【観光】You're not *allowed* to take pictures inside the cathedral, especially not with a flash.「大聖堂内部では写真撮影が禁止されています、特にフラッシュは使用できません」。

【注】 **b)**　**charge**〈名〉「料金、代金、請求金額」: excess weight baggage *charge* 手荷物重量超過料金。☆持ち込み許容量を超える手荷物の料金。国際線の場合超過重量 1 kg につき該当区間のファーストクラス片道運賃の 1% が徴収される。

**c)**　**claim**〈名〉「(権利としての) 主張、請求」: baggage *claim* area［counter］手荷物引渡所[受取所]。飛行機の旅客が目的地に着き、出発前に預けた荷物を受ける場所。

**d)**　**compartment**〈名〉①「(列車・飛行機などの) 仕切り客室[個室]」。②「(飛行機の)収納場所、荷物入れ」: baggage *compartment* (機内の) 手荷物格納室 / overhead *compartment* (機内の頭上の) 荷物棚 (＝overhead locker［bin］)。

**(13)　Transit passengers are required to disembark taking all their personal belongings with them.**

解 説　**a)** が正解。**belongings** (複数形に注意)〈名〉「所持品、身の回り品」。税関また観光バスや航空機を出るときによく聞かされる単語である。元来 belongings は土地・家屋・金銭などを含まない「財産・所持品」を指す。cf. **personal**〈形〉①「個人の (＝individual); 私的な (＝〈英〉private)」: *personal* belongings 個人の所有物[身の回り品] / *personal* effects 所持品(法律用語) / *personal* items［articles］身の回り品。private properties (私物) とも言う。【バス】Can I leave my *belongings* on the bus? → No. Take all your *personal belongings* with you.「私物はバスに残してもいいですか」→「いいえ。所持品はすべてお持ちください」(＝

You should take all of your *belongings* out of the bus. / Please make sure you don't leave any *personal belongings* behind.)【空港】I have nothing to declare. These are just my *personal effects*.「申告する物はありません。これは身の回り品だけです」。cf. personal use「個人使用」(=private use)。【空港】What's inside this bag? → It's a camera for my *personal use*.「このバッグの中身は何ですか」→「私個人が使うカメラです」(=This camera is used for myself.)

【注】 b) **berths**〈名〉「(飛行機・列車・客船などの)寝台」。列車や船舶の寝台は bed とは呼ばない: *berth* charge 寝台料金 / *berth* ticket 寝台券 / the first-class *berth* 1等寝台 / lower *berth* 下段寝台 / middle *berth* 中段寝台 / upper *berth* 上段寝台。【旅行代理店】Please reserve three second-class *berths* in a sleeper for us.「寝台車の2等寝台を3つ予約してください」

c) **bassinets**〈名〉①「(ほろ付きの)揺りかご[乳母車]」。②「(機内にある乳児用の)簡易ベッド」。安全のためにかご[ベッド]の端が機内に固定されるようになっている。【機内】If you'd like a *bassinet*, I'll set it up for you after we take off.「お子様用のベッドが入り用であれば離陸しましたら準備いたします」

d) **breakdown**〈名〉①「(費用などの)内訳、明細書」(=detailed statement)。【ホテル】I'd like to have a *breakdown* of the bill.「請求の明細書をください」。②「故障、破損」。【交通】Our car had a *breakdown* at the airport.「車は空港で故障した」

**(14) The Polynesians dwell in the vast archipelagoes of the South Pacific.**

解説 **a)** が正解。**archipelago** (複 -es, -s)〈名〉「列島、群島」(=a group [chain] of islands): Japan is an *archipelago* stretching a total of 3,500 kilometers from northeast to southwest.「日本列島の長さは北東から南西へ全長3,500 kmにわたる」/ **dwell**〈動〉「住む」(=live): *dwell* in the depths of the forest 森の奥深くに住む。

【注】 b) **channel**(s)〈名〉「海峡、水道」。strait よりも幅が大きい: the English *Channel* イギリス海峡。cf. channel〈名〉①「(テレビなどの)チャンネル、回路」。②「通路、順路」。【空港】You will find two kinds of *channels* at Customs control.「税関検査では2種類の順路がある」。税関で申告すべき品物を保持していない旅行者は blue [green] channel, そし

て申告すべき品物を保持している旅行者は red channel に行く。③「水路」川・海などの船が通行できる部分。

**c）continent**(s)〈名〉「大陸」。【観光】There are seven *continents* on the earth: Asia, Africa, Antarctica, Australia, Europe, North American, and South America.「地球上には7つの大陸がある。アジア大陸、アフリカ大陸、南極大陸、オーストラリア大陸、ヨーロッパ大陸、北アメリカ大陸そして南アメリカ大陸である」

**d）peninsula**(s)〈名〉「半島」: the Shiretoko *Peninsula* 知床半島。"Shiretoko"（2005年登録の世界遺産の英語表記）。【観光】The Shiretoko *Peninsula* is located on the easternmost portion of the Japanese island of Hokkaido, protruding into the Sea of Okhotsk.「知床半島は日本の島、北海道の最東部にあり、オホーツク海に長く突き出ている」

**（15）The main crater of Sakurajima Island often spews white columns of smoke high into the sky.**

解説　**a）**が正解。**crater**〈名〉「（火山の）噴火口；（月面などの）火口状のくぼみ[穴]」。【観光】Lake Towada, the largest *crater* lake in Japan, lies in the south of Aomori Prefecture.「青森県の南部には日本最大の火口湖である十和田湖がある」/ **spew** (out)「吹き上げる、吹き出す」: *spew* volcanic ash clouds up to high-altitude 高高度まで火山灰の雲を噴出する[吹き上げる]。

**【注】b）eruption**〈名〉「（火山の）噴火；（溶岩などの）噴出」。【観光】Mt. Showashinzan was formed by volcanic *eruption* in 1944 in the middle of a farmer's field.「昭和新山は1944年に農地の真ん中に火山噴火によって形成された山である」。cf. **erupt**〈動〉「（火山が）爆発する；（火山灰・間欠泉などが）噴出する」

**c）lava**〈名〉「（火山の）溶岩」。【観光】Around Sakurajima Island is a vast field of *lava* formed from several eruptions in the past. It is said to look like the surface of the moon.「桜島周辺には過去数回にわたる噴火によってつくられた広大な溶岩原があり、さながら月面にも似た様相を呈している」

**d）ravine**〈名〉「峡谷、山峡」。【観光】The Kurobe(kyokoku) *Ravine* is noted for the beauty of rugged mountains and the rushing waters of the river Kurobe(gawa) which stretches for 86 kilometers between Mt. Tateyama and the Japan Sea.「黒部峡谷は起伏の多い山々

の美観、そして立山と日本海の間を86キロにわたって流れる黒部川の急流で有名である」。☆**canyon**「峡谷」両側が切り立った深くて大きい谷。通常は水流がある：(the) Grand *Canyon*「グランドキャニオン」(米国) / **glen**「峡谷、谷間」/ **gorge**「渓谷、山峡」谷よりは深くて狭く、両面が絶壁になっている谷 / **gully**「小峡谷」水の流れによってつくられた小さな谷 / **ravine**「峡谷、山峡」切り立った深く、狭く、険しい谷。川の浸食で形成された谷 / **valley**「(山にはさまれた)谷、谷間」両側が山に囲まれた平地で、その中を川が流れる。

【用法】日本語で多様な呼称がある。(1)「〜渓谷」[-keikoku]:「秋川渓谷」(the) Akikawa(keikoku) Valley. (2)「〜峡谷」[-kyokoku]:「黒部峡谷」(the) Kurobe(kyokoku) Ravine. (3)「〜峡」[-kyo]:「昇仙峡」(the) Shosen-kyo Gorge /「高千穂峡」(the) Takachiho-kyo Gorge. (4)「〜谷」[-tani/-dani]:「大涌谷」(the) Owaku-dani Valley. (5)「〜渓」[-kei]:「耶馬渓」(the) Yaba-kei Gorge.

# 第2章　英語コミュニケーションの問題

## 出題傾向

この問題は、観光英語検定試験が実施されて以来毎年のように出題されており、「筆記試験」と「リスニング試験」の両試験において出題されている。出題される「観光英語の基本表現」は非常に実用的で、実際の観光・旅行の時にすぐに活用できる。

**◆出題形式**

すべて「四肢択一」の客観的な問題である。[Part A] は、(A) と (B) との間で交わされる「対話」(2つの文; English dialog) を完成させるために下線に入る最も適切な英文を選ぶ問題である。[Part B] は、(A) と (B) との間で交わされる「会話」(2つ以上の文; English conversation) を完成させるために下線に入る最も適切な英文を選ぶ問題である。いずれも4つの選択肢 [a), b), c), d)] から正しい英文を1つ選ぶ客観問題となっている。

**◆出題内容**

海外で観光・旅行をする時によく使用する観光英語である。出題内容は「観光英検の問題の形式と内容」(p. ix) で前述した。その項目の中でも「エアライン」、「ホテル」、「レストラン」、「観光・旅行」などの分野が主軸である。出題される「対話文」と「会話文」、また解答となる箇所での「例文」は、海外旅行の時「すぐに使える観光英語」としてひんぱんに活用できる。

過去に出題された「対話・会話」に関する内容を若干列挙してみよう。

(1)　エアライン　税関申告、飛行機の離着陸、機内での手荷物の収納、機内での飲み物の注文

(2)　ホテル　部屋の予約、予約した部屋の確認、ホテル到着時間の確認、カードでの支払い

(3)　レストラン　アラカルトの注文、定食の注文、バイキングの注文、テーブルでの支払い

(4)　ショッピング　洋服の注文、デパートの出入口の確認、土産物

| | | |
|---|---|---|
| | | の購入、現金での支払い |
| (5) | 交通機関 | 団体割引、駅での乗り換え、タクシーの利用 |
| (6) | 観光・旅行 | 団体客の添乗、旅程の確認 |
| (7) | 通信・銀行 | 郵便切手の購入、トラベラーズチェックの換金 |
| (8) | 娯楽・レジャー | 入場券の購入、宮殿の公開時間 |
| (9) | 病気・医薬 | 病状の訴え、救急車の依頼 |
| (10) | その他 | 道案内、営業時間の確認、米国の標準時間帯 |

## 出　題　例

### 〈A〉 対　話

**【出題例 2–A】**

Read the following English dialogs from (11) to (15) and choose the most appropriate utterance to complete each dialog from among the four choices: a), b), c) and d).

(11) A: Could you tell me if lunch will be served on this flight?

B: There will be a snack and refreshment service just ＿＿＿＿＿＿＿＿＿＿. Sandwiches and other snacks are available for purchase. I'm sorry, there is no complimentary lunch service.

a) after arrival at the gate
b) upon deplaning at our destination
c) after we reach our cruising altitude
d) upon arranging our ground transportation

(12) A: Excuse me. There's a problem with our rooms. We specially asked for rooms side by side but our rooms are at opposite ends of the hallway.

B: I'm sorry. Just a moment. ＿＿＿＿＿＿＿＿＿＿. I'll straighten it immediately and call you when the new rooms are ready.

a) I didn't expect double occupancy
b) I didn't see the request for adjoining rooms
c) I'll have to ask you to pay the single supplement
d) I didn't realize you were on the modified American plan

(13) A: Do we need to order the set menu? It looks awfully big and we're not that hungry.
B: No. ________________ But there is a minimum cover charge so you will need to order at least one dish each.
a) Our policy is that all guests must order the full dinners.
b) You can both have the buffet.
c) You can just order à la carte from the menu.
d) Why don't you order the table d'hôte?

(14) A: Can I recharge my digital camera in here? I bought it in Japan and I'm afraid I might break it if I try to recharge it here?
B: Well, I'm not really sure. But the voltage here is 120. So long as ________________ you should be OK.
a) the climate is moderate
b) the plug fits in the outlet
c) you check with the authorities
d) your forms are in order

(15) A: ________________
B: I think it's Eastern Standard Time. It would be three hours earlier than L.A.
a) What's the average temperature in New York in October?
b) What's the sales tax in New York?

c) What time zone is New York in?
d) What are the major attractions in New York?

## 〈B〉 会 話

Read the following English conversations from (16) to (20) and choose the most appropriate utterance to complete each conversation from among the four choices: a), b), c) and d).

(16) A: Have all the bags tagged?
______________
B: Yes. I just finished. And I checked to make sure they are all labeled properly with names and addresses.
A: Thanks.

a) We want to be sure they can be identified.
b) Can I borrow your pen?
c) Did someone leave their property on the bus?
d) We can serve the appetizers on platters.

(17) A: I would like to extend my stay for two days, the 24th and 25th. Would that be possible?
B: I'm afraid ______________. You can wait and see if there's a cancellation, though. If something comes available, I'll let you know immediately.
A: Thanks. I appreciate it.

a) there are several single rooms that we can put you in
b) some adjoining rooms are located in the annex
c) those are consecutive days
d) we're filled to capacity on those days

(18) A: I'm sorry, sir, but we're asking all passengers to please return to their seats right now. So could please take your seat and fasten your seatbelt?
B: What? Are we landing already?
A: No, sir. ______________________. It shouldn't last so long.

a) The galley is being used at the moment
b) We're just expecting a bit of turbulence
c) We're inspecting laptops for the next few minutes
d) We're returning all seats to their upright positions

(19) A: The return leg of your trip is non-stop. You depart New York just after noon on the 15th and you arrive in Tokyo at three in the afternoon on the 16th.
B: Oh, ______________________
A: Exactly. But on the way there you actually arrive on the same day you leave, even though you leave Tokyo in the evening.

a) is that because of the new electronic ticketing system?
b) is that because the plane goes via several different cities?
c) is that why the total price is so reasonable?
d) is that because of the time zone difference?

(20) A: I'd like two tickets to St. Louis, round trip, I think. How long is the return ticket good for?
B: It's ______________________.
A: Well, in that case, you'd better make the tickets just one way.

a) valid for seven days from the day of purchase
b) effective for 24 hours after you take it
c) a six-hour nonstop journey

d) a 10% surcharge if you buy it now

## 解答と解説

### 〈A〉 対 話

**【出題例 2–A】**

**■解 答■** (11)–c) (12)–b) (13)–c) (14)–b) (15)–c)

(**11**) A: 機内では昼食が出るかどうか、おうかがいできるでしょうか。
B: ＿＿＿＿＿＿＿＿＿＿＿＿＿＿＿＿、軽食と軽い飲み物のサービスがございます。サンドイッチやほかの軽食が有料でお求めいただけます。申し訳ございませんが、無料の昼食サービスはございません。

a) ゲートに到着した後で b) 目的地で降機した後で
c) 巡航高度に達した後で d) 地上輸送を手配した直後に

解 説 乗客 (A) は機内食が出されるかどうかを尋ねている。客室乗務員 (B) が軽い飲食物のサービス (a snack and refreshment service) があると返答している。機内での飲み物は離陸前に出されることもあるが、機内食は通常離陸後 (after take-off) 一定の高度に達した時点である。したがって **c**)「巡航高度に達した後」(after we reach our cruising altitude) が正解である。ちなみに、機内では「無料の食事」(complimentary meal) が一般的である。しかし最近では「格安航空会社」(low-cost carrier [LCC]: low-cost airline, budget carrier, no-frills airline などとも言う) の登場で「有料化」(a shift [change] from a free to a fee-paying service) する傾向がある。

**【語句】** **refreshment** 〈名〉「(通常複数形で)軽い飲食物」。☆特に気分をさわやかにする飲み物。【機内】*Refreshments* will be served in flight. 軽食が飛行中に出されます / **complimentary** 〈形〉「招待の、無料の」(= free)。☆名詞の前に用いる。日本語の「サービス」に近い意味合い: *complimentary* beverage 無料サービスの飲み物 / **cruising altitude**「(飛行機の)巡航高度、安定飛行高度」。国際線の旅客機の場合、通常高度 5,000 m から 10,000 m 以上の巡航高度を言う。離陸後約 15 分から 30 分以内でこの高度に達する。☆altitude [ALT]「高度」。山などの海面・地面からの「高度」を指すが、航空用語では altitude を用い height (高さ) とは言わない。

**【注】**「機内食」に関する返答としては以下すべて正解ではない。

**a**）空港内での「搭乗ゲート」は地上での状況を指している。

**b**）機内食は「目的地に到着」してから出されるものではない。upon [on]＋動名詞[名詞]「～すると(すぐ)」。【空港】*On arriving* [*On arrival*] at the airport I telephoned him. 空港に着くとすぐに彼に電話をかけた (＝When I arrived at the airport, . . . ) / deplane〈動〉「降機する」(＝disembark). ⇔ enplane (飛行機に乗る): *deplane* through the Jetway [〈英〉boarding bridge] (航空機の)搭乗橋を通って降機する / destination〈名〉①「(旅行の最終)目的地」。旅行者が訪れる「旅行訪問先」のこと。【空港】What's your final *destination*? → (My *destination* is) Boston.「最終目的地はどこですか」☆Where is . . . ? ではない。→「ボストンです」②「(最終)到着地、終着[就航]地」。航空会社が運航している「行き先」のこと。

**d**）機内食と「地上輸送」とは無関係である。ground transportation「(空輸に対する)地上輸送」。バスやリムジンなどの陸上運送機関による送迎または観光のための輸送のこと。cf. transportation〈名〉〈米〉「(乗客・貨物の)輸送(機関)；交通機関」(＝〈英〉transport): a means of *transportation* 交通手段 / public *transportation* 公共交通機関。

**(12)**　A: すみません。私たちの部屋について少しトラブルがあります。部屋に関してははっきりと隣り同士でお願いしたはずですが、廊下の反対側になっています。

B: 申し訳ございません。少々お待ちください。
____________________ 直ちに対応させていただきます。そして新しい部屋の用意ができ次第すぐにお電話を差し上げます。

a) 2人相部屋を予測していませんでした。
b) 隣り合わせの部屋のご希望に気づきませんでした。
c) 1人部屋の追加料金をお支払いいただかなければなりせん。
d) お客さまがモディファイド・アメリカン・プランであったとは気がつきませんでした。

**解　説**　宿泊客 (A) がチェックインを終えて部屋に入ると依頼した「隣り同士の部屋」(rooms side by side) ではなく廊下の反対側であることに気づく。早速フロントに内線をかけて苦情を言っている。受付係 (B) は部屋の割り当てミスを謝罪し、宿泊客の依頼していた部屋を手配する。rooms side by side は “adjoining rooms”「隣り合わせの部屋」と同じ意味である。したがって **b**）が正解である。

【語句】 **side by side**「並んで」: walk［sit］*side by side* 並んで歩く［座る］ / **straighten out**「(困難・誤解などを) 解決する、除去する」/ **adjoining rooms**（at a hotel）「(ホテルの) 隣り合わせの部屋、(独立した 2 室以上の) 続き部屋」。コネクティング・ルーム（connecting rooms「連結部屋」）にはなっていないが隣接し合う 2 つの客室のこと。【ホテル】Do you need connecting rooms or are *adjoining rooms* OK? → I'd feel better if we could go between the rooms more easily.「連結した部屋それとも隣り合わせのお部屋がよろしいですか」→「互いに簡単に行き来できるほうがいいです」

【注】 **a**） 宿泊客は「2 人相部屋」を依頼してない。double occupancy「2 人相部屋」(1 部屋を 2 人で利用すること)。occupancy〈名〉①「客室の収容人数」: single *occupancy* 1 部屋を 1 人で利用すること（＝single use）/ triple *occupancy* 3 人相部屋 (1 部屋を 3 人で利用すること)。②「稼働率、客室販売率」。ホテルの客室やベッドなどの利用率のこと。bed *occupancy* rate ベッド稼働率 / room *occupancy* rate 客室稼働率。

**c**） 本文は苦情の申し立てであって「1 人部屋の追加料金」ではない。single supplement「(旅行代金の)1 人専用部屋追加料金」(＝single extra)。☆ホテルに団体で宿泊する時は 2 人部屋が基準であるが、その部屋を 1 人で専用するときに支払う追加料金。

**d**） 宿泊客の依頼は隣り同士の部屋であって「修正アメリカ方式宿泊料金制度」ではない。plan〈名〉「方式、勘定法」。☆ホテルの宿泊費と食事代に関しては下記の「方式」がある。

【1】 **American plan**（the 〜）［**AP**］アメリカ方式宿泊料金制；1 泊 3 食付きの客室料金制度。☆宿泊費に 3 食の食事代 (朝・昼・夜) を含める方式。大型ホテルでは afternoon tea が出される場合もある。アルコール飲料は込み料金の範囲外である。長期滞在者を対象にしたリゾート地区のホテルによく見られる。ヨーロッパでは **full board, full pension** と呼ばれている。

【2】 **Continental plan**（the 〜）［**CP**］コンチネンタル方式宿泊料金制；1 泊 1 食付きの客室料金制度。☆宿泊費には部屋代のほかに 1 食分の朝食（continental breakfast バターかジャムを添えたパン、そしてコー

ヒーまたは紅茶付きの簡素な朝食)が含まれる方式。ヨーロッパの(フランス・イタリア・スペインなど)ラテン系のホテルに多い。アメリカでは **room with complimentary** (**continental**) **breakfast** とも言う。

【3】 **European plan** (the 〜) [**EP**] ヨーロッパ方式宿泊料金制; 1泊室料のみで食事は別料金制度。☆ホテルの客室料と税・サービス料は定価建て、食事は別勘定とする制度。ヨーロッパを除く世界各国(例: 日本・米国など)のホテルは、この制度の場合が多い。**Room only** とも言う。日本語の「素泊まり(料金制)」である。

【4】 **Modified American plan** (the 〜) [**MAP**] 修正アメリカ方式宿泊料金制; 1泊2食宿泊料金制度。☆宿泊費に客室料と2食の食事代(朝食、それに昼食または夕食のいずれか1食。通常は「朝食」と「夕食」の組み合わせ)が含まれる方式。American plan を修正 (modified) したものでヨーロッパでは **half board, half pension, semi pension** などと呼ばれている。アルコール飲料は込み料金の範囲外。海外ではリゾート・ホテルに多い。日本旅館によく見られる。

【5】 **Bermuda plan** バミューダ・プラン、朝食込み宿泊料金制度。☆料金の中に American breakfast が含まれている。

(**13**)　A:　定食を注文しなくてはいけませんか。定食はたっぷりあるようですが私たちはあまりお腹が減っていません。

　B:　けっこうですよ。＿＿＿＿＿＿＿＿＿＿＿＿ でも最低限の席料がございますので、少なくともそれぞれ一皿ずつご注文いただかなくてはいけません。

a) すべてのお客さまにはフルコースの食事を注文していただく決まりがございます。

b) ビュッフェの両方を召し上がっていただけます。

c) 献立からアラカルトでご注文いただけます。

d) 定食をご注文されればいかがでしょうか。

解 説　レストランに入った客 (A) が注文する際に「定食」(set menu) の分量が多いことに驚いている。一行はあまり空腹でもないので定食を敬遠したいようである。給仕 (B) が必ずしも定食を注文するには及ばない旨を伝え、定食以外の注文の仕方があると述べている。したがって選択肢からは **c)**「アラカルトの注文」(order à la carte) が正解である。

【語句】 **set menu**「決められた献立表; コース料理 (=course menu); 〈英〉定食 (=prix fixe)」。【レストラン】This restaurant offers *set menus* from over $30.00.「このレストランでは30ドル以上のコース料理がある」/ **cover charge**「(レストランやナイトクラブなどの)席料、テーブルチャージ(和製英語)」。Is the *cover charge* included in the bill? → No. It's excluded.「席料は勘定に含まれていますか」→「いいえ、含まれていません」/ **à la carte**〈副〉「献立表[定価表]で、お好み[一品]料理で」。

**【注】 a)** 注文する必要があるのはアラカルトで一皿の食事であって「フルコースの食事」ではない。full dinner「フルコースの食事」full-course dinner [meal] また complete dinner とも言う。

**b)** このレストランは定食が主体であって「ビュッフェ」はない。buffet〈名〉「ビュッフェ」。好きな物を好きなだけ食べるセルフサービス式の食事のこと。smorgasbord (バイキング料理)とも言う。

**d)** 定食を注文する必要がないと言った直後に「定食を勧める」のは不自然である。table d'hôte [複 tables d'hôte]「(レストランの) 定食」⇔ à la carte. あらかじめ設定されたフルコースの献立。/ Why don't you (do)?「〜(して)はどうか」(=Why not (do)?)。親しい人に対して「提案・勧誘」したり、「軽く命令」したりする時の慣用表現である。類似表現として How about . . . ? / What about . . . ? / May I suggest (that) . . . ? / I'd like to suggest (that) . . . などがある：*Why don't you* sit here? ここに座ってはどうですか (=*Why not* sit here?)

**(14)** A: 当地では私のデジタルカメラの充電は可能でしょうか。このカメラは日本で買ったものですが、当地で充電しようとすれば故障するのではないかと危惧しています。

B: そうですね、はっきりしたことはわかりませんが、当地での電圧は120ボルトです。＿＿＿＿＿＿＿＿＿＿＿＿かぎりでは問題ないはずです。

a) 気候が温暖である　　b) プラグがコンセントに合う

c) 当局に確認する　　d) 形態が整っている

**解　説** 日本の旅行者 (A) が海外にデジタルカメラ (digital camera) を持参し、電池切れになったので再充電 (recharge) ができるかどうかを尋ねている。再充電すればカメラが壊れる (break) のではないかと心配している。しかし現地ガイド (B) が120ボルトの電圧であり、大丈夫だと伝えている。したがって電気器具関連の用語が見受けられる **b)**「プラグがコンセントに合う」(the plug fits in the outlet) が正解である。

**【語句】 recharge**「(電池などを) 充電する」⇔ discharge (放電する)。

☆chargeは元来製造工程で最初に「充電する」こと。その後の利用者が充電する場合 recharge (再充電する)を用いる。しかし実際にはあまり区別はしない: This battery (of the camera) must be *charged*.「この(カメラの)電池は充電する必要がある」。ちなみに charge は次の意味でもよく用いる。①「(代金・料金を) 請求する、有料である」: We *charge* for alcoholic drinks.「アルコール類は有料です」。②「(クレジットカードなどで)ツケにする; (商品を)クレジットで買う」: I'd like to *charge* it to my credit card.「それは私のカードのツケにしてください」/ **voltage**「電圧(量)、ボルト数」: (a)high *voltage* 高圧 / **plug**〈名〉「(電気の)プラグ、差し込み、(口語)ソケット」: put the *plug* in the outlet プラグをソケットに差し込む / **outlet**〈名〉①「〈米〉(電気の)差し込み口; (電気の)コンセント(和製英語)」。英国では power-point という: plug the iron into the wall *outlet* アイロンを壁のコンセントにつなぐ。②「アウトレット、(特定商品の)代理店; 小売店、特約店」

**【注】** 以下すべての内容は「デジタルカメラの充電」とは無関係である。

**a**) 「気候」の話題ではない。climate〈名〉「気候」(＝weather)。climate は一地方の年間を通じての平均的な気候、weather は特定の日・時・場所の気候の意味である。mild [dry] *climate* 温暖な[乾燥した]気候。

**c**) 「相談する当局」の内容が不明である。authorities (通常は複数形)「当局(者)」。

**d**) 「整った形態」とは、充電と無縁である。order〈名〉「整頓、(正常な)状態」: in *order* きちんと整理された / in good *order* 順調に / in bad *order* 悪い状態 / out of *order* 故障中 (＝out of service): This telephone is *out of order*.「電話は故障中です」

**(15)** A: ________________________________

B: それは東部標準時間だと思います。ロサンゼルスよりは3時間早いです。

a) 10月のニューヨークの平均気温は何度ですか。

b) ニューヨークの物品販売税はいくらですか。

c) ニューヨークはどの時間帯にありますか。

d) ニューヨークの観光名所は何ですか。

解　説 「米国の標準時間帯」(Eastern Standard Time)、特にロサンゼルスより3時間早いという情報を述べている。これに対して「時間帯」に関する質問が必要となる。したがって **c**)「ニューヨークの時間帯」についての質問になる。

**【語句】 time zone**「時間帯」。同じ標準時 (Standard Time) を用いる地帯のこと。米国の time zones は東部から西部に向けて6カ所がある。

〈American Standard Time〉(アメリカにおける標準時間帯)

1. Eastern Standard Time [EST] 東部標準時間 UTC(−5)
   ニューヨーク、ワシントン、マイアミ
2. Central Standrad Time [CST] 中部標準時間 UTC(−6)
   シカゴ、ダラス、ニューオリンズ
3. Mountain Standard Time [MST] 山岳標準時間 UTC(−7)
   デンバー、フィーニックス
4. Pacific Standard Time [PST] 太平洋標準時間 UTC(−8)
   ロサンゼルス、サンフランシスコ、シアトル
5. Alaskan Standard Time [AST] アラスカ標準時間 UTC(−9)
   アンカレッジ
6. Hawaiian Standard Time [HST] ハワイ標準時間 UTC(−10)
   ホノルル

UTC (Coordinated Universal Time: 協定世界時)は、セシウム原子時計により刻まれる国際原子時を元に常に正確に保持されている時刻のこと。現在では全世界共通基準とされる公式時刻を記録する際に使用されている。

**【注】 a)** 質問はニューヨークの「平均気温」ではない。temperature〈名〉「気温、温度」: You must be careful of [about] a sudden change in *temperature*.「気温の急激な変化に注意すべきです」

**b)** 質問はニューヨークの「物品販売税」ではない。sales tax「売上税」。通常販売者が売価に加えて徴収する。アメリカでは州によって「税率」が異なる。ちなみに、日本の「消費税」は consumption tax と言う。

**d)** 質問は「ニューヨークの観光名所」ではない。attraction〈名〉「魅力(あるもの); 人を引きつける(場所)」

## 〈B〉 会 話

**■解 答■** (16)−a) (17)−d) (18)−b) (19)−d) (20)−a)

**(16)** A: 全部の荷物に荷札をつけましたか。

______________________________

B: はい。済ませました。住所氏名を正確につけたことをチェックして確認しました。

A:　ご苦労さまでした。

a）見分けを確認したいのです。

b）ペンをお借りできますか。

c）だれかバスにご自分の荷物を置き忘れませんでしたか。

d）前菜を大皿に盛り付けることができます。

解　説　空港などで団体旅行の荷物を搬出・搬入する状況の中で、搭乗手続所で地上職員（A: ground staff）が手荷物には荷札がきちんとつけられている（tag the bags）かどうかを尋ねている。返答として添乗員（B: tour director）が参加者の住所氏名の札がつけてあることをきちんとチェックした旨を伝えている。地上職員が荷札の確認と同時に尋ねるのは選択肢から予測されのは、正解となる **a**)「荷物が本人のものかどうか」(The bags can be identified.) を確認することである。

**【語句】** **tag**〈動〉「荷札をつける」（＝put a tag; attach [fix] a tag）: *tag* one's bag with one's name and address バッグに住所氏名を記した札をつける。cf. tag〈名〉「(名前・定価などを記した)合札; 荷札」: name *tag* 名札。☆name plate [card; badge] はパーティなどの時に「胸に付ける名札」のこと / price *tag* 正札、値札 / baggage claim *tag*（空港での）手荷物の引換証 / **label**〈動〉「札をつける」（＝attach a label）/ **name and address**「住所氏名」。日米語の語順には要注意。【観光】Please write your *name and address* here [on this baggage tag].「ここ[荷札]に住所氏名を書いてください」/ **identify**〈動〉「(身分を)確認する」:【銀行】Will you please cash these traveler's checks? → Do you have something to *identify* you?「このトラベラーズチェックを現金にしてください」→「身分を証明するものをお持ちですか」

**【注】** **b**）　文脈では「ペンの拝借」とは無関係である。borrow〈動〉「借りる」（＝use, rent）. ⇔ lend（貸す）。☆borrow は移動可能なものを無料で借りること。use は無料でトイレや電話などをその場で使わせてもらこと。rent は有料で借りること: May I *use* your telephone? → Certainly. Go ahead.「お電話を拝借してもよろしいですか」→「もちろん。さあ、どうぞ」

**c**）　状況は空港であって「バスの車内」ではない。property〈名〉「所有物; 財産」: *property* irregularity 手荷物事故 / *Property* Irregularity Report [PIR] 手荷物事故報告書 ; 手荷物紛失証明書。☆輸送された手荷物が到着地に届かない場合などに記入する事故報告書[紛失証明書]。【空港】Please fill in the *Property Irregularity Report* and give us a detailed description of your damaged baggage.「手荷物事故報告書に記入し、損傷手荷物の詳しい状態を教えてください」

**d**) 場所は空港の搭乗手続所であって「レストラン」ではない。appetizers〈名〉「アペタイザー、前菜」。☆前菜(hors d'oeuvre: オードブル)・食前酒(aperitif: アペリチフ)など食事の最初に出され、食欲をそそる軽い飲食物: We'd like to order *appetizers* before we have soup.「スープをいただく前に前菜を注文したいのです」

(**17**) A: 24日と25日の2日間滞在を延泊したいのですが、可能でしょうか。

B: 申し訳ございませんが＿＿＿＿＿＿＿＿＿＿＿＿。キャンセル待ちをして、ちょっと様子をみていただくことができます。ご利用できる場合には、すぐにご連絡いたします。

A: ありがたい。よろしくお願いします。

a) お取りできるシングル部屋は若干ございます
b) 別館には隣り合わせの部屋が若干ございます
c) それらは連続した日です
d) その日程は満室です

解 説 宿泊客(A)が部屋の予約を2日間延長したい希望を伝えたところ、予約係員(B)が「キャンセル待ち」をするようにと返答している。そして空室(cancellation of the room)が出る場合には直ちに連絡すると伝え、宿泊客は承諾している。「キャンセル待ち」(waitlist; be on the waiting list)であることから、正解の**d**)「満室」(be filled to capacity)であることが想定される。

【**語句**】 **extend**〈動〉「(期間を)延ばす、(時間的に)延長する」(＝stay longer): *extend* one's stay at the hotel for another three days [for three days longer] ホテルの滞在をあと3日延ばす / **be filled to capacity**「満室である」。☆capacity〈名〉「(ホテル・劇場などの)収容能力; (乗物の)定員; 座席数」。【ホテル】I'd like to make a reservation for the 12th of May. I'd like a twin or a double. → I'm afraid we'*re filled to capacity* on this date.「5月12日に予約したいのです。部屋はツインかダブルでお願いしたいのです」→「申し訳ございませんが、その日は満室です」

【**注**】 **a**) 空室はない。

**b**）話題は「別館の隣り合った部屋」ではない。

**c**）24日と25日は「連続した日」ではあるが、I'm afraid（申し訳ございません）との関連性はない。consecutive「連続した」: *consecutive* numbers 通し番号。

**(18)** A: お客さま、申し訳ございませんが、すべてのお客さまにご自分の座席に直ちにお戻りいただくようお願いしております。お席に着かれ座席ベルトをお締めいただけるでしょうか。

B: 何ですって？ もう着陸態勢に入るのですか。

A: そうではないのです、お客さま。＿＿＿＿＿＿＿＿＿＿＿＿。それほど長くは続かないと思います。

a）調理室は目下使用中です

b）少し乱気流が予測されます

c）これから数分間ノートパソコンを点検します

d）全席を元の位置に戻します

解説　機内で客室乗務員（A）が乗客に対し、席に戻って「座席ベルトを締める」（fasten one's seatbelt）ように指示している。乗客（B）は飛行機が「着陸する」（land）と勘違いしている。客室乗務員は着陸ではないと否定し、何かが起こるのを伝えている。しかしその事態も長続きはしないと言っている。予測されるのは、正解となる **b**）「乱気流」（turbulence）である。

**【語句】** **fasten**〈動〉「（ベルトなどを）締める」。☆ tie や bind よりも一般的な単語である。⇔ unfasten（緩める）。【掲示】*FASTEN* SEATBELT. ①「座席ベルト着用」。☆飛行機の離着陸時また乱気流時などに見られる掲示。②「シートベルトを締めよ」。☆交通標識に見られる掲示。/ **land**〈動〉①「（飛行機が）着陸する；着陸させる」（＝disembark, touch down）。⇔ take off（離陸する）。【機内】When will the plane be *landing* at the airport? → We'll be *landing* there in about 40 minutes.「飛行機は空港にいつ着陸しますか」（＝What time will the plane *land* at the airport?）→「当機はあと40分ほどで着陸します」（＝It'll land there within 40 minutes.）。②「（人が）上陸する」: The astronaut *landed* on the moon.「宇宙飛行士が月面着陸した」/ **turbulence**〈名〉「（大気などの）乱れ、乱気流」: air *turbulence* 乱気流。☆単に turbulence とも言う。/ *clear-air turbulence*［CAT］晴天乱流。/ **last**〈動〉「続く」。【観光】This city sightseeing tour *lasts* from 9:00 a.m. to 3:00 p.m.「市内観光ツアーの所要時間は午前9時から午後3時までです」

**【注】 a**） 座席ベルトを締めることと「調理室の使用」とは無関係である。galley〈名〉「(機内・船内にある)調理室[場]、ギャレー」。kitchenとは言わない。調理室には機内食を入れるカート（cart)、食物を温めるオーブン、水を冷やしたりお湯を作ったりする装置がある。

**c**） 着陸態勢に入るのかという質問に対して「パソコンを点検する」という返答は不自然である。inspect〈動〉「検査する」(＝check; examine)。【空港】Going through customs means having your baggage *inspected* by a customs officer.「税関を通るということは、あなたの手荷物を税関職員が検査することです」

**d**） 乗務員の指示は座席ベルトを締めることであって「座席をまっすぐにすること」ではない。upright position「まっすぐな位置」。【機内】Please return your seats to the *upright position*.「お座席を元の位置にお戻しください」。

（**19**） A: 旅行の帰路の行程はノンストップです。お客さまが15日のちょうど正午にニューヨークを出発して16日の午後3時には東京に到着します。

B: ああ、________________________

A: そのとおりです。しかしそこへ行くにあたって、たとえお客さまが夕方に東京を出発するとしても、実際には出発の同日に到着します。

a）新型の電子発券システムのためですか。

b）飛行機が異なる都市を数ヵ所経由で飛行するためですか。

c）総額が非常に手頃な理由はどうしてでしょうか。

d）それは時間帯の時差があるためですか。

**解　説**　ガイド（A）が旅客（B）に「帰路の行程」(return leg of your trip）は直行である旨を伝えると同時にニューヨークと東京間の出発・到着時間について語っている。往路は出発と同日に着くのに、復路は翌日に到着である。**d**）「時間帯の時差」(time zone difference）が正解である。

**【語句】 leg**〈名〉「(全旅程中の)一区切り[一区間]、一行程」。長距離飛行の離陸から着陸までの一行程。通常3文字である。TYO / SFOの場合左が「離陸地」、右が「着陸地」を指す。【鉄道】A distance between two stopovers is called a *leg*, which is a segment of a journey as well.「2

つの途中降機[下車]地間の距離をレッグというが、それはまた旅程の一部でもある」。【空港】We'd like to leave the final *leg* of our flight to London open.「ロンドンまでの最終区間は予約なしにしておきたい」/ **leave**〈動〉「(場所を) 去る (=go away from)、出発する (=start, depart)」。⇔ arrive (到着する)。☆「ニューヨークに向けてボストンを出発する」という場合 leave と start の語法に注意すること。〈1〉leave (他動詞：前置詞はとらない). (例) *leave* Boston for New York 〈2〉start (自動詞：前置詞をとる). (例) *start* from Boston for New York / **time zone difference**「時間帯の時差」。【空港《時間帯の変化》】What *time zone* is New York in? → It's Eastern Standard Time. It would be three hours earlier than L.A.「ニューヨークはどの時間帯にありますか」→「東部標準時間帯です。ロスより3時間早いのです」⇒【出題例 2–A(15)】(p. 37)☆ time difference [TD]「時差」(=difference in time)。【空港】What's the *time difference* between Tokyo and London? → It's eight hours. London is 8 hours behind.「東京とロンドンとの時差はどのくらいですか」→「8時間です。ロンドンの方が8時間遅れです」

【注】 **a**) 話題は、現在大きなハブ空港 (hub airport) などで見られるような「新型の電子発券装置」ではない。

**b**) 話題は、途中降機 (stopover) を行う「都市の数ヵ所を飛行経由すること」ではない。

**c**) 話題は、買物 (shopping) などでの「手頃な総額のこと」ではない。

**(20)** A: セントルイスまで往復切符を2枚ください。帰りの切符はどれくらい有効ですか。

B: ＿＿＿＿＿＿＿＿＿＿＿＿。

A: それでしたら片道切符だけにしてください

a) 購入日より7日間有効です

b) 受け取ってから24時間有効です

c) 6時間連続の旅行です

d) 今それを購入する場合10%の追加料金がかかります

解説　セントルイスまで往復切符を2枚購入しようとする旅客 (A) が「帰りの切符」(return ticket) の有効期間を尋ねている。最終的には窓口にいる係員の返答に対して「片道切符」(one-way ticket) を購入しようとしている。係員 (B) は具体的な有効期間に関する返答が予測される。したがって **a**)「購入日より7日間有効」(be valid for seven days) が正解である。

【語句】**St. Louis**「セントルイス」。北米ミズーリ州東部、ミシシッピ河畔の商工業都市 / **be good for** 〜「有効である」(=be valid for) / **return ticket**「〈米〉帰りの切符；〈英〉往復切符」。☆「往復切符」は米国では round-trip ticket と言う。本文は Please give me two *return tickets* to St. Louis. とも言う。ちなみに国際空港の入国管理カウンターで "Do you have a *return ticket* to Japan?" などと聞かれることがある / **one-way ticket**「片道切符」(=〈英〉single ticket)。【駅舎】How much is the *one-way ticket* to Paris?「パリまでの片道切符はいくらですか」/ **You'd better** (do) (=You had better (do)). ☆日本語では「〜するほうがよい」といった温和な表現だが、英語の had better は「〜すべきだ」という強制的・命令的な感が強いので目上には使用しないほうがよい。

【注】 **b**) 「24時間有効切符」ではない。effective〈形〉「(法律などが)有効な」(in effect)：The new law becomes *effective on* May 1.「その新しい法律が5月1日をもって効力を発する」

**c**) 「無休憩の旅行」ではない。nonstop〈形〉「直行の」。☆名詞の前に用いる：a *nonstop* bus to Boston ボストン行きの直行バス。

**d**) 話題は「追加料金制度」ではない。surcharge〈名〉「追加料金(=additional charge)」。【旅行】A *surcharge* is added to the fares for travel on weekends.「週末の旅行運賃には追加料金が加算される」

## 演習問題

### 《演習 2–A》

Read the following English dialogs from (1) to (4) and choose the most appropriate utterance to complete each dialog from among the four choices: a), b), c) and d).

(1) A: I'm looking for a good hotel for tonight . . . something in the medium price range. Just for one person, myself.

B: Just let me take a look at the computer to see what we've got for tonight here. Hmm. All I've got is something at the Inter-Continental and one room at the Fairmont but they've a little prestigious ______ ______.

a) and might be out of your price range
b) and neither one is available tonight
c) and require an extension
d) and you pick your bags up from the carousel

(2) A: I think there is a problem with one of the shirts I had cleaned by your laundry service. There's a stain on the front that look like coffee and now I can't use it for my meeting tomorrow.

B: ______

a) We can have the restaurant manager take a look at it when she gets in.
b) Why would you replace the item if it is still usable?
c) Could you bring it to the front desk, and we'll look into getting you compensated?
d) We're sorry. I'll look into getting you another voucher.

(3) A: I think we'll need to go the embassy. One of the members of my tour has lost her passport.

B: I'm afraid that might be difficult. The embassy is in Ottawa, ______. Would that be OK to go there?

a) and I think they have a lost and found section
b) and I have the bill with me
c) but there is a Consulate-General of Japan in Toronto
d) we can try to register as soon as possible

(4) A: Thank you for waiting. This is a busy time of day with many people coming in to change money. Do you mind if I give you most of the amount in one hundred dollar bills?

B: Actually, I'd prefer ______.

a) to use my credit card for the purchase
b) it if I could get at least half of it in smaller denominations
c) to get the confirmation slip right now if I can
d) to countersign the traveler's checks

## 《演習 2–B》

Read the following English conversations from (5) to (8) and choose the most appropriate utterance to complete each conversation from among the four choices: a), b), c) and d).

(5) A: I'm looking for a room that includes facilities for cooking. I'd like to make something light for breakfast instead of eating in a restaurant.
B: Well, we have some rooms ______________________. They are a little more expensive, though.
A: So long as it is not so much more expensive. I'm trying not to spend too much.

a) that are available at a single occupancy rate
b) that have a mini-bar with drinks
c) with a kitchenette and a microwave
d) where incidentals will be charged separately

(6) A: Is there a restaurant car on board this train?
B: There most certainly is, Sir. It's located in car number four. There is ______________________, so you'd better make a reservation early. You can just tell the conductor your time preference and he'll arrange the reservation.
A: OK. Thanks.

a) only a limited number of tables
b) enough compartment space for second class
c) a sleeping berth on the car
d) a transfer coupon available

(7) A: Excuse me. I think there is a problem with my bill. The room rate is higher than what I was quoted on the website.
B: Yes. There is ________________ all summer. It's written on the tariffs page.
A: I guess I must have missed that. All right.
a) a 15% high season supplement that is in effect
b) a no-substitution policy in effect
c) no charge for children under 12
d) a special discount offer in effect

(8) A: Can we visit the palace in the afternoon?
B: Yes, it is open until 5:30 p.m. The ticket office closes when the last ticket has been sold, so ________________.
A: Thanks. We'll do that.
a) you'd better arrive well before that time
b) make sure you have the correct amount of change
c) check your reservation carefully before calling
d) it takes more than an hour to view the entire exhibition

## 解答と解説

### 《演習 2–A》

■解　答■　(1)–a)　(2)–c)　(3)–c)　(4)–b)

(1) A: 手頃な値段の範囲内で今夜宿泊できる優良ホテルを探しています。私1名分です。
B: 当地で今夜、お客さまのために用意できるお部屋をチェックするためにコンピューターにちょっと目を通させてください。利用可能なホテルといえば、インターコンチネンタルの部屋とフェアモントの1室ですが、少々高級ですし ________________。
a) しかもお客さまのご予算外かもしれません
b) しかもどちらも今夜はご利用できません

c) しかも延泊が請求されます

d) しかも回転台からお客さまのバッグを取ることです

解 説 旅行代理店または旅行案内所で、客 (A) がそれほど高価でなく、といって格安でもない普通の予算の範囲 (medium price range) で宿泊できるホテルを探している。受付の係員 (B) がコンピューターでホテルの宿泊状況を調べた結果、2ヵ所のホテルに部屋があったが、ちょっと高級 (a little prestigious) なホテルであると述べている。宿泊者はもともと予算の範囲を懸念しているので、それと関連するのは **a**)「予算の超過」(out of price range) が正解である。

【語句】 **medium**〈形〉「中間の、並みの」: *medium* size Mサイズ / **price range**「値段の範囲」。【買物】There is a wide *price range* for bags.「バッグの値段にはいろいろな幅がある」(=There is a large *range* in the price(s) of bags.)。cf. **price**〈名〉「価格; (品物の) 値段 (=charge, cost, expense); 物価 (prices で); 料金」。「値段」(price, rate, charge) を聞く時は what を用いる: *What*'s the price (of the watch)? *What*'s the rate (of the chain)?「価格はいくらですか」または *What*'s the total charge (of watch and chain)?「料金の合計はいくらですか」。ただし price を用いる場合 How much is the price of it? とは言わない。ちなみに値段に対する返答としては That comes to $200. または That will be $200. と言う。cf. range〈名〉「(値段の)幅、範囲」: have a wide *range* of sizes「いろいろなサイズがある」/ (be) out of price range「予算範囲を超えて(いる)」

【注】 **b**) どちらのホテルも利用可能である。available〈形〉「(客室が)利用ができる」: *available* room 販売可能な客室(空いているので利用できる客室)。【ホテル】If there are any rooms *available* for tonight, I'd like to have a twin.「今晩部屋が空いていればツインをお願いしたいのです」

**c**) 懸念するのは宿泊するホテルの室料であって「延泊」ではない。extension〈名〉「(期間などの)延長、延期」: an *extension* of three days 3日間の延長 (=a three-day *extension*) / *extension* of stay 延泊、滞在期間の延長(宿泊客が出発予定日を繰り下げて滞在期間を延長すること)。cf. extend〈動〉「延長する」(=stay longer): *extend* one's stay at the hotel for another three days [for three days longer]。ホテルの滞在をあと3日延ばす。

**d**) この内容は空港の「手荷物受取所」での話題であり、ホテルとは無縁である。pick up「取り上げる、受け取る」。【ホテル】You must *pick up* your room phone and dial the express checkout number when you want to check out right now. 今すぐチェックアウトしたいのであれば、部屋の電話を取り、至急チェックアウトの番号をダイヤルする必要があります / carousel [〈英〉 carrousel] 〈名〉「回転式手荷物引渡しベルトコンベヤー」。空港にある荷物回転台のことで、そこから乗客が手荷物を引き取る。

(**2**)　A:　こちらのホテルのランドリー・サービスで洗濯してもらった1枚のシャツについて苦情があります。シャツの前面にコーヒーのように見えるシミが付いています。このままでは明日の会合には着ることができません。

B:　＿＿＿＿＿＿＿＿＿＿＿＿＿＿＿＿

a) レストランの支配人が来たらちょっと拝見させていただきます。
b) 品物がまだ使用可能であれば交換する理由がございますでしょうか。
c) フロントへお持ち願えるでしょうか、補償させていただくことを検討いたします。
d) 申し訳ございません。別の引換券が入手できるようにお調べいたします。

解　説　ホテル宿泊客 (A) がランドリー・サービスで洗濯してもらったシャツに「染み」(stain) が付いていたので苦情を申し立てた。その苦情に対して従業員 (B) が返答する内容である。選択肢を選別すれば、**c**)「シャツをフロントへ持っていくこと、そして補償を検討すること」が最も適切な正解である。

【語句】 **laundry service**「ランドリー・サービス」。ホテルで宿泊客の衣類の洗濯物を処理すること、またはその取り次ぎをするサービスのことである。valet service とも言う。/ **stain**「染み」: remove [get out] a coffee *stain* コーヒーの染みを取る / **look into**「調べる」(＝investigate) / **get you compensated**「あなたに補償させる」。☆「get＋名詞(物)＋過去分詞」「(名詞)を～させる; (名詞)を～してもらう」(使役を表す)、「させる」または「してもらう」のいずれに訳すかは文の前後関係から判断する。【観光】We *got our photo taken* by a passer-by. 僕たちは通りがかりの人に写真を撮ってもらった (＝We *had a passer-by take* our photo.)。cf. **compensate** 〈動〉「賠償する」(＝make up for; make compensation for; pay for)。【ホテル】I'm terribly sorry. I'll talk to the manager about how we may *compensate* you for the damaged shirt.「まことに申し訳ございません。破損したシャツをどのように弁償できるか、支配人に話します」

**【注】 a**） ランドリー・サービスに関する苦情処理者は「レストラン支配人」ではない。have the manager take a look at「支配人に見てもらう」。「have＋名詞(人)＋動詞の原形」「(名詞)に〜させる；(名詞)に〜してもらう；(名詞)に〜される」。

**b**） シャツに染みが付いているので使用できないと言っているのに、「使用可能」(usable) だというのは不自然である。

**d**） 話題は使用できないシャツであり、「引換券、クーポン」を入手できても解決にはならない。

(**3**) A: 私たちは大使館に行く必要があると思います。団体客の1人が旅券を紛失しました。

B: 残念ですが、それは少々むずかしいようです。大使館はオタワにあります、____________________。そこまで行くのは大丈夫でしょうか。

a) しかもそこには遺失物取扱課があります

b) しかも私は請求書を持っているのです

c) しかし日本国総領事館はトロントにあります

d) 私たちはできるだけ登録の手続きをとってみることができます

解 説 観光客の1人が旅券を紛失した (lost her passport) ので添乗員 (A) が大使館 (embassy) に行って申請する必要があると現地ガイド (B) に伝えている。現地ガイドは大使館の所在地が遠方のオタワであるため難色を示した。現地ガイドは旅券の再発行申請の場所を問題にしているので、**c**)「日本国総領事館の所在地であるトロント」(Consulate-General of Japan in Toronto) が正解である。

**【語句】 embassy** 〈名〉「大使館」: the American [British] *Embassy* in Tokyo 東京の米国[英国]大使館。☆ambassador「大使」。/ **Ottawa**「オタワ」。カナダ Ontario 州南東部にある同国の首都 / **Toronto**「トロント」。カナダ Ontario 湖に臨む Ontario 州の州都。オタワとは 400 km 以上離れている / **Consulate-General of Japan**「日本国総領事館」。☆consulate 〈名〉「領事館」: get a visa at the *consulate*「査証を領事館で受け取る」

**【注】 a**） 旅券を申請する場所は「遺失物取扱課」ではない。the lost and found「〈米〉遺失物取扱い」。英国では the lost property と言う: *lost and* *found* office 遺失物取扱所（=〈英〉lost property office）。【空港】You had better go to the *lost and found office* to get your bag back.「バッグを戻してもらうために遺失物取扱所へ行くほうがいいですよ」

**b**）話題は「請求書の持参」ではない。bill〈名〉「勘定書、請求書」。米国では check と言う：master *bill* 親［団体］勘定（=master account）/ separate *bill* 別勘定 / single *bill* いっしょの会計（=one bill）/ pay the *bill* for $90 勘定90ドルを支払う。

**d**）紛失した旅券の手続きは「登録」（register）ではなく、紛失届を提出した上で新規のパスポート、もしくは帰国のための渡航書を「申請」（apply）することである。register〈動〉①「（ホテルで）宿泊登録する（=check in）」。②「（郵便物を）書留にする」。

（**4**）A: お待たせしました。今は大勢の方が両替にいらっしゃる1日でいちばん多忙な時間帯です。総額の大部分を100ドル紙幣でお渡ししても、さしつかえないでしょうか。

B: 実は、＿＿＿＿＿＿＿＿＿＿＿＿＿ようにしていただければ、ありがたいのですが。

a）買物にはクレジットカードを利用する
b）少なくとも半分は小額紙幣でいただく
c）可能であれば今すぐに予約確認書をいただく
d）トラベラーズチェックに副署する

解　説　多忙な時間帯の銀行または両替所で、係員（A）が両替する観光客（B）に対して総額の大半を「100ドル紙幣」（100 dollar bills）での支払いでよいかどうかを尋ねている。観光客が返答するのは「金銭」関連の内容である。したがって **b**）「小額紙幣での調達」（get money in small denominations）が正解。

【語句】 **Do you mind if S+V**「...してもよろしいですか」（=Do you mind one's (doing)?）。「許可」を求める基本表現である。または Can I...? / May I...? / Is it all right［OK］if I...? / May I have your permission...? などとも言う。直訳すると「...すれば気になりますか」の意味である。したがって「肯定の返答」（はい、どうぞ）は "No, I don't mind."「かまいません」（気にしません）と言う。また yes を用いる場合 "Yes, that's all right."「いいですよ」と言う。しかし Yes だけの返答は相手の申し出に対して「気にする」という意味になる。【ホテル】*Do you mind if* I smoke here? → No, I don't *mind* at all.「ここで

たばこを吸ってもいいですか」(＝Do you mind my smoking?) →「はい、どうぞ。いいですよ」☆「否定の返答」は “Well, I'd prefer it if you don't.”「ご遠慮いただければ、うれしいのですが」などと言う / **denomination** 〈名〉「(貨幣・紙幣などの)単位・種類; 額面の金額」(denomination value)。銀行や両替所などで顧客に対して外貨の額面(例: 米ドル)を「どのような金種で両替するか」(What *denominations* would you like?) を尋ねる時に用いる基本表現である。「米ドル」の場合「紙幣」は1, 2, 5, 10, 20, 50, 100の各ドル。「貨幣」は1, 5, 10, 25, 50の各セントおよび1ドルがある。【両替所】Please change this into US dollars. → Sure. What *denominations* do you want?「米ドルに替えてください」→「はい。どのような額面になさいますか」☆In what denominations do you want? または How would you like your money? とも言う。空港での実際の会話では両替する人に対して簡潔に “What denominations?” と表現しているのをよく耳にする。

**【注】 a)**　話題は両替であって「クレジットカードの利用」ではない。

**c)**　話題は両替する紙幣の額面であってホテルの「予約確認書」ではない。confirmation slip「予約確認書; (ホテルの) 宿泊予約確認書」(＝confirmation sheet; hotel reservation slip)。ホテル・レップやランド・オペレーターなどを通して「ホテル客室の予約」(例: 予約確認番号、予約客名、予約客室のタイプや室料など)が確認されていることが記載されている。ちなみに hotel coupon (宿泊料の支払証明書)、hotel voucher (宿泊料の支払保証書) と区別すること。【ホテル】I'd like to check in, please. Here's my *confirmation slip*.「チェックインしたいのです。これが予約確認書です」

**d)**　話題は100ドル紙幣の両替であって「トラベラーズチェックへの副署」ではない。countersign 〈動〉「副署[連署]する」。小切手、書類、トラベラーズチェックなど署名済みの文書に認証のため副署[照合のサイン]をすること。以前に使用したサインと同じサインを2度目に用いることである。【銀行・買物】You need to *countersign* a traveler's check when you cash it or make payment for your purchases.「トラベラーズチェックを現金化する場合、または買物の支払いをする場合、副署する必要がある」

## 《演習 2–B》

**■解　答■**　(5)–c)　　(6)–a)　　(7)–a)　　(8)–a)

(5)　A:　調理設備のある部屋を探しています。レストランで食事をする代わりに朝食には何か軽いものを作りたいのです。

B:　そうですね。＿＿＿＿＿＿＿＿＿＿＿＿部屋があります。でも少々お高くなります。

A:　途轍（とてつ）もなく費用がかかりすぎないかぎりですがね。あまり浪費しないようにしています。

a）一人使用特別料金で利用できる

b）飲み物の入ったミニバーが備わった

c）簡易台所と電子レンジの設備が整った

d）別料金が請求される

解　説　ホテルのフロントで宿泊予定者（A）が「調理のできる設備が整った部屋」(room including facilities for cooking) を探している。レストランでの食事代を節約し、朝食なども軽食 (a light breakfast) で済ませようとしている。室料が高すぎないならば利用しようという意向である。フロント係員 (B) の返答として調理関連の内容が問われる。したがって **c)**「簡易台所と電子レンジ」(a kitchenette and a microwave) のある部屋が正解である。

【語句】 **breakfast**〈名〉「朝食」。冠詞 (a, the) をつけない (例: have [eat] breakfast 朝食をとる)。しかし breakfast の前後に形容詞または形容詞句がついて朝食の種類を表す時は不定冠詞 (a) がつく (例: have a light [good] breakfast 軽い[十分な]朝食をとる。☆「モーニング・サービス(和製英語)」は英語では breakfast special と言う。午前中喫茶店などで行うサービスで、コーヒーにトーストや卵をつけた安価な「朝食セット」のこと。朝食時のアメリカの空港などには breakfast special の看板をよく見かける。

【朝食の種類】　ホテルの朝食(breakfast)に関しては下記の形態がある。

【1】　American breakfast 米式朝食。卵料理・肉料理を含む朝食。☆ジュース、パン、コーヒー(または紅茶)に加え、卵料理等が含まれる。full breakfast(たっぷりの朝食)とも言う。

【2】　English breakfast 英式朝食。卵料理・肉料理・魚料理を含む朝食。☆ジュース、パン、卵、コーヒー(または紅茶)がつく。さらにシリアルまた魚料理などが加えられる。full breakfast(たっぷりの朝食)とも言う。

【3】　Continental breakfast ヨーロッパ式朝食(軽い朝食)。卵・肉・魚などの料理を含まない朝食。☆ジュース、パン、コーヒー(または紅茶)程度

の簡単な朝食。日本では「コンチ」と略称する。

【注】 以下すべて「調理のできる部屋」とは無関係である。

**a**） 話題は「1 人使用特別料金」ではない。single-occupancy rate「1 人使用特別料金」。定員が 2 名以上の部屋を 1 人で使用する（single occupancy）場合の特別料金。欧米で single rate とも言う。double *occupancy* は「2 人相部屋」（1 部屋に 2 人で利用すること）。triple *occupancy* は「3 人相部屋」（1 部屋に 3 人で利用すること）。【ホテル】All our singles are booked tonight. But you can stay in a twin with a reduced *single-occupancy rate*.「今夜はシングル全室が予約されています。しかし割引いた 1 人使用特別料金でツイン部屋にお泊まりできます」。

**b**） 話題は「ミニバー」ではない。mini-bar「ミニバー」。ホテルの客室の小さな冷蔵庫。つまみ程度の食べ物や飲み物が収納されている。通常有料のためチェックアウトの時には個人勘定（incidentals）として精算することになっている。【ホテル】The *mini-bar* in your room is stocked with alcoholic beverage and soft drinks.「ミニバーにはアルコールとソフトドリンクが入っています」

**d**） 話題は「個人勘定」または「別料金」ではない。incidentals〈名〉「個人勘定（＝incidental charge [account]）、（宿泊料と金銭の精算における）別勘定」。【ホテル】Your room and meal charges were paid by the travel agent. So other *incidentals* are at your personal expense.「部屋と食事の料金は旅行社が支払ってあります。あとの個人勘定は本人支払いとなります」

**(6)** A: この列車には食堂車がありますか。

B: もちろんございます。4 号車にございます。
____________________ので、お早めに予約なさるほうがよろしいでしょう。車掌にお好きな時間帯をお伝えいただければ、予約を調整いたします。

A: わかりました。ありがとう。

a）テーブルの数が限られています

b）二等車には仕切り客車の余裕がございます

c）車両には寝台車がございます

d）乗換券がご利用いただけます

**解 説** 列車内で乗客（A）が車掌（B）に向かって「食堂車」（restaurant car）があるかどいかを尋ねている。車掌は 4 号車にあるが「早めの予約」

(early reservation) することを勧めている。車掌に「都合のよい時間帯」(time preference) を知らせれば予約の調整をしてくれると返答している。早めに予約するということはすぐに「満席」(full reservation [booking]) になることを暗示している。したがって **a)**「限られた座席数」(limted number of tables) が正解である。

**【語句】** **restaurant car**「(列車などの)食堂車」。dining car, buffet car とも言う。米国では diner とも言う。【車内】Let's go to the *restaurant car* [diner] to have a light meal.「軽食をとりに食堂車に行こう」/ **on board**「(飛行機・船・列車・バスなど)に乗って」(=aboard)。【車内】Snack and drinks will be served *on board*.「スナックと飲み物は車内で出されます」/ **car number (four)**「(4) 号車」。☆car ①「自動車 (=〈米〉automobile;〈英〉motorcar)」。car は通常は「乗用車」を指し、バスやトラックは除く。vehicle は車全体を表す。②「(列車の)車両、(1両の)電車; 客車 (=〈英〉carriage, coach); 貨車 (=wagon)」。2両以上連結している「列車」は train となる。【車両】This train is made up of ten *cars*.「この列車は10両編成です」(=This is a train made up of ten *cars*.)。【車内】All seats in *Cars* 2 and 8 are reserved.「2号車と8号車はすべて指定席である」/ **conductor**〈名〉「〈米〉(列車の)車掌」。conductress は「女性車掌」である。英国では列車の車掌は guard と言う。日本では train crew と記入された腕章が目にとまる。conductor はバスの車掌をも指す。 / **time preference**「好みの時間(帯)」、☆preference〈名〉「好み; 好物」。【レストラン】My *preference* is for coffee rather than tea.「私は紅茶よりコーヒーのほうが好きです」。I have a *preference* for coffee rather than tea. または I *prefer* coffee *to* tea. などとも言う。

**【注】** 以下「食堂車の有無」に対する返答にはなっていない。

**b)** 話題は「仕切り客車」ではない。compartment〈名〉「コンパートメント、(列車・飛行機・客船などの)仕切り客室」。

**c)** 話題は「寝台車」でない。sleeping berth「(列車・客船・旅客機などの)寝台 (=sleeper)」。☆berth〈名〉「(飛行機・列車・客船などの)寝台、段ベッド」。列車や船舶の寝台は bed とは呼ばない。

**d)** 話題は「乗換券」ではない。transfer〈名〉「乗換切符、乗換券」(transfer ticket)。【車内】*Transfer*, please.「乗換切符をください」バスの運転手に対して言う言葉。transfer ticket とも言うが、単に transfer を用いる場合が多い。アメリカの市内バスはこの切符をもらうと別料金を払わないで乗り換えることができる。

**(7)**　A:　すみませんが、私の請求書にはおかしいところがあります。室料がホームページで見積もった値段より高額になっています。

B:　そうですよ。夏季期間中は＿＿＿＿＿＿＿＿＿＿＿＿。料金表のページに記載されています。

A:　きっと見逃したようですね。了解です。

a) 15% のシーズン追加料金が実施されています

b) 代替不可の規定が有効です

c) 12 歳未満の子どもは無料です

d) 特別割引提供が実施されています

**解　説**　ホテルをチェックアウトする宿泊客 (A) が、会計で宿泊料金の「勘定書」(bill) を一瞥する。ホームページで見積もった「室料」(room rate) より高額になっていたので苦情を言う。会計係 (B) は夏季期間中の室料事情を述べ、料金表に記載された注意事項を説明する。宿泊客は料金表に記載された欄外等の注意事項を「読みそこなった」のに気付き納得する。したがって **a)**「最盛期[繁忙期]の追加料金」(high season supplement) が正解である。

**【語句】** **bill**〈名〉「勘定、会計; 勘定[請求]書」。米国では check と言う。【レストラン】Let's split the *bill* for lunch. ランチは割り勘にしよう。☆ Let's go Dutch for lunch. とも言うが、オランダ人 (Dutch) に失礼にあたるかもしれないので避けるほうがよい / **room rate**「(ホテルの)室料」(＝rate for a room; room charge): *room rate* between 200 and 300 dollars per night 1泊200ドルから300ドルまでの宿泊料金 / **quote**〈動〉「見積もる」/ **tariff**〈名〉「(ホテル・レストラン・鉄道などの)料金表; 料金、値段」。【ホテル】The *tariff* is $150 per night including English breakfast.「料金は英式朝食込み 1 泊 150 ドルです」/ **miss**〈動〉「取り[見・聞き]そこなう; (機会を)逃す」。miss＋(do)ing の文型をとる場合が多い。【観光】As long as you stay in New York, you should not *miss* (seeing) some monuments such as the Statue of Liberty.「ニューヨークにいる間自由の女神のような記念像などを逃さず見学すべきです」/ **season supplement**「季節の追加料金」。cf. *season* rate 季節変動による特別料金 (＝seasonal rate)。☆「国際線航空運賃」は季節間に 3 種の格差がある。[1] peak season「オン・シーズンの繁忙期[多客期]」(＝on season)。⇔ bottom season. ☆peak season は割高になっている。high season「(旅行者動向の)多客期」とも言う。[2] bottom season「オフ・シーズンの閑散期」(＝basic season)。⇔ peak season. ☆off season または low season とも言うが「シーズン・オフ」(season off) は和製英語である。[3] shoulder season「peak season と bottom season の中間 (旅行シーズンのピークの前後)にある期間[通常期]」/ **in effect**〈形〉「(法律などが)施行されて、有効で」: The law is still *in effect*.「その法律はまだ有効である」

**【注】 b)**　話題は「代替不可の規定」ではない。no-substitution policy「代替不可の規定」。第三者に変更することができない規定。☆substitution「代替、代用」: *substitution* of traveler's checks for cash 現金の代わりにトラベラーズチェックを使うこと。

**c)**　話題は「12 歳以下の子どもの無料制度」ではない。charge〈名〉「料金、代金」: room *charge* 部屋代、室料 (＝*charge* for room)。

**d)**　話題は「特別割引制度」ではない。discount〈名〉「割引(額)」。海外ではホテルに長期滞在する時の割引 (long-stay discount)、また買物をする時に現金または即時払いに対する割引 (cash discount) がある。

**(8)**　A:　午後に宮殿を見学できますか。
B:　はい、午後 5 時 30 分まで開館しています。切符売場は完売すると閉まりますので＿＿＿＿＿＿＿＿＿＿＿＿。
A:　ありがとう。そうしましょう。

a) その時間よりはかなり前に到着するほうがよいでしょう
b) おつりの額はそれでよいかどうかをご確認ください
c) 電話をする前に予約をしっかりとご確認ください
d) 展示全部をご覧になるには 1 時間以上かかります

解　説　宮殿見学を希望する観光客 (A) が観光案内所で、宮殿が午後に開館しているかどうかを尋ねている。係員 (B) が 5 時 30 分までは開いているが、チケットが売り切れ次第「切符売場」(ticket office) は閉まると告げている。係員は観光客に対して対処すべきことを述べている。その対処とは、正解となる **a)**「切符売場には早めに行くこと」である。

**【語句】 open**〈形〉①「(博物館・宮殿・店などが)開いている」。名詞の前には用いない。cf. **open**〈動〉「開ける; 開く」。【レストラン】Is this restaurant still *open*? → Yes, it is *open* from 8 a.m. through 6 p.m.「このレストランはまだ開いていますか」→「はい、午前 8 時から午後 6 時まで開いています」②「空きがある」。名詞の前にも用いる。【空港】

Do you have any *open* seats or cancellations? → Yes, sir. There are some seats available in the executive-class section.「空席またはキャンセルがありますか」→「はい、ございます。ビジネスクラスの座席なら若干空いています」③「(航空券について)特定の便を予約しないで」: *open* (air) ticket「オープン・チケット」。「出発月日・便名の記載のない未予約航空券。有効期間は発行日から1年間である。搭乗する便が決まり、予約が取れると航空券にその便名を記入したステッカーを貼る。その場合は、旅行開始日からさらに1年間有効である」(国際観光用語集・日本国際観光学会編より抜粋) / **ticket office**「切符[入場券]売場; プレーガイド」(=〈英〉booking office)。☆「プレーガイド」は和製英語である。ちなみにbox officeは「(映画館・劇場・スタジアムなどの)切符売場」で用いる。

**【注】**　以下すべては係員の忠告や文脈と合致しない。

**b**)　話題は「つり銭の確認」ではない。change〈名〉「つり銭」。**【掲示】** Exact *change*, please.「つり銭のいらぬようにお願いします」。**【自動販売機】** This vending machine doesn't give me my *change*.「この自動販売機からはおつりが出ません」(=*Change* doesn't come out of this vending machine.)

**c**)　話題は「予約の確認」ではない。reservation〈名〉「(乗り物・ホテル・レストラン・観光などの)予約」(〈英〉booking) ☆病院や美容院の「予約」はappointmentと言う: have a *reservation* 予約している / cancel a *reservation* 予約を取り消す / check with *reservations* 予約課に確認する / e-mail *reservation* 電子[E]メールによる予約。

**d**)　話題は「展示見学の所要時間」ではない。exhibition〈名〉「展示; 展覧会」。**【観光】** The Museum of Fine Arts in Boston holds a special *exhibition* of Japanese pictures.「ボストン美術館は日本の絵画の特別展示を開催している」

# 第3章　英文構成の問題

## 出題傾向

観光・旅行を主題にした英文を正しく構成する出題である。「英語で自分の意思を正しく表現する」ことはコミュニケーションの基本である。日本語から英語で「作文する」というよりは、提示された語句を正しく並び替えることによって英文を正確に「構成する」出題である。

**◆出題形式**

すべて多肢選択の客観的問題である。いくつかのパラグラフからなる文章に下線を施した部分空白がある。それぞれについて、提示され選択肢 a)〜b)の語句を並び替えて、その下線部分の英語を完成した上で、指定箇所に入る語句の記号を選ぶ形式である。

**◆出題内容**

すべて観光・旅行に関する内容の記述文である。最近出題された内容を若干列挙しよう。

〈**A**〉　**最新の出題テーマ**

- 「ウォルト・ディズニー・ワールド（Walt Disney World）の表玄関であるオーランド国際空港」
- 「ライアンエアー（アイルランド格安航空会社）にみる格安航空運賃（LCC［Low-Cost Carrier］）」
- 「インターネット上にみる変貌する最近の旅行事情」

〈**B**〉　**語学面からの出題内容**

(a)　文法・語法：準動詞（特に不定詞と動名詞）の用法、品詞の語順など。

- (services that used to) be included in the (price of an airline ticket)［受動態］
- (Several airlines in the United States have begun) charging for checked baggage(.)［動名詞・過去分詞］
- (Ryanair, a discount) airline operating out of (Ireland)［分詞・前置詞句］
- (Some airlines are) thinking of adding extra (charges for passengers who are overweight.)［動名詞］

・(A destination website might only) list businesses that pay (to be features.) [関係代名詞]
・(Social media is) changing the way people (travel.) [他動詞の進行形・関係代名詞の省略]

(b) 熟語・慣用句: 前置詞・副詞を伴う表現など。
・(As a result, *more*) *and more* passengers began (to bring only carry-on bags with them.)
・(She) *heard back from* the (owners of bed-and-breakfasts.)
・(There are) *plenty of* places in (and around London.)

(c) 英語基本5文型: 自動詞と他動詞の活用など。
・(They) responded and gave me (some good information.) [基本文型: 動詞と接続詞の活用]
・(The) guidebook shows you those (locations . . . ) [基本文型: 他動詞]

## 出 題 例

**【出題例 3】**

Read the following English paragraphs which contain incomplete sentences. To complete the sentence, put each word into the best order. When you have finished, blacken letter on your answer sheet from among the four alternatives: a), b), c) and d) for the word in the position of the blank that has the question number from (21) to (25).

Passengers want to find the cheapest tickets for air travel. But airlines want passengers to pay more to fly so that they can make more money. Recently, several airlines have begun to charge extra for services that used to be free—or more correctly, services that used to _____ __(21)__ _____ _____ price of an airline ticket.

Several airlines in the United States have begun _____ _____ _____ __(22)__ . As of the spring of 2010, at least 12 airlines were charging $20 to $30 per bag for checked luggage. As a result, more ______ (23) ______ ______ to bring only carry-on bags with them. Starting in the summer of 2010, some airlines began to charge for carry-on bags, too.

But these are not the only ways airlines began to charge for passengers extra. Ryanair, discount (24) ______ ______ ______ Ireland, is hoping to charge customers to use toilets. According to the plan, to use the lavatory on a flight a passenger will need to insert a coin to open the door. And some airlines are ______ ______ ______ (25) charges for passengers who are overweight. Some airlines already have a policy of asking very large passengers to buy a second seat if they cannot fit into only one seat. Maybe in the future, some airlines will charge passengers based on how heavy their weight is.

*Ryanair：アイルランド国籍の格安航空会社

(21)　a) included　b) be
　　　c) in　d) the
(22)　a) for　b) charging
　　　c) baggage　d) checked
(23)　a) began　b) more
　　　c) passengers　d) and
(24)　a) airline　b) of
　　　c) out　d) operating
(25)　a) adding　b) of
　　　c) extra　d) thinking

## 解答と解説

### 【出題例 3】

［全文の大意］

旅客は空の旅をする時には最安値のチケットを入手したがるものである。

それにひきかえ航空会社側としてはさらなる儲けを得るために旅客に対しては飛行費用をさらに支払わせたいと苦慮している。以前は無料であったサービス、あるいはさらに正確に言えば、以前航空券の価格に含まれていたサービスに対して追加料金を請求し始めた航空会社が最近になって数社現われた。

米国内では委託手荷物に対して料金を請求し始めた航空会社が数社ある。2010年春現在では、少なくとも12の航空会社が委託手荷物に対してバッグ1個につき20ドルから30ドルの料金を請求している。その結果、機内持ち込みの手荷物のみを持つ旅客がさらに増加し始めた。2010年の夏に始まったことだが、機内持ち込み手荷物にも料金を請求し始めた航空会社が数社ある。

しかしながら航空会社が旅客に対して追加料金を請求しはじめた方法はそれだけでは収まらない。アイルランドで運航する格安航空会社であるライアンエアーは、顧客に化粧室の使用料を請求しようと見込んでいる。その計画によれば、飛行中に化粧室を利用するには、乗客は化粧室の扉を開けるためコインを挿入しなくてはいけないことになる。体重超過の乗客に対して追加料金をとることを検討している航空会社も何社かある。数社の航空会社では、非常に大柄の乗客に対しては1席のみに収まらない場合、さらにもう1つ別席を購入するよう求める方針をもうすでにとっている。ことによると今後、乗客の体重に応じて料金を請求する航空会社がいくつか出現することであろう。

**■解　答■**　(21)–a)　(22)–c)　(23)–b)　(24)–a)　(25)–c)

**解　説**

**(21)**　(Recently, several airlines have begun to charge extra for services that used to be free—or more correctly, services that used to) be included in the (price of an airline ticket.)

「(以前は無料であったサービス、あるいはさらに正確に言えば、以前航空券の価格)に含まれていた(サービスに対して追加料金を請求し始めた航空会社が最近になって数社現われた)」

不定詞 (to＋原型動詞) と受動形 (included) の活用、そして前置詞 (in) の応用が問われている。

b)　be: 前文にある services that used to be free (以前は無料であったサービス)に着眼し、その直後に services that used to (do) を繰り返し

ている。used to 構文にある to の後には原型動詞が続く。選択肢の中では（used to）be が選べる。

a）included: 過去分詞であり、受動形を構成する。したがって be included「含まれる」が成立する。

c）in と d）the: 前置詞（in）は後文の price of an airline ticket（航空券の値段）と関連する。そして冠詞（the）は price と結びつき the price を形成する。したがって in the（price of an airline ticket）「(航空券の値段)の中に」という語句が成立する。

**(22)**（Several airlines in the United States have begun）charging for checked baggage(.)

「(米国内では)委託手荷物に対して料金を請求(し始めた航空会社が数社ある)」

動名詞（charging）と過去分詞（checked）がどのように活用されているかを把握することが問われている。

b）charging: 前文の動詞 begin「始める」（＝start）は begin＋doing（開始された動作の継続が重視される）また begin＋to do（動作の開始点が重視される）の語法がある。意味上の差はほとんどない。本文の charging は「継続」を表す現在完了形の have begun と関連し、北米の数社の航空会社が「継続して料金を請求し始めたこと」（have begun charging）が理解できる。

a）for（前置詞）: charge と結びつき charge for「〜について料金[金額]を請求する」という意味になる。

c）baggage と d）checked: checked（預けた）は baggage（手荷物）と関連し、checked baggage「委託手荷物；（搭乗前に）預けた手荷物」の語句が成立する。

**(23)**（As a result, more）and more passengers began（to bring only carry-on bags with them.）

「(その結果、機内持ち込みの手荷物のみを持つ)旅客がさらに増加し始めた」

more and more の慣用句と begin の語法が問われている。

d）and と b）more: 前文の more（many の比較級）と関連し more and more「ますます多くの」の慣用句が成立する：*More and more* Japanese are visiting Korea.「韓国を訪れる日本人が増えている」（＝There is an increase in the number of Japanese who visit Korea.）

c) passengers: more and more の形容詞句と結びつき more and more passengers (ますます多くの旅客)の語句が成立する。

a) began: 後文にある「begin (+to 不定詞)」と関連し began (to bring) が構成される。⇒ begin (22)

(**24**) (Ryanair, a discount) airline operating out of (Ireland, is hoping to charge customers to use toilets.)

「アイルランドで運航する格安航空会社であるライアンエアーは、顧客に化粧室の使用料を請求しようと見込んでいる」

主部の中に設定された同格名詞の用法と分詞の語法が問われている。

a) airline: Ryanair は脚注にあるように「アイルランド国籍の格安航空会社」である。いわゆる LCC [Low-Cost Carrier] である。low-cost は「格安」の意味であるため discount (格安) airline が成立する。ここでは Ryanair と a discount airline は同格であり、この文の主語となっている。

d) operating:「運航している」という意味であり、discount airline *operating*「格安航空会社」を修飾している。

c) out と b) of: 前置詞句 out of が成立する。後部の Ireland (アイルランド共和国)という場所と関連し、Ryanair (格安航空会社)がアイルランドで運航するという所在を示している。

(**25**) (And some airlines are) thinking of adding extra (charges for passengers who are overweight.)

「体重超過の乗客に対して追加料金をとることを検討している航空会社も何社かある」。進行形 (thinking) と動名詞 (adding) の語法、そして前置詞 (of) の活用と形容詞 (extra) の用法が問われている。

d) thinking と b) of: think of [about]「〜について考える」は成句である。be+thinking は現在進行形である: I've been *thinking of* studying abroad.「留学をしようかと考えています」。本文は Some airlines are thinking of 〜と構成される。

a) adding: 主語の「ある航空会社」(some airlines)、動詞(句)の「検討している」(thinking of) の目的語となっている。add (加算する) の動名詞である。

c) extra: 後部の charge と結びつき extra (charge)となり、adding の目的語となっている。

## 演習問題

### 《演習 3》

Read the following English paragraphs which contain incomplete sentences. To complete the sentence, put words and phrases into the best order. When you have finished, blacken the letter on your answer sheet for the word in the positon of the blank that has the question number from (1) to (5).

The Internet is having a great effect on the travel business, often __(1)__ ______ ______ ______ people could have imagined ten years ago. It is helping change not only the way people plan trips, but also the way they view travel. And it is changing the way many companies do business.

As travelers grow more ______ ______ ______ __(2)__ to research destinations, and book flights and hotel rooms, many small travel companies are becoming increasingly specialized. They find they can make money by specializing, selling mainly cruises, senior citizen travel, adventure vacations, or even pet travel.

But certainly some of the most ______ ______ __(3)__ ______ by the Internet are in how people actually think about travel. In the old style, people visited places, ate the food, bought things in the shops, and viewed the famous sights, ______ ______ ______ __(4)__ people. New Internet sites like VirtualTourist.com and IgoUgo.com allow people to make friends anywhere in the world. This lets them share travel stories, share new information, and meet when they have the chance. People who use these Internet sites ______ ______ __(5)__ ______ understanding of other cultures. They think there is no better way to do that than to make contact with people who have just visited a destination, or even better, with the people living there.

(1) a) few b) ways
c) that d) in

(2) a) to b) using
c) the Internet d) accustomed

(3) a) brought b) exciting
c) about d) changes

(4) a) local b) meeting
c) the d) rarely

(5) a) develop b) deeper
c) want to d) a

## 解答と解説

### 《演習 3》

［全文の大意］

インターネットは、10年前にはほとんど想像する人がいなかったようなやり方で、旅行業界に大きな影響を及ぼした。インターネットは、人々の旅行計画のたて方だけでなく、旅行の見方における変化を助長している。また、多くの会社でもビジネスに対応するやり方に変化が見られる。

旅行者が目的地を調べたり、飛行機やホテルを予約したりするのにインターネットを活用することに以前よりも慣れているので、多くの小規模な旅行会社はますます専門化してきている。彼らは主としてクルーズ、高齢者向けの旅行、冒険を楽しむ休暇、またはペット旅行などを販売して専門化すれば儲けになることがわかってきた。

しかし、インターネットによって生じた最も驚くべき変化といえば、人々が旅行に関して実際にどのように考えているのか、ということである。昔のやり方では、人々は様々な場所を訪れ、様々な料理を食べ、商店で様々な物を買い、そして有名な景勝地を観光したが、地元の人々とはめったに会うことはなかった。新しいインターネット・サイト(例: Virtual Tourist.com, IgoUgo.com) を活用すれば、世界中どこにいても友人になることができる。このようにすれば、旅の話をしたり、新しい情報を分かち合ったり、またチャンスがあれば会うことさえできるようになった。このようなインターネット・サイトを利用する人々は、他国の文化をもっと深く理解しようと希望するのである。彼らの考えは、目的地を訪れたばかりの人々、あるいはさらによいことには、その地に在住する人々と触れ合うこと以上によい方法はないということである。

**■解　答■**　(1)–d)　(2)–c)　(3)–a)　(4)–a)　(5)–d)

解　説

(**1**)　(The internet is having a great effect on the travel business, often) in ways that few (people could have imagined ten years ago.)
「(10 年前にはほとんど想像する人々が)なかったやり方で . . . 」

前文と後文にある意味とその関連をよく理解することである。in ways that「～するやり方で」と few (people)「(～する人々は)ほとんどいない」の「関連語句」を的確に把握することが問われる。

a)　*few* (people): few は次の「名詞」(people) と関連し、that 以下の文の「主部」(few people) である。few〈形〉「～はほとんどない」: He has *few* friends.「彼には友人がほとんどいない」。cf. a few「少し～がある」: *A few* people were in the room.「部屋には少数の人がいた」

(**2**)　(As travelers grow more) accustomed to using the Internet (to research destinations . . . )「(旅行者が目的地を調べたりするために)インターネットを使用するのに慣れる(ようになっている)」

be accustomed to＋動名詞[名詞]「～に慣れている」(＝be used to＋名詞[動名詞])の「慣用語句」の知識が問われる。

d), a)　accustomed to: (grow, get, become) accustomed to＋動名詞「～に慣れる」。この文の中心となる「熟語」である。Have you *got accustomed to using* this computer?「このコンピューターを使い慣れましたか」。cf. be accustomed to＋動名詞「～に慣れている」(状態): I'*m* not *accustomed to walking* long distance.「長距離の歩行には慣れていません」(＝I'm not accustomed to a long walk.)

b)　using: (be) accustomed to に続く「動名詞」である。

(**3**)　(But certainly some of the most) exciting changes brought about (by the Internet) . . .「(インターネットによって)もたらされた(最も)驚くべき(いくつかの)変化(といえば) . . . 」

長い主部の「主語」である changes が、brought about (bring about の過去分詞)の「熟語」で修飾されている語句であることを把握する必要がある。

b)　exciting:〈形〉「興奮させる；驚くべき、劇的な」。Soccer is an *exciting* game.「サッカーははらはらさせるおもしろい競技である」

d)　changes:「変化、変更、変遷」

a), c)　bring about:「(変化などを)引き起こす、もたらす」。His compliment *brought about* a change in her attitude.「彼のほめ言葉で彼女の態度は変った」。本文では changes (which are) brought about の形で、関係代名詞 (which) が省略されている。

**(4)**　(People visited places . . . and viewed the famous sights,) rarely meeting the local (people.)「地元の(人々)と会うことも少なく、(様々な場所を訪れたり . . . また名所を観光した)」

準否定語である「rarely」の位置、そして people を説明する形容詞である「local」の位置を把握することが問われる。

d)　rarely:〈副〉「まれに；めったに～しない」(＝hardly, seldom, scarcely)。否定語に準ずる語で、肯定文の形をとりながら意味は否定である。「一般動詞」の場合は、その前に置く：He *rarely* drinks.「彼が酒を飲むことはめったにない」。cf.「be 動詞」の場合は、その後に置く：He is *rarely* sick.「彼はめったに病気しない」

b)　meeting: meet (会う)は文の構成上、the local people を目的語とする「動詞」である。meeting は「付帯状況」を表す分詞構文で「～し、そして」の意味である。動作や出来事が続いて起こる場合に用いる：A young man came up to her, asking (＝and asked) her to dance with him.「ひとりの若者が彼女に近づき、自分と踊ってくれと頼んだ」。本文は、"and rarely met the local (people)" と書き換えることができる。

a)　local:〈形〉「(ある)地域の；地元の」⇔ national (全国的な)。*local* people「地元の人々」。*local* news「地方ニュース」。*local* time「現地時間」。ちなみに、日本語で「ローカル」と言えば「田舎」の意味で用いることがあるが、英語での「田舎の」は rural を用いる。

**(5)**　(People who use these Internet sites) want to develop a deeper (understanding of other cultures.)「(このようなインターネット・サイトを使用する人々は、他国の文化の)もっと深い(理解を)広げたいのです」

この文章の「述部」にあたり、その中で want to の次に「動詞」(develop）を伴うこと、そしてその動詞の「目的語〈不定冠詞＋形容詞＋名詞〉」（a deeper understanding）で構成されていることを把握することが問われる。

a)　develop:〈動〉「発展[進展]させる；（能力を）伸ばす」。want to に続く「一般動詞」である。Reading *develops* your mind.「読書はあなたの心を成長させる」

b)　deeper（understanding):「もっと深い理解」。a deeper understanding は develop の「目的語」で、ここでは「（異文化に対して）さらにもっと理解を深める」という意味である

# 第 4 章　英文読解の問題

## 出題傾向

海外または国内の「観光パンフレット」や「観光案内」などの資料を提示して、その内容について問う問題である。観光英語検定試験が実施されて以来、多種多様な形式と内容で出題されている。この問題は英文読解力に加え、観光・旅行に関連する「知識と教養」を問う出題である。

**◆出題形式**

観光パンフレットや観光案内、インターネットでの観光事情・旅行事情などの英文の「資料」を読み、その内容に関する英語による質問に答える形式である。

すべて四肢択一の客観問題である。3 つの資料(記述文が 2 題、会話文が 1 題)について各 5 問、計 15 問が出題されている。質問の形式には次のようなものがある。

(a) 資料から読み取った内容に一致するように英語の短文を完成させる。
(b) 資料の内容に関する英語の質問に対して適切な応答文を選ぶ。
(c) 資料の内容を照合し、正しい文 (TRUE [CORRECT]) または間違った文 (FALSE [WRONG]) を選ぶ。選択肢は「英語」の場合と「日本語」の場合がある。
(d) 資料(または資料に関する説明文)の中に設けられた空所に当てはまる単語(または語句)を選ぶ。
(e) 長い英会話文は、よく読んで文中の空所に入れる適切な語句を選ぶ。空所補充の形式である。

**◆ 出題内容**

[Part A]　海外観光事情の記述文。
[Part B]　海外・国内旅行事情の記述文。
[Part C]　国内観光事情の会話文。

最近出題される資料は、観光・旅行中に遭遇すると想定される内容(パンフレット / 広告・案内書 / 地図・時刻表など)で、その範囲は多岐にわたっている。最近出題された内容を若干列挙しよう。

［Part A］　海外観光事情の記述文

・「環礁の島国モルディブ(共和国)における5つ星リゾート島の紹介」
・「ニューヨークのヘリコプター遊覧飛行の案内」
・「モン・サン・ミシェル(世界文化遺産)への観光案内」

［Part B］　海外・国内旅行事情の記述文

・「アウトドア活動としての森林アスレチック」
・「シアトル(北米)からビクトリア(カナダ)までのフェリーツアー」
・「JR東日本のSuicaとN'EXに関するチケット購入法」

［Part C］　国内観光事情の会話文

・「樹木の上に設けられたビッグ・ツリーズ・ホテル」
・「富士箱根伊豆国立公園を巡る観光地」
・「寺院の宿坊における精進料理と瞑想セミナー」

特にこの問題では、資料の英文を「読解する」だけでなく、その内容を把握し「要約する語学力」が問われる。限られた時間内で内容を的確に理解するために、まずは出題された「テーマ」を理解し、次に「キーワード」を把握することが求められている。英文の細部にこだわらず「文脈」をしっかりと把握することが問われる。

## 出　題　例

**【出題例 4–A】**

Read the following information sheet and answer the questions from (26) to (30) by choosing the most appropriate answer for each question from among the four choices: a), b), c) and d).

### Mont-Saint-Michel Day Trip

Visit picturesque Mont-Saint-Michel and discover the rich history of the World Heritage Site Benedictine Abbey and the quaint charm of the village.

**Depart From:** Paris
**Meeting Point:** Will be indicated on voucher
**Duration:** 14 hours
**Available:** Departs daily except Sunday at 07:15
(**Not Available:** On May 1 December 25 January 1)
**Adult** 226.42 USD
**Child** 158.50 USD (Less than 10 years old)

**Itinerary**
- Travel to Mont-Saint-Michel
- Lunch
- Visit the Abbey
- Free time to explore the village

**DESCRIPTION**

A rocky island located in the biggest bay in Europe, the Mont-Saint-Michel Abbey, rightly named "The Marvel of the Western World" has been one of the most famous pilgrimage centers since the Middle Ages and is recognized as a World Heritage Site by UNESCO.

The tour drives through the green landscapes of the Normandy region to reach the island. Lunch will be at Relais St. Michel, a modern restaurant with refined decor and an excellent view of the Mont-Saint-Michel monument. Enjoy the Mont-Saint-Michel famous omelette.

Afterwards, the tour climbs the monument to as far as the Abbey located on the top. Our guided visit covers the interior of the Abbey.

There will be free time later for a walk in the village.

**Includes**
- Return transport in luxury air-conditioned coach
- Entrance ticket to the Abbey
- Services of our licensed multilingual guide
- Lunch

**Excludes**
- Meals and drinks not specified in the description
- Personal expenses
- Tips and gratuities
- Optional activity costs

**Available Languages**
English and Japanese at every departure
Spanish every Tuesday, Friday and Saturday
Italian every Monday, Wednesday, Friday and Saturday
French every Thursday

★ **Please Note**
- A warm coat is recommended during the winter and a raincoat during the summer. Don't forget it rains a lot in this region.
- Clients with walking difficulties will not be able to reach the Abbey (many steps).

(26) The tour ________________.
a) is operated daily except May 1, December 25 and January 1
b) starts at Relais St. Michel
c) is a full-day excursion from Paris
d) is half price for children

(27) Mont-Saint-Michel ________________.
a) is one of the most famous holy places for Muslims
b) used to be a religious place until the Middle Ages
c) is the ruins of a castle located in the biggest bay in

Europe
d) is on the World Heritage list

(28) Lunch on the tour ______________________.
a) can be enjoyed on the way to the Mont-Saint-Michel
b) will be served at the dining room inside the Abbey
c) will be local specialties served at a sophisticated restaurant
d) is available at participants' expense

(29) Which statement is FALSE about the Mont-Saint-Michel Day Trip?
a) On the way back to Paris, participants can enjoy free time in a small lovely village.
b) The tour price doesn't cover incidentals and all necessary tips.
c) The Day Trip includes an admission charge of the Mont-Saint-Michel Abbey.
d) The Mont-Saint-Michel Abbey isn't easily accessible for people in wheelchairs.

(30) Which statement is CORRECT about the Mont-Saint-Michel?
a) このツアーの往復には列車のコーチクラスを利用する。
b) 説明に書かれていない食事や飲み物は自己負担である。
c) 木曜日か土曜日に参加すれば、英語、日本語、スペイン語、イタリア語のガイドサービスが受けられる。
d) モン・サン・ミシェルのある地域は夏でも寒い場合があるのでコートを持参するほうがよい。

**【出題例 4–B】**

Read the following information sheet and answer the questions from (31) to (35) by choosing the most appropriate answer for each question from among the four choices: a), b), c) and d).

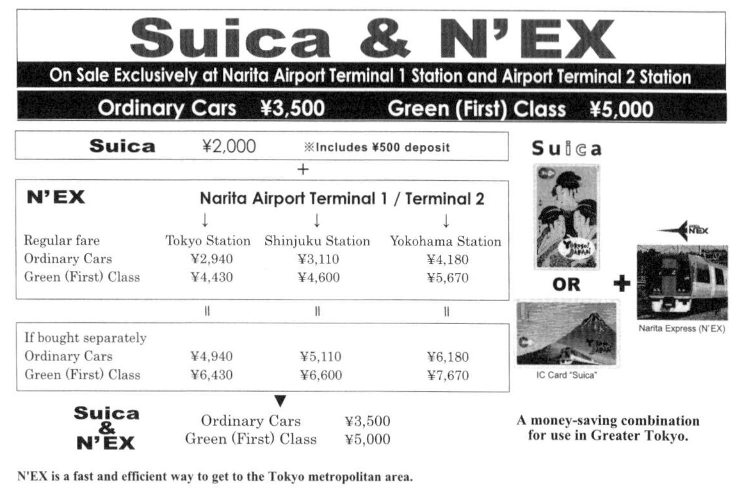

# Suica & N'EX

**On Sale Exclusively at Narita Airport Terminal 1 Station and Airport Terminal 2 Station**

**Ordinary Cars ¥3,500　Green (First) Class ¥5,000**

**Suica** ¥2,000 ※Includes ¥500 deposit

+

| N'EX | Narita Airport Terminal 1 / Terminal 2 ↓ | ↓ | ↓ |
|---|---|---|---|
| Regular fare | Tokyo Station | Shinjuku Station | Yokohama Station |
| Ordinary Cars | ¥2,940 | ¥3,110 | ¥4,180 |
| Green (First) Class | ¥4,430 | ¥4,600 | ¥5,670 |
| | ‖ | ‖ | ‖ |
| If bought separately | | | |
| Ordinary Cars | ¥4,940 | ¥5,110 | ¥6,180 |
| Green (First) Class | ¥6,430 | ¥6,600 | ¥7,670 |

▼

**Suica & N'EX**　Ordinary Cars ¥3,500　Green (First) Class ¥5,000



**A money-saving combination for use in Greater Tokyo.**

**N'EX is a fast and efficient way to get to the Tokyo metropolitan area.**

- The direct route from Narita Airport Terminal 1 Station to Tokyo Station takes only about 1 hour!
- Unlike taking a car or bus, there's no traffic congestion!
- N'EX trains run every hour during the day and every 30 minutes during peak hours.

**Suica is useful and efficient for travel in Greater Tokyo.**

- An original design for customers from overseas!
- With just one quick touch, you can pass through JR EAST ticket gates and your fare is automatically deducted! No need to buy a ticket every time you ride a train!
- You can recharge and reuse the card an unlimited number of times! You can also use it on future trips to Japan!
- This card can also be used for travel on most railways, subways, and buses in Greater Tokyo.
- You can also use it at shops that carry the [Suica] symbol.

**Only available to customers who hold a non-Japanese passport. Please have your passport ready when purchasing tickets.**

*** Notes on using Suica & N'EX**

**When traveling to the Tokyo metropolitan and Yokohama areas via the N'EX, please use the money-saving N'EX ticket and not the Suica.**

- The money-saving N'EX ticket is valid for one day. You may change train reservations only once. Suica can be recharged an infinite number of times.
- You must reserve a seat for N'EX at the time of purchase. The seat must be reserved in a N'EX Ordinary or Green (First) car.
- It is possible to use the N'EX money-saving ticket to disembark at a station in the Tokyo designated area other than the N'EX stops (stopovers are not possible).
- If unused, the N'EX money-saving ticket and Suica can be refunded at a sales office minus a cancellation fee of ¥740 (refunds will not be given for just the N'EX money-saving ticket).

(31) Using Suica & N'EX, a traveler buying an ordinary ticket to visit Yokohama can save ______ yen at maximum.

a) 1,440　　b) 1,600　　c) 2,600　　d) 2,680

(32) Suica & N'EX can be purchased ________________
__________.

a) at all major JR stations
b) only by visitors from overseas
c) by Japanese passengers who present their passports
d) prior to arrival in Japan

(33) The Narita Express is convenient because ________
________________.

a) it takes only one and a half hours from Narita Airport to Tokyo Station
b) trains run every thirty minutes, 24 hours a day
c) passengers don't need to carry heavy baggage with them
d) passengers can avoid crowded highways

(34) Which statement is FALSE about Suica?

a) An original design is available for travelers from foreign countries.
b) Passengers only have to touch the vending machine at a JR East station.
c) Suica can be used for not only travel on trains but also shopping at certain shops.
d) A new Suica card carries a 1,500 yen travel value.

(35) Which statement is CORRECT about Suica & N'EX?

a) 1枚のパスで割引のN'EXの切符とスイカの両方として使用することができる。
b) 購入時に普通車それともグリーン車の座席を予約する必要があり、変更することはできない。
c) 割引のN'EXの切符でN'EXの停車駅を越えて東京内の指定された駅まで行くことができる。
d) N'EXを利用した後スイカを使用しない場合は740円のキャン

セル料を払えば払い戻しが可能である。

【出題例 4–C】

Read the following information sheet and English conversation, and answer the questions from (36) to (40) by choosing the most appropriate answer for each question from among the four choices: a), b), c) and d).

## Big Trees Hotel "Treesort"

*A true Bed & Breakfast in the trees!*

**2010 PRICE LIST**

Spring Rates effective March 15th through June 17th, 2010

Summer Rate is from June 18, to Nov. 1st, 2010

2009 Winter Rate in effect Nov. 1st, 2009 through March 14th, 2010

Treehouse unit prices listed below include full breakfast in high (summer and spring) season, or continental breakfast in off season.

**Please call 541-590-2208 for unit availability and off season discounts for multiple night stays!**

**We charge $20.00 per person per night for extra people above listed occupants.**
**(Children under four years of age over listed occupancy are $10.00 each per night.)**

| Unit | Summer | Winter | Spring |
|---|---|---|---|
| Suite Tree Room Schoolhouse<br>(for 2 but can sleep up to 6) | $250 | $160 | $240 |
| Peacock Perch<br>(for 2 but can sleep up to 3) | $130 | $90 | $120 |
| Swiss Family Complex<br>(for 4 but can sleep up to 5) | $170 | $70 | $160 |
| Cavaltree<br>(for 4 but can sleep up to 7) | $140 | $60 | $120 |
| Cabin<br>(for 2 but can sleep up to 6) | $150 | $120 | $130 |
| Treezebo<br>(for 2 but can sleep up to 5) | $220 | $110 | $150 |

**Horseback riding and many other activities are available for a small extra charge.**

A: I've just found the strangest hotel.

B: Really? Where?

A: Well, you know how I said I was planning to take my wife and two kids for a trip to the ＿(36)＿ part of the

United States next summer? I'm thinking of flying to Seattle and then renting a car and driving around Washington and Oregon.

B: Uh-huh.

A: Well, I found this hotel in Oregon where we can stay in a tree house. They call it a "treesort." Get it? Tree plus resort, treesort!

B: What? You sleep in a tree house, up in a tree?

A: Yes. Take a look at this picture. They have lots of different tree houses to choose from, all made by the owner himself.

B: Sounds really (37). But I don't think that would be good for me. I'm afraid of (38).

A: They're not that high. Only about 4 meters up.

B: Which unit are you thinking about?

A: Well, I took a look at the pictures on the website and the Treezebo looks really cool.

B: When are you going to go?

A: At the end of March when my kids have a break from their elementary school. For the four of us I think it should cost (39) per night. But there will probably be some tax, too.

B: Well, that's not bad for four people. And (40) is included. Sounds like fun.

A: Yeah, but I still need to call them to see if I can make a reservation.

(36) Choose the most appropriate word for (36).

a) southwestern　　b) northwestern

c) southeastern　　d) northeastern

(37) Choose the most appropriate word for (37).

a) gorgeous　　b) decadent

c) unique　　d) luxurious

(38) Choose the most appropriate word or phrase for (38) .
a) reptiles b) heights
c) crowds d) closed spaces

(39) Choose the most appropriate word for (39) .
a) $150 b) $160 c) $170 d) $190

(40) Choose the most appropriate word or phrase for (40) .
a) horseback riding b) shuttle service
c) an extra night d) breakfast

## 解答と解説

**【出題例 4–A】**

［全文の大意］

**モン・サン・ミシェルの日帰り旅行**

絵のように美しいモン・サン・ミシェルを訪れましょう。そして世界遺産ベネディクト会修道院の由緒ある歴史と集落の古風で趣きのある魅力を発見しましょう。

出発地点：パリより
集合場所：クーポン券に記載
所要時間：14 時間
利用可能日：日曜日を除く毎日午前 7 時 15 分発
(利用不可能日：5 月 1 日、12 月 25 日、1 月 1 日)
大人：226.42 米ドル
子供：158.50 米ドル(10 歳未満)

［旅程］
—モン・サン・ミシェルまでの旅
—昼食

—修道院の見学
—集落の探索(自由時間)

## 説　明

ヨーロッパ最大の(サン・マロ)湾上に浮かぶ岩の小島に築かれたモン・サン・ミシェル修道院はまさに「西洋の驚異」と称され、中世以来最も有名な巡礼地のひとつであり、さらにはユネスコの世界遺産として認められています。

ツアーはノルマンディ地方の緑豊かな風景をドライブして小島に到着します。昼食は、ルレ・モン・サン・ミシェル(モン・サン・ミシェルの全景が見渡せる有名なホテル)のレストランで召し上がっていただきます。洗練された室内装飾とモン・サン・ミシェルの絶景が楽しめるモダンなレストランです。モン・サン・ミシェル名物のオムレツをご賞味ください。

その後、ツアーは頂上に位置する修道院まで登ります。ガイド付きツアーで修道院の内部まで入っていただけます。

その後の自由時間には集落を散策していただきます。

[ツアーに含まれるもの]
—エアコン付きのデラックスバスの往復輸送
—修道院への入場料
—多言語による公認ガイドのサービス
—昼食

[ツアーに含まれないもの]
—説明に明記されていない飲食物
—個人費用
—チップと謝礼
—任意参加の活動費用

[利用可能な言語]
英語と日本語(すべての出発日)
イタリア語(毎週　月・水・金・土曜日)
スペイン語(毎週　火・金・土曜日)
フランス語(毎週　木曜日)

［注意事項］

・冬季には暖かいコート、夏季にはレインコートを持参することをお勧めします。この地域は多量の雨が降ることを念頭においてください。
・歩行困難な方々は修道院(海抜約150 mの高さ)まで登ることができないかもしれません(多くの階段があります)。

**■解　答■**　(26)–c)　(27)–d)　(28)–c)　(29)–a)　(30)–b)

**【単語と語法】**

**Mont-Saint-Michel**「モン・サン・ミシェル」。フランス西海岸、ヨーロッパでも潮の干満の差が最も激しいサン・マロ湾上に浮かぶ小島に築かれたベネディクト会修道院である / **Benedictine Abbey**「ベネディクト会修道院」。966年にノルマンディ公リシャール1世がこの島に建造し、増改築を重ねて13世紀に現在のような形になった / **pilgrimage**「巡礼」。cf. pilgrim「巡礼者」/ **Relais St. Michel**「ルレ・サン・ミシェル」。モン・サン・ミシェルの対岸にある4ツ星ホテル。このホテルのレストランからはベネディクト修道院と湾が眺望できる / **decor**「(室内)装飾」/ **guided visit**「ガイド付きのツアー」。cf. guided tour「ガイド付き観光」。出発から帰国までガイド付きの旅行のこと。別名conducted tourまたはescorted tour (添乗員付き観光旅行): two-hour *guided tour* of the museum 2時間の館内ガイド付き案内 / **return**〈形〉「〈米〉帰りの;〈英〉往復の」: return ticket〈米〉帰りの切符;〈英〉往復切符。⇔〈英〉single ticket;〈米〉one-way ticket.「往復切符」は米国ではround-trip ticket; two-way ticketと言う / **coach**〈名〉①「〈英〉長距離バス;〈米〉長距離(または短距離)バス」。②「〈英〉(鉄道の)車両;〈米〉(食堂車・寝台車と区別した普通の)客車、二等列車」。③「(航空機の)エコノミークラス」: *coach* passenger エコノミークラスの乗客。

**(26)**　The tour is a full-day excursion from Paris.

解　説　**c)** が正解。「そのツアーはパリからの日帰り旅行である」。本文には、まずDepart from: Paris (パリよりの出発)と記載されており、ツアーの起点は「パリから」(from Paris)」である。次にDuration: 14 hours (14時間の所要時間)と記載されており、ほとんど「終日の小旅行」(a full-day excursion) である。

**【注】**　以下すべて本文にはない内容である。

**a)**　The tour is operated daily except May 1, December 25 and

January 1.「ツアーは5月1日、12月25日、1月1日を除いて毎日行なわれている」。日曜日でも利用可能であるということになる。しかし本文には Available: Departs daily except Sunday（日曜日を除き毎日出発する）と記載されている。

**b**）The tour starts at Relais St. Michel.「ツアーはルレ・サン・ミシェルから出発する」。本文では Depart from: Paris（パリから出発する）と記載されている。

**d**）The tour is half price for children.「ツアーは子供は半額である」。本文では大人は226.42米ドル、子供は158.50米ドルである。子供の料金は半額より高い。

**(27)** Mont-Saint-Michel is on the World Heritage list.

**解説** **d**）が正解。「モン・サン・ミシェルは世界遺産に登録されている」。本文では The Mont-Saint-Michel Abbey is recognized as a World Heritage Site by UNESCO.（ユネスコ世界遺産に認定）と明記されている。1979年に登録され、世界遺産「フランスのサンティアゴ・デ・コンポステーラの巡礼路」の一部としても登録されている。消去法を用いて他の提示文が本文と合致しないことからも正解となる。

**【注】** **a**）Mont-Saint-Michel is one of the most famous holy places for Muslims.「モン・サン・ミシェルはイスラム教徒にとって最も神聖な場所のひとつである」。Muslims ではなく Christians（キリスト教徒）にとって聖地である。本文ではカトリック教の Benedictine Abbey（ベネディクト会修道院）と記載されている。

**b**）Mont-Saint-Michel used to be a religious place until the Middle Ages.「モン・サン・ミシェルは中世まで宗教的な場所であった」。「中世まで」ではなく「中世以来」巡礼の中心地である。used to（do）「以前は〜であった（現在はない）」という意味である。本文で The Mont-Saint-Michel Abbey has been one of the most famous pilgrimage centers since the Middle Ages.（「継続」を表す現在完了形である）と記載されている。

**c**）Mont-Saint-Michel is the ruins of a castle located in the biggest bay in Europe.「モン・サン・ミシェルはヨーロッパ最大の湾にある城の遺跡である」。「城」（castle）ではなく「修道院」（abbey）である。

**(28)** Lunch on the tour will be local specialties served at a sophisticated restaurant.

**解　説**　**c**）が正解。「ツアーでの昼食は洗練されたレストランで出される土地の名物料理である」。本文では “Enjoy the Mont-Saint-Michel famous omelette.”（名物のオムレツ）と記載されている。普通のオムレツのように単に卵を焼くのではなく、ボウルでたっぷり泡立ててから焼くため、スフレ風（ふわふわ）に焼きあがるのが特徴である。

**【注】** **a**）Lunch on the tour can be enjoyed on the way to the Mont-Saint-Michel.「ツアーでの昼食はモン・サン・ミシェルに行く途中で食べられる」。昼食は「途中」（on the way）ではなく、島へ到着後モダンなホテルのレストラン「ルレ・サン・ミシェル」で（at Relais St. Michel）食べる。

**b**）Lunch on the tour will be served at the dining room inside the Abbey.「ツアーでの昼食は修道院内の食堂で出される」。昼食は「修道院」（Abbey）ではなく「ルレ・サン・ミシェル」である。

**d**）Lunch on the tour is available at participants' expense.「ツアーでの昼食は参加者負担で食べることができる」。「参加者負担」でなく、ツアー料金に含まれている。

**(29)**「モン・サン・ミシェルの日帰り旅行に関する「誤った記述」はどれですか」

**解　説**　**a**）が正解。On the way back to Paris, participants can enjoy free time in a small lovely village.

「パリへの帰路の途中、参加者は小さな美しい集落で自由時間を満喫することができる」。本文ではThere will be free time later for a walk in the village.（その後、集落を散策する自由時間がある）と記載されている。集落の散策は「パリへの帰路の途中」（on the way back to Paris）ではなく、「その後」（later）つまりガイド付きの「修道院内部見学の後」である。したがってこの選択肢の箇所は「誤った記述」である。

**【注】** 以下すべて「正しい記述」である。

**b**）The tour price doesn't cover incidentals and all necessary tips.「ツアー費用には個人勘定や必要なチップすべては含まれていない」。記事内容のExcludes（ツアー料金に含まれていない）の項目内にはpersonal expenses（個人費用[勘定]）またtips and gratuities（チップ）が列挙されている。したがって正しい記載である。

**c**）The Day Trip includes an admission charge of the Mont-Saint-Michel Abbey.「この日帰り旅行にはモン・サン・ミシェル修道院

の入場料は含まれている」。記事内容の Includes（ツアー料金に含まれている）の項目内には Entrance ticket to the Abbey（修道院への入場料）が列挙されている。したがって正しい記載である。

**d**）The Mont-Saint-Michel Abbey isn't easily accessible for people in wheelchairs.「モン・サン・ミシェル修道院は車椅子の人々には入場しがたい」。本文の最後の記事内容には Clients with walking difficulties will not be able to reach the Abbey (many steps).（歩行困難な方々は修道院へはたどり着けないかもしれない（多くの階段があるため）と記載されている。したがって正しい記載である。

**(30)**「モン・サン・ミシェルの日帰り旅行に関する「正しい記述」はどれですか」

**解説** **b**）が正解。「説明に書かれていない食事と飲み物」は、本文の Meals and drinks not specified in the description に該当する内容である。そしてこの記載内容は Excludes（ツアー料金に含まれない）にある項目のひとつである。つまり日帰りツアーの案内書に明記されたもの以外の飲食は自己負担である。

**【注】** 以下すべて「誤った記述」である。

**a**）「往復には列車のコーチクラス（普通列車）」を利用する。本文では (Return transport in) luxury air-conditioned coach「冷暖房付きのデラックスバス」を利用すると記載されている。

**c**）木曜日と土曜日に「多言語サービス」が受けられる。本文にある "Available Languages" をよく把握する必要がある。英語と日本語のガイドは日曜日以外は毎日利用可能である。しかしスペイン語とイタリア語は土曜日には利用可能だが木曜日には利用不可能である。

**d**）コートを持参する理由を述べている。本文では "A warm coat is recommended during the winter and a raincoat during the summer."（冬季は暖かいコート、夏季は（雨が多いので）レインコートを持参すること）と記載されている。夏でも寒い場合があるのでコートを持参するとは述べていない。

## 【出題例 4–B】

**［全文の大意］**

**Suica（スイカ）& N'EX（成田エクスプレス）**

成田空第1ターミナルの駅と第2ターミナルの駅でのみ販売

普通車 3,500円　　グリーン車 5,000円

| **Suica** | 2,000円 | *(500円のデポジット込み) |
|---|---|---|

＋

| **N'EX** | 成田空港第1ターミナル / 第2ターミナル | | |
|---|---|---|---|
| 通常料金 | 東京駅 | 新宿駅 | 横浜駅 |
| 普通車 | 2,940円 | 3,100円 | 4,180円 |
| グリーン車 | 4,430円 | 4,600円 | 5,670円 |

‖　‖　‖

| 個別購入の場合 | | | |
|---|---|---|---|
| 普通車 | 4,940円 | 5,110円 | 6,180円 |
| グリーン車 | 6,430円 | 6,600円 | 7,670円 |

▼

| **Suica & N'EX** | 普通車 | 3,500円 | **首都圏での使用にお得な組み合わせ** |
|---|---|---|---|
| | グリーン車 | 5,000円 | |

**N'EXは都心部に行くのに早くて効率のよい手段である。**
○成田空港第1ターミナル駅から東京駅まで直通でわずか1時間程度である。
○車やバスと異なり渋滞がない。
○N'EXは日中は1時間ごと、ラッシュ時は30分ごとに運行する。

**Suicaは首都圏を巡るのに便利かつ効率的である。**
○海外からの旅客向けにオリジナルなデザインである。
○一度さっと触れるだけで、JR東日本の改札口を通過することができ、運賃も自動的に引き落とされる。乗車するたびに切符を買う必要がない。
○無制限に何度でも再チャージができ、繰り返して利用できる。将来、再度来日した時も再利用できる。
○このカードは首都圏のほとんどの電車や地下鉄またバスで利用できる。
○スイカマークのある店でも利用できる。

日本以外の旅券を持つ旅客のみ入手可能。切符購入時には旅券を提示すること。

**＊Suica & N'EX 利用の際の注事事項**

東京都心または横浜地区へ N'EX で行く際には、Suica ではなく割引の N'EX の切符を利用すること。

○割引の N'EX の切符は 1 日間有効である。予約の変更は 1 回のみである。Suica は無制限に何度も再チャージできる。

○N'EX の座席は購入時に予約すること。座席は N'EX の普通車またはグリーン車で予約できる。

○割引の N'EX の切符を利用して、N'EX の停車駅以外では東京の指定された区域での駅で下車することができる（途中下車はできない）。

○利用しなかった割引の N'EX の切符と Suica は 740 円のキャンセル料を差し引いて営業所で払い戻しができる（割引の N'EX の切符のみの払い戻しはできない）。

**■解　答■**　(31)–d)　(32)–b)　(33)–d)　(34)–b)　(35)–c)

**【単語と語法】**

**Suica**「スイカ」。JR 東日本・東京モノレール・東京臨海高速鉄道等で導入されている共通 IC 乗車カード（IC boarding card）・電子マネー（E-money; electronic money）である。☆JR 西日本の ICOCA（イコカ）、JR 東海の TOICA（トイカ）、JR 九州の SUGOCA（スゴカ）、JR 北海道の Kitaca（キタカ）、西鉄の nimoca（ニモカ）などと相互利用できる / N'EX（ネックス）「成田エクスプレス（Narita Express）」。JR 東日本が成田空港駅と東京近郊の主要都市駅（大船駅・横浜駅・高尾駅・大宮駅・池袋駅・新宿駅・品川駅）間で運行する特急列車の名称 / **Suica & N'EX**「Suica と N'EX をセットにしたもの」。"Foreign Passport Holder Only" で、海外からの訪日者専用である / **deposit**〈名〉「デポジット；預かり金」。Suica の預かり金は 500 円である。解約時には払い戻し可能。⇒【出題例 1–A(4)】(p. 7) / **congestion**〈名〉「（交通・場所など）混雑」: airport *congestion* 空港での混雑。cf. congest〈動〉「（道路・都市を）混雑させる」。☆be congested「混雑する」: The road *is congested* with cars.「道路は車で混雑している」/ **disembark**〈動〉「（飛行機から）降りる（＝deplane）、降ろす；上陸[着陸]する（＝land）、上陸させる；下船する、下船させる；入国する」。⇔ embark（乗る）/ **stopover**〈名〉「途中下車；途中降機；途中寄港；（旅行途中での）短期滞在」: make a *stopover* in Honolulu ホノルルに途中降機する / **réfund**〈名〉「払い戻し（金）」: full *refund*

全額払い戻し（＝total refund）/ partial *refund* 一部払い戻し。【買物】I'd like to have [get] a *refund* on this dress.「このドレスに対して返金してもらいたいのです」。cf. refúnd〈動〉「払い戻す」: They *refunded* the difference to us.「彼らは我々に差額を払い戻した」

**(31)** Using Suica & N'EX, a traveler buying an ordinary ticket to visit Yokohama can save 2,680 yen at maximum.

解 説 **d**) が正解。「Suica & N'EX を利用する場合、横浜行きの普通切符を購入する旅行者は最大で 2,680 円を節約することになる」。「単体」または「セット」の購入に関する出題である。普通車で購入する場合、「別個に」購入すると 6,180 円である。しかし「Suica & N'EX で」購入すると 3,500 円である。「6,180 円－3,500 円＝2,680 円」となる。したがって 2,680 円が得になる。本文には a money-saving combination（お得な組み合わせ）とも記載されている。

**(32)** Suica & N'EX can be purchased only by visitors from overseas.

解 説 **b**) が正解。「海外からの来訪者のみが購入できる」。Suica & N'EX を購入できる対象者に関する出題である。本文では Only available to customers who hold a non-Japanese passport.（日本以外の旅券を保持する旅客のみ入手可能）と記載されている。したがって「海外からの来訪者」(only visitors from overseas) である。

**【注】** **a**) at all major JR stations「主要な JR の駅で(購入できる)」また **d**) prior to arrival in Japan「日本到着前に(購入できる)」に関する内容のいずれも本文には記載されていない。本文の冒頭には On Sale Exclusively at Narita Airport Terminal 1 Station and Airport Terminal 2 Station"（成田空港第1ターミナル駅と第2ターミナル駅でのみ発売）と記載されている。したがっていずれも不正解である。

**c**) by Japanese passengers who present their passports「旅券を提示する日本人によって(購入される)」。Suica & N'EX は Foreign Passport Holder Only（外国旅券の保持者専用）である。日本人は利用できない。

**(33)** The Narita Express is convenient because passengers can avoid crowded highways.

解 説 **d**) が正解。「成田エクスプレスは乗客が混んでいる道路を避けることができるので便利である」。本文には Unlike taking a car or bus, there's no traffic congestion!"（車やバスと異なり渋滞がない）と記載されている。

【注】 以下の記載はすべて不正解である。

**a**) it takes only one and a half hours from Narita Airport to Tokyo Station「成田空港と東京駅間の所要時間は1時間半である」。本文では The direct route from Narita Airport Terminal 1 Station to Tokyo Station takes only about 1 hour!（わずか1時間程度である）と記載されている。

**b**) trains run every thirty minutes, 24 hours a day「列車は1日24時間、30分おきに運行している」。本文では N'EX trains run every hour during the day and every 30 minutes during peak hours.（N'EXは日中は1時間ごと、ラッシュ時間は30分ごとに運行している）と記載されている。

**c**) passengers don't need to carry heavy baggage with them「乗客は重い荷物を自分で運ぶ必要はない」。本文にはこの内容に関する記載はない。しかし、列車に乗車するからには自分で荷物を運ぶのは自明である。

**(34)** Suicaに関する「誤った記述」はどれですか。

解 説 **b**) が正解。Passengers only have to touch the vending machine at a JR East station.「乗客がJR東日本の駅にある自動券売機に触れさえすればよい」。乗客が駅構内でSuicaを利用して乗車する方法が問われている。本文では With just one quick touch, you can pass through JR East ticket gates（(Suicaを)一度さっと触れるだけでJR東日本の改札口を通過することができる）と記載されている。したがってSuicaで触れるのは駅の自動券売機でなく「改札口」である。

【注】 **a**) An original design is available for travelers from foreign countries.「オリジナル・デザインは海外からの旅行者が入手できる」。本文には An original design for customers from overseas と記されているので正しい記載である。

**c**) Suica can be used for not only travel on trains but also shopping at certain shops.「Suicaは列車での旅行だけでなく特約店での買物にも利用できる」。本文には You can also use it at shops that carry the Suica symbol. と記されているので正しい記載である。

**d**) A new Suica card carries a 1,500 yen travel value.「新しいSuicaカードには1,500円分の運賃がついている」。本文には includes ￥500 deposit と記されている。つまり新しい2,000円のSuica cardには

デポジットとして500円が含まれている。したがってその500円を除けば残額の1,500円分が利用できるので正しい記載である。

**(35)**　Suica & N'EXに関する「正しい記載」はどれですか。

**解　説**　**c)** が正解。「割引のN'EXの切符でN'EXの停車駅を超えて東京内の指定された駅まで行くことができる」。本文にはIt is possible to use the N'EX money-saving ticket to disembark at a station in the Tokyo designated area other than the N'EX stops. と記載されているので「正しい記載」である。消去法を用いることもできる。

**【注】**　以下すべて「正しくない記載」である。

**a)**「1枚のパスで割引のN'EXの切符とスイカの両方として使用することができる」。N'EXとSuicaはおのおの別個のものである。

**b)**「購入時に普通車かグリーン車の座席を予約する必要があり、変更をすることはできない」。本文ではYou may change train reservations only once. と記載されており、予約は1回だけ変更できる。

**d)**「N'EXを利用した後スイカを使用しない場合は740円のキャンセル料を払えば払い戻しが可能である」。本文ではIf unused, the N'EX money-saving ticket and Suica can be refunded at a sales office minus a cancellation fee of ￥740. と記載されている。740円のキャンセル料はN'EXとSuicaの両方を使用しない場合である。

## 【出題例4–C】

**[全文の大意]**

**大きな木のホテル「ツリーゾート」**

木の中にある正真正銘の朝食付き宿泊

**2010年料金表**

春季料金の実施は2010年3月15日から6月17日まで

夏季料金は2010年6月18日から11月1日まで

2009年冬季料金は11月1日から2010年3月14日まで実施

以下のリストに記載されたツリーハウスの料金には繁忙期(夏季と春季)にはフル・ブレックファースト、閑散期にはコンチネンタル・ブレックファーストが含まれています。

空室や閑散期の連泊割引に関しては541–590–2208に電話してください。

リストアップされた宿泊者数を超えた人数に対しては1名様1泊につき20ドルを割増請求いたします。

(リストアップされた宿泊者を越えた人で4歳以下のお子様は1泊につきおのおの10ドルになります)

| 部屋タイプ | 夏季 | 冬季 | 春季 |
| --- | --- | --- | --- |
| Suite Tree Room Schoolhouse<br>(2名様につき。6名様まで宿泊可能) | 250ドル | 160ドル | 240ドル |
| Peacock Peach<br>(2名様。3名様まで宿泊可能) | 130ドル | 90ドル | 120ドル |
| Swiss Family Complex<br>(4名様。5名様まで宿泊可能) | 170ドル | 70ドル | 160ドル |
| Cavaltree<br>(4名様。7名様まで宿泊可能) | 140ドル | 60ドル | 120ドル |
| Cabin<br>(2名様。6名まで宿泊可能) | 150ドル | 120ドル | 130ドル |
| Treezebo<br>(2名様。5名様まで宿泊可能) | 220ドル | 110ドル | 150ドル |

乗馬および他の多くの活動は少額の追加利金で利用できます。

A: ついさっき非常に変わったホテルを見つけました。

B: 本当？ どこで？

A: 私が来年の夏アメリカの北西部に妻と子ども2人を旅行に連れて行くという計画を立てていると言ったでしょう。シアトルまで飛行機で行き、その後レンタカーを借りてワシントン州とオレゴン州をドライブしようと考えています。

B: うんうん。

A: オレゴン州でツリーハウスに宿泊できるホテルを見つけたんです。「ツリーゾート」と呼んでいます。おわかりですか。tree と resort をプラスして treesort っていうことね。

B: 何ですって？ ツリーハウスに泊まる、木の上にですか？

A:　そうです。この写真をちょっと見てください。すべてオーナー自身が作ったもので、多くのいろいろに異なるツリーハウスから選べるようになっています。

B:　ほんとうに他に類を見ないもののようですね。でも私にはあまり向いていないと思います。私は高所恐怖症ですから。

A:　それほど高くはないですよ。たったの4メートルほどの高さですよ。

B:　どの部屋タイプにするつもりですか。

A:　ウェブサイトにある写真を見たのですが、Treezeboが実によさそうです。

B:　行くのはいつごろですか。

A:　子どもの小学校が休暇に入る3月下旬です。費用は私たち4人で1泊190ドルのはずです。でも税金もいくらかかかるでしょうね。

B:　4人としては悪くありません。しかも朝食込みですしね。楽しそうです。

A:　ええ。ですが予約できるかどうかを確認するためにまずは電話をかけなくてはいけせん。

**■解　答■**　(36)–b)　(37)–c)　(38)–b)　(39)–d)　(40)–d)

**【単語と語法】**

**Bed & Breakfast**「朝食付きの宿泊料金制」。**B & B** / **b & b**と略す。主として英国に多く、安い料金で宿泊 (bed) でき、朝食 (breakfast) も出される / **rate**〈名〉①「料金、値段」(＝charge, fee): room *rate* (ホテルの)室料 (＝rate for a room; room charge)。②「レート、率」: *rate* of exchange (通貨の)交換率; 為替相場 (＝exchange rate)。③「等級」(＝rank): first-*rate* hotel 第1級ホテル (＝five-star [blue-ribbon] hotel) / **full breakfast**《American breakfast; English breakfast》. ⇒ 第2章【演習 2–B(5)】(p. 53) / **high season** と **off season**。☆season〈名〉①「季節」。②「最盛期、時期」。⇒ 第2章【演習 2–B(7)】(p. 56) / **occupant**〈名〉「(ホテルの)宿泊者」: the *occupant* in room 1234 1234号室の宿泊者 / **occupancy**〈名〉「占有; 許容人数; 客室販売率」。⇒ 第2章【出題例 2–A(12)】(p. 33)

**(36)**　(36)に入る最も適切な単語を選びなさい。

解　説　**b**) が正解。本文では北米のワシントン州、オレゴン州を旅行すると記載されている。したがって「北西(部)」(**northwestern**) である。

【注】 **a**) southwestern「南西(部)」。**c**) southeastern「南東(部)」。**d**) northeastern「北東(部)」。

(**37**)　(37)に入る最も適切な単語を選びなさい。

解　説　**c**) が正解。本文の会話では You sleep in a tree house, up in a tree. と述べている。したがって通常のホテルとは異なるため **unique** (〈形〉他に類を見ない; 独特な)であることが理解できる: *unique* culture 特異な文化 / *unique* design 特有なデザイン。

【注】 **a**) gorgeous 〈形〉「(衣服・装飾などが) 豪華な」: *gorgeous* (bride) costume 豪華(絢爛たる花嫁)衣装。

**b**) decadent 〈形〉「退廃的な」: *decadent* country 退廃的な国。

**d**) luxurious 〈形〉「贅沢な」: *luxurious* accommodations 贅沢な宿泊施設。

(**38**)　(38)に入る最も適切な単語を選びさい。

解　説　**b**) が正解。本文の会話では They're not that high. Only about 4 meters up. (それほど高くない。約4メートル上にある)と述べている。したがって treesort の **height** (高さ; 高所)の話題である。☆be afraid of「〜が怖い」: I'*m afraid of* dogs [the dark].「犬[暗闇]が怖い」。be afraid of (doing)「(〜するのが)怖い」(＝I'm afraid to do.): I'*m afraid of* flying [to fly] in an airplane.「私は飛行機に乗るのが怖いのです」。ここでは B 氏は「高所恐怖症」である。

【注】 **a**) reptiles「爬虫類(はちゅうるい)」: keep different *reptiles* as pets ペットとして多様な爬虫類を飼う。

**c**) crowds「群衆」: attract large shopping *crowds* [large crowds of shoppers] 大勢の買物客を集める。

**d**) closed spaces「閉所」: a fear of *closed spaces* 閉所恐怖。

(**39**)　(39)に入る最も適切な単語を選びなさい。

解　説　**d**) が正解。この家族は Treezebo に宿泊する予定である。時期は at the end of March (春季)である。

A氏とその妻の2名分は150ドルである。子ども2人は「追加料金」(20ドル×2人分で、合計40ドル)がかかる。したがって「150ドル＋40ドル＝190ドル」となる。

(**40**)　(40)に入る適切な単語を選びなさい。

解　説　**d**) が正解。会話自体にヒントはないが、本文には3ヵ所 breakfast に関連する用語がある (A true Bed & Breakfast そして full breakfast と continental breakfast)。この Treesort の価格表は「朝食」(breakfast) 込みの値段である。

【注】 **a**) horseback riding「乗馬」。追加料金を支払えば利用できる。

**b**) shuttle service「(送迎)シャトルサービス、(近距離)定期往復便」。本文には記載されていない。

**c**) an extra night「追加[割増]の一泊」。

## 演習問題

### 《演習 4–A》

Read the following information sheet and answer the questions from (1) to (5) by choosing the most appropriate answer for each question from among the four choices: a), b), c) and d).

## The Maldives 5 Star Resort, Banyan Beach

Famous for the quiet nature and long white sand beaches, Banyan Beach Resort is a place of peace, tranquility and serenity.

### Getting to Banyan Beach

Located in the far north of the Maldives, guests take a 45 minute domestic flight from Maldives International Airport to Hanimaadhoo. This is followed by an enjoyable 20 minute luxury speedboat ride to the island of Dhonakulhi.

#### Accommodation

All 43 guest villas are designed and built to feel like your private home on a tropical island. The guest villas are some of the largest of any resort in the Maldives. These majestic villas are scattered along the beach-line some 30 meters (approximately 100 feet) apart from one another and separated with thick foliage in between to ensure guests privacy and comfort. Each Villa comes with a personal butler exclusively for you.

#### Villa Facilities

- ✧ Each Villa has a large screen plasma TV along with a DVD and music player
- ✧ Bath-robes and slippers
- ✧ Toiletries
- ✧ Guest-use bicycles

#### Recreation

**Water Sports** – There are many activities to choose from: speedboat trips, to sailing to water skiing, snorkelling, canoeing, and wakeboarding.
**Cultural Excursions** – Excursions for the guests to significant sites of Maldivian heritage and culture on nearby islands.
**Also available** – Tennis, Fitness Suite, Beach Volleyball, and Bicycle Riding.

#### Recommendations

**Weddings & Honeymoons** – Banyan Beach will make your special day a truly unforgettable celebration of your love for each other.
**Families** – This island getaway comes highly recommended for families. We have many fun activities for your children.
**Spa Enthusiasts** – If you come on vacation to relax your mind, body and spirit, then a visit to the excellent spa is a must.

| Banyan Beach Resort　Online Specials |
|---|
| Banyan Palace 3 Bedroom Complex → from US$861 |
| Garden Villa with Private Pool → from US$1,003 |
| The Residence with Jacuzzi Splash Pool → from US$738 |
| Quiet Retreat Villa → from US$579 |

**Notes**

Price is based on per person per night in US dollars. **Bed tax & service charges are included**.

Price is based on Full [ ① ] Basis per person (Daily Breakfast + Lunch + Dinner).

(1) Choose the most appropriate word or phrase for [ ① ].

a) Corridor　b) Key card　c) Expiration　d) Board

(2) At the Banyan Beach Resort ________________.

a) there is a movie theatre

b) surfing is one of the water sports available

c) the guest accommodations are some of the largest in the Maldives

d) butler service is not available

(3) The Banyan Palace 3 Bedroom Complex is _________________________.

a) the most expensive accommodation

b) the cheapest accommodation

c) more expensive than the Quiet Retreat Villa and the Garden Villa with Private Pool

d) more expensive than the Residence with Jacuzzi Splash Pool

(4) Which statement is CORRECT?

a) Guests can enjoy a variety of relaxing activities.

b) Guests should not bring children to the resort.

c) Guests can rent a jetski.

d) For an additional fee, guests may watch TV.

(5) Which statement is FALSE?

a) バンヤンリゾートは結婚式や新婚旅行にすばらしい場所である。

b) 別荘と別荘の間に生い茂った葉がプライベートを保ち、快適に過ごすことができる。
c) バンヤンリゾートはモルディブの南部に位置している。
d) 宿泊料金には宿泊税とサービス料は含まれている。

## 《演習 4–B》

Read the following information sheet and answer the questions from (6) to (10) by choosing the most appropriate answer for each question from among the four choices: a), b), c) and d).

## Seattle To Victoria, Ferry Service

Travel between Seattle and Victoria is fast and easy! Hop aboard our high-speed passenger-only Seattle - Victoria ferry and enjoy the cruise to Victoria's Inner Harbour. Find a comfortable seat, enjoy a meal basket or a refreshing beverage, shop our onboard gift shop and duty free shop or step out on deck and observe the beauty of the passing scenery. Let our experienced captains and friendly crew do the work for you!

FERRY SCHEDULES

2010 Seattle/Victoria Schedule

| | Depart Seattle | Arrive Victoria | Depart Victoria | Arrive Seattle |
|---|---|---|---|---|
| 1 Jan, 2010 - 4 Jan, 2010 | 8:00 AM | 10:45 AM | 5:00 PM | 7:45 PM |
| 16 Jan, 2010 - 25 Jun, 2010 | 8:00 AM | 10:45 AM | 5:00 PM | 7:45 PM |
| 26 Jun, 2010 - 29 Aug, 2010 | 7:30 AM | 10:30 AM | 11:30 AM | 2:15 PM |
| | **8:30 AM** | **11:15 AM** | **5:30 PM** | **8:15 PM** |
| 30 Aug, 2010 - 31 Dec, 2010 | 7:45 AM | 10:45 AM | 11:30 AM | 2:15 PM |

**Notes**: Shading/Bold indicates "Premium Fares"

***No Service** January 5 through 15, 2010 and December 25, 2010. The Victoria to Seattle departure on December 24, 2010 will be at 12:00 pm.

### Duty Free Shopping

#### Purchase More For Less!

One of the great advantages of international travel on the ferry is that you can [ ① ] duty free fragrances, liquor and cigarettes aboard the Victoria Clipper for up to 50% off the regularly taxed price!

Duty-Free Items include:

- ✓ Liquors (one-liter)
- ✓ Cigarettes
- ✓ Women's Fragrances
- ✓ Men's Fragrances

### Gift Shop Items

This is only a partial list of the many items available. Ask your on-board attendant or visit our gallery for current selection and prices.

- 10 Post Card Booklet
- Pins(Boat, Orca, or 2 Flag)
- Playing Cards
- Caps
- Sweatshirts
- T-shirts
- Polar Fleece Jackets
- Child T-shirt
- Binoculars

（6） Choose the most appropriate word for [ ① ].
a) borrow　b) lend　c) purchase　d) sell

（7） What can you do on the journey between Seattle and Victoria?
a) Enjoy a meal basket or beverage.
b) Drive your car.
c) Work for the captain.
d) Play video games.

（8） What is the earliest arrival time in Victoria?
a) 7:30 AM　b) 10:45 AM　c) 10:30 AM　d) 9:15 AM

（9） Which of the following duty-free items are available on the ferry?
a) Men's fragrances, women's fragrances, electronics
b) Women's fragrances, cigarettes, liquors
c) Cigarettes, liquors, electronics
d) Men's fragrances, women's fragrances, confectionaries

（10） Which statement is FALSE about the yearly schedule?
a) フェリーの運航は年中無休です。
b) 12月25日の運航はありません。
c) 繁忙期は割増料金が加算される便があります。
d) 1月は5日から15日は運休します。

**【演習 4–C】**

Read the following information sheet and English conversation, and answer the questions from (36) to (40) by choosing the most appropriate answer for each question from among the four choices: a), b), c) and d).

Guide: Good morning everyone. Can you all hear me okay? I've just given you the ＿(36)＿ for our temple visit and overnight stay.

Tourist A: I am really looking forward to some spiritual harmony.

Guide: The temple provides an atmosphere of cultural and spiritual calmness to ease your mind.

Tourist A: It says here that we'll have dinner and breakfast, too.

Guide: Certainly. You'll be provided with healthy ＿(37)＿ dishes overlooking a picturesque Japanese garden.

Tourist B: Can you tell us a little more about the meditation?

Guide: Of course. The head priest speaks excellent English and will lead the afternoon class today. He will explain the history of the temple and give you some advice to help you enjoy your time together.

Tourist B: What are the sleeping (38) like?

Guide: Well, as you probably know, temple (39) are mainly for the adventurous. Everything is Japanese style. You will have to lay out your own futon mattress and quilt and fold them up tomorrow morning. You'll also have to share a (40) bath.

Tourist B: I guess there is no television?

Tourist C: "Of course not" We didn't come to watch television.

Guide: Like I said, this will be a peaceful, calming experience. I'm sure you'll have a wonderful time.

Tourist C: It sounds great! Let's get our luggage onto the tour bus!

(36) Choose the most appropriate word forr (36) .
a) wallet　b) booking　c) flight　d) itinerary

(37) Choose the most appropriate word for (37) .
a) meat　b) halal　c) vegetarian　d) fish

(38) Choose the most appropriate word for (38) .
a) hospitality　b) requirements
c) needs　d) conditions

(39) Choose the most appropriate word for (39) .
a) storage　b) kitchens
c) accommodations　d) gardens

(40) Choose the most appropriate word for (40) .
a) communal　b) private　c) shower　d) retired

## 解答と解説

### 【演習 4–A】

［全文の大意］

**モルディブ5つ星リゾート、バンヤンビーチ**

おだやかな大自然そして長く延びた白い砂浜で有名なバンヤンビーチリゾートは、安らぎ、静けさ、落ち着きに満ちた場所です。

**バンヤンビーチへの行き方**

モルディブの極北に位置するため、宿泊客はモルディブ国際空港からハニマードー空港まで45分を要する国内便を利用します。これに続きドナクリ島まで豪華な高速モーターボートで20分間の航行をお楽しみいただきます。

**宿泊施設**

43棟すべての宿泊客用ビラは、熱帯の島にご自分のビラがあるかのように設計・建造されています。宿泊客用ビラはモルディブにあるリゾート中最大級のものです。これらの堂々としたビラは、相互に30メートル(約100フィート)ほど離れて海岸沿いに点在しています。しかも宿泊客のプライバシーと快適さを確保するために、繁茂した樹木で隔てられています。各ビラには宿泊客専属の執事が配置されています。

**ビラの施設**

◇ 各ビラにはDVDと音楽プレーヤー付きの大型スクリーンのプラズマテレビがあります。
◇ バスローブとスリッパ
◇ 洗面用品
◇ 宿泊客用の自転車

**レクリエーション**

**水上スポーツ**――高速モーターボートの船旅からヨット、水上スキー、シュノーケリング、カヌーそしてウェークボードといった多数のアクティビティがあります。

**文化的な観光旅行**――近隣の島々にあるモルディブの伝統と文化の貴重な遺跡へ宿泊客用の観光旅行ができます。

**その他利用可能なもの**――テニス、フィットネス特別室、ビーチバレーそしてサイクリングができます。

**お勧め**

**結婚式と新婚旅行**――バンヤンビーチはお 2 人にとって特別な日を忘れることのできない愛の祝典にいたします。
**ご家族**――当リゾートはご家族連れにたいへんお勧めです。お子さま向けの楽しいアクティビティがたくさんございます。
**温泉好きの方々**――心身をリラックスさせるためにバカンスにいらっしゃるのでしたら、極上の温泉にぜひいらっしゃるべきです。

| バンヤンビーチリゾート | | インターネット特典 |
|---|---|---|
| バンヤンパレス 3 ベッドルーム複合施設 | → | 861 米ドルから |
| プライベートプール付きガーデンビラ | → | 1,003 米ドルから |
| ジャグジープール付きレジデンス | → | 738 米ドルから |
| 静寂なビラ | → | 579 米ドルから |

**注意**
米ドルで 1 名 1 泊の値段です。宿泊税とサービス料が含まれています。
1 名 3 食付きのご宿泊(毎日の朝食＋昼食＋夕食)の値段です。

**■解　答■**　(1)－d)　(2)－c)　(3)－d)　(4)－a)　(5)－c)

**(1)**　①に入る最も適切な単語を選びなさい。

解　説　**d)** が正解。**Full Board**「(ホテルなどの)全食事[3 食]付き宿泊」。cf. half board「(ホテルなどで)1 泊 2 食(朝食と昼食または夕食)付きの宿泊」。⇒【出題例 2–A(12)】(p. 33)

**【注】 a)　Corridor**〈名〉「(ホテルなどの)廊下(＝〈米〉hall(way);〈英〉passage(way));(列車内の)通路」: *corridor* which connects two buildings 渡り廊下 (＝breezeway)。

**b)　Key card**「カード式鍵、キーカード」。ホテルなどの部屋のドアを開けるときに用いる電子式カード。宿泊者が変わるごとにデータを入れ替える。日本では「カードキー」(card key) という場合があるが、海外では key card が多い。computer-encoded [computerized] key card とも言う。【ホテル】To use a *key card* at a hotel, first insert the card, then pull it out and open the door when the green light comes on.「ホテルでカード式鍵を使用するには、まずカードを挿入し、それから引き抜き、緑色のランプがついたらドアを開けます」。☆Turn lever when green light flashes./ Open the door after the green light turns on. などとも

言う。

**c)** **Expiration**〈名〉「満了、満期；失効」(＝termination)。*expiration* date 失効期日(＝the date of expiration): What's the *expiration date* of your card? カードの失効期日はいつですか（when ではない）。cf. expire〈動〉「有効期限が切れる」: My passport *expired* because I did not renew it.「私の旅券は変更しなかったので失効した」。cf. expired〈形〉「有効期限切れの」: *expired* ticket 有効期限切れの切符。

**(2)** At the Banyan Beach Resort the guest accommodations are some of the largest in the Maldives.

**解 説**　**c)** が正解。「バンヤンビーチリゾートでは宿泊客用施設はモルディブ最大級のものである」。本文には The guest villas are some of the largest of any resort in the Maldives. と記載されている。Maldives「モルディブ共和国」(the Republic of Maldives)。首都はマレ（Malé）。インド洋にある島国。

**【注】** **a)**　there is a movie theatre「映画館がある」。Villa Facilities の項目中には a large screen plasma TV はあるが、「映画館」があるとは記載されていない。

**b)**　surfing is one of the water sports available「サーフィンは利用可能な水上スポーツの1つである」。Recreation の Water Sports の項目には「サーフィン」は入っていない。モルディブは環礁から成っているので海は遠浅であり、サーフィンができる大きな波はない。

**d)**　butler service is not available「執事サービスは利用できない」。Accommodation の最後に Each Villa comes with a personal butler exclusively for you. と説明されている。

**(3)** The Banyan Palace 3 Bedroom Complex is more expensive than the Residence with Jacuzzi Splash Pool.

**解 説**　**d)** が正解。「バンヤンパレス3ベッドルーム複合施設はジャグジープール付きレジデンスよりも高価である」。The Banyan Palace 3 Bedroom Complex が主語である。これを基準にして選択肢を検討すること、そして Banyan Beach Resort の価格表を対比してみることが問われる。the Banyan Palace 3 Beach Complex は 861 ドルに対して the Residence with Jacuzzi Splash Pool は 738 ドルである。したがって the Banyan Palace 3 Bedroom Complex のほうが「高価」である。

**【注】** **a)**　the most expensive accommodation「最も高価な宿泊施設」。

最高額の宿泊施設は Garden Villa with Private Pool の 1,003 ドルである。

**b**) the cheapest accommodation「最安値の宿泊施設」。最安値の宿泊施設は Quiet Retreat Villa の 579 ドルである。

**c**) more expensive than the Quiet Retreat Villa and the Garden Villa with Private Pool「静寂なビラとプライベートプール付きガーデンビラよりも高価である」。Banyan Palace 3 Bedroom Complex の 861 ドルは the Quiet Retreat Villa の 579 ドルよりは高値であるが、the Garden Villa with Private Pool の 1,003 ドルよりは安値である。

**(4)** 「正しい」(CORRECT) 記述はどれですか。

解　説　**a**) が正解。Guests can enjoy a variety of relaxing activities.「宿泊客は多種多様なくつろいだアクティビティが満喫できる」。Recreation の項目中にある Water Sports には There are many activities . . . と記載され、多種多様なスポーツが列挙されている。したがってこの記事内容は「正しい記述」である。

**【注】** 以下すべて「正しくない記述」である。

**b**) Guests should not bring children to the resort.「宿泊客は子どもをリゾートに連れて行くべきではない」。Recommendations の項目中の Families には We have many fun activities for your children. と記述されている。

**c**) Guests can rent a jetski.「宿泊客はジェットスキーが借りられる」。jetski は Recreation の項目中の Water Sports に列挙されていない。

**d**) For an additional fee, guests may watch TV.「追加料金を払えばテレビが見られる」。Villa Facilities の項目中に大型スクリーンのプラズマテレビがあるが、追加料金のことは記述されていない。

**(5)** 「正しくない」(FALSE) 記述はどれですか。

解　説　**c**) が正解。「バンヤンリゾートはモルディブの南部に位置している」。Getting to Banyan Beach の記事内容には Located in the far north of the Maldives . . .「モルデイブの極北に位置する」と記載されている。したがって「南部」ではない。

**【注】** 以下すべて「正しい記述」である。

**a**) 「バンヤンリゾートは結婚式や新婚旅行の場所としてすばらしい場所である」。Recommendations の項目中に Weddings & Honeymoons が記載されている。

**b**）「別荘と別荘の間に生い茂った葉がプライベートを保ち、快適に過ごすことができる」。Accommodation の項目中に These majestic villas are . . . separated with thick foliage in between to ensure guests privacy and comfort. と記載されている。

**d**）「宿泊料金には宿泊税とサービス料は含まれている」。Notes には Bed tax & service charges are included. と記載されている。

## 【演習 4–B】

**［全文の大意］**

**シアトルからビクトリアへ、フェリーサービス**

シアトル・ビクトリア間の旅行は速くてゆったりしています。乗客専用のシアトル・ビクトリア高速フェリーにひょいとご乗船ください。そしてビクトリア・インナーハーバーまでの船旅をお楽しみください。快適な座席を探して、ミール(食事)バスケットや清涼飲料をご賞味ください。さらには船内の土産物店や免税店でお買物をなさってください。あるいはデッキに出て、過ぎ行く風景をじっくりとご堪能ください。経験豊かな船長と気さくなクルーがご奉仕いたします。

**フェリー・スケジュール**

2010年シアトル / ビクトリア間スケジュール

| | シアトル発 | ビクトリア着 | ビクトリア発 | シアトル着 |
|---|---|---|---|---|
| 2010年1月1日—2010年1月4日 | 8:00 AM | 10:45 AM | 5:00 PM | 7:45 PM |
| 2010年1月16日—2010年6月25日 | 8:00 AM | 10:45 AM | 5:00 PM | 7:45 PM |
| 2010年6月26日—2010年8月29日 | 7:30 AM | 10:30 AM | 11:30 AM | 2:15 PM |
| | **8:30 AM** | **11:15 AM** | **5:30 PM** | **8:15 PM** |
| 2010年8月30日—2010年12月31日 | 7:45 AM | 10:45 AM | 11:30 AM | 2:15 PM |

**注意事項**: 網掛け / 太字は「割増料金(プレミアム)」を示します。

**運休**　2010年1月5日から15日まで、および2010年12月25日。

2010年12月24日ビクトリアからシアトルへの出発は午後12時になる予定です。

| 免税店での買物 | 土産物店の品目 |
|---|---|
| より安くより多く買いましょう！<br>フェリーによる海外旅行の大きな利点の1つは、ビクトリア・クリッパー号に乗船して、通常の課税された価格より最大5割引で免税品の香水、酒類そしてタバコ類を 購入する ことができることです。<br>免税品には下記の品目が含まれています。<br>・酒類(1リットル)<br>・タバコ類<br>・女性用香水<br>・男性用香水 | 以下は取り扱い品目の一部リストです。<br>現在の品揃えや価格に関しては船内の係員にお尋ねになるか、店までお越しください。<br>・絵はがき10枚セットの小冊子<br>・バッジ(ボート、シャチまたは旗2枚)<br>・トランプ<br>・帽子<br>・トレーナー<br>・Tシャツ<br>・ポーラーフリースジャケット<br>・子供用Tシャツ<br>・双眼鏡 |

■解　答■　(6)−c)　(7)−a)　(8)−c)　(9)−b)　(10)−a)

**(6)**　①に入る最も適切な単語を選びなさい。

解　説　**c**) が正解。purchase〈動〉「購入する」。免税店での買物に関する記事内容である。したがって「購入する」が最も適切な単語である。【買物】Souvenirs can be *purchased* at the shop located inside the main doors.「お土産物はメインドア内にある店で購入できる」。他の単語は文脈(context) の意味内容には合致しない。

【注】 **a**)　borrow〈動〉「借りる」⇔ lend (貸す)

**b**)　lend〈動〉「貸す」⇔ borrow (借りる)

**d**)　sell〈動〉「売る」⇔ buy (買う)

**(7)**　What can you do on the journey between Seattle and Victoria?
「シアトル・ビクトリア間の旅行で何をすることができますか」

解　説　**a**) が正解。本文の冒頭にこのフェリーサービスに関する紹介がある。enjoy a meal basket or a refreshing beverage . . . と記載されている。したがって a) Enjoy a meal basket or beverage. が正解である。他の選択肢は記事内容に合致しない。

【注】 **b**) Drive your car.「車を運転する」。

**c**) Work for the captain.「船長のために働く」。

**d**) Play video games.「ビデオゲームで遊ぶ」。

(**8**) What is the earliest arrival time in Victoria?「ビクトリアに最も早く到着するのは何時ですか」

解 説 **c**) が正解。スケジュールの Arrive Victoria の項目をチェックすることである。2010 年 6 月 26 日—2010 年 8 月 29 日の「10:30 AM」(午前 10 時 30 分)である。

【注】 **a**) 「7:30 AM」。シアトルを出発する時間である。

**b**) 「10:45 AM」。c) 以外の日程のビクトリア到着の時間である。

**d**) 「9:15 AM」。記載されていない。

(**9**) 次の免税品の中でフェリーで入手できるものはどれですか。

解 説 **b**) が正解。Duty-Free Shopping の項目に着眼し、Duty-Free Items include: . . . 以下に列挙された免税品(4 点)を照合しながら選択すればよい。設問では Women's fragrances, cigarettes, liquors「女性用香水、タバコ類、酒類」の 3 点が入手 (available) できる。

【注】 以下の品目は免税品には含まれていない。

**a**) 免税品には electronics「電子機器類」はない。

**c**) a) と同様に免税品には electronics「電子機器類」はない。

**d**) 免税品には confectionaries「菓子類」はない。

(**10**) 1 年間のスケジュールについて「正しくない記述」はどれですか。

解 説 **a**) が正解。スケジュールの下のただし書きに No Service January 5 through 15, 2010 and December 25, 2010.「2010 年 1 月 5 日から 15 日まで、および 2010 年 12 月 25 日は運休」と明記されている。したがって「フェリーの運航は年中無休ではない」ので、「正しくない記述」である。

【注】 以下はすべて「正しい記述」である。

**b**) 「12 月 25 日の運航はない」。ただし書きに明記されている。

**c**) 「繁忙期は割増料金が加算される便がある」。Notes (注) には Shading/Bold indicates "Premium Fares"「網掛け太字は「割増料金」を示す」と記載されている。2010 年 6 月 26 日—2010 年 8 月 29 日には時間帯が異なる便が増便されている。この時期は「繁忙期」(on season)

と想定される。

**d**）「1 月 5 日から 15 日は運休する」。ただし書きに明記されている。

## 【演習 4–C】

［**全文の大意**］

ガイド：　おはようございます。私の声が聞き取れますか。よろしいですね。私たちは寺院を参詣し一泊するという旅程をちょうど配布したところです。

観光客 A：心が和むことを本当に心待ちにしています。

ガイド：　寺院は心を癒すため文化的また精神的に平穏な雰囲気を醸し出しています。

観光客 A：この旅程には夕食と朝食も頂けると記載されています。

ガイド：　そのとおりです。絵のように美しい日本庭園を見渡しながら健康によい野菜料理（精進料理）が用意されています。

観光客 B：瞑想セミナーについて少しお話ししていただけますか。セミナーは英語で行う予定ですか。

ガイド：　もちろんですよ。住職は英語に堪能ですし、本日の午後には瞑想セミナーを指導します。住職は寺院の歴史を説明し、また一緒にいる時間を楽しく過ごせるように少し助言してくださいます。

観光客 B：就寝事情はどのようになっていますか。

ガイド：　そうですね。多分ご存じだと思いますが、寺院の宿泊施設（宿坊）はおおむね珍しい経験となるでしょう。何もかもが日本式です。自分自身の敷布団と掛布団を敷き、明朝には布団をたたまなくていけません。またお風呂は共同浴場を利用しなくてはいけません。

観光客 B：テレビはないでしょうね？

観光客 C：もちろんないですとも。テレビを見に来たのではありませんよ。

ガイド：　以前にも申し上げましたように、この旅は心を安らかにする体験なのです。きっと素敵な時間を過ごせると思います。

観光客 C：とても楽しみですね。それでは荷物を観光バスに乗せましょう。

**■解答■**　(36)–d)　(37)–c)　(38)–d)　(39)–c)　(40)–a)

**(36)**　(36)の中に最も適切な単語を入れなさい。

**解　説**　d)が正解。この会話の最後に観光客 C が “Let’s get our luggage

onto the tour bus."「それでは荷物を観光バスに乗せましょう」と言っている。したがって観光客が事前に留意すべき事項をガイドが告げている状況である。ガイドは「寺院を参詣すること」、そして「そこに一晩宿泊すること」に関する記事内容を記載したものを配布した。したがって選択肢から選ぶ場合、d) itinerary(旅程[旅行日程表])が最も適切な単語である。

【注】 **a**) wallet「財布」。**b**) booking「予約」。**c**) flight「飛行機」

(**37**) (37) に入る最も適切な単語を選びなさい。

解 説 c)が正解。観光客Aは「旅程には夕食と朝食があると記載されている」と言っている。ガイドは「美しい日本絵庭園を眺めながら食事をとることができる」と述べている。日本のお寺で提供される食事の具材を、選択肢から選ぶ場合「肉類」(meat)や「魚貝類」(fish)ではなく、「野菜」(vegetable)である。ここは「英語」ではなく「日本文化」の知識が問われている。残る選択肢のharal「ハラル」はイスラム教の戒律によって「食べることが許される食べ物」のことである。全面的に禁じられているのは「豚肉」と「アルコール」である。したがってc) vegetarian (dishes) (精進調理) が最も適切な単語である。→ 下記の『精進料理』

【注】 **a**) meat「肉」。**b**) halal「ハラル」。**c**) fish「魚」。

(**38**) (38)の中に最も適切な単語を選びなさい。

解 説 d)が正解。観光客Bは「就寝」に関する質問をしている。ガイドの返答は「就寝」時には「自分自身の寝具(敷布団と掛布団)は自分で対処すること」だと告げている。選択肢を見ると「心のこもったおもてなし」(hospitality)、「要件」(requirements)、「必要条件」(needs)ではない。ここで相当する単語は選択肢の中から選ぶ場合、就寝時で対処するd) conditions「条件、事情」が最も適切である。☆What is A like?(Aはどのような物[人]ですか)は日常会話でよく使用される重要構文である。「感想」(How . . . ?) ではなく「具体的な内容」(What . . . ?) を説明している時に、「Aはどのような物ですか」(What is your new house like?)、あるいは「Aはどんな人ですか」(What is your friend like?) などと尋ねる表現である。

【注】 **a**) hospitality「歓待、厚遇」。**b**) requirements「要件」。**c**) needs「必要」。

(**39**) (39)に入る最も適切な単語を選びなさい。

解 説 c)が正解。前文で観光客は "sleeping conditions" について話している。その用語(sleeping)と関連する単語を選択肢から選ぶ場合、解答となるのは「場所」を表すc) accommodations「宿泊施設」のみである。

ここでの temple accommodation は「宿坊」のことを指す。この設問も英語というよりは「日本文化」に関する知識が問われる。
☆adventurous は元来「冒険心のある；大胆な」といった意味である。the adventurous ［adventurous things］と言えば、新規なことや困難なことに敢えて挑戦する、あるいは目新しい体験をすること（＝willing to take risks or to try out new methods, ideas or experiences.『ロングマン現代英英辞典』）という意味合いがある。▶ You had better be more *adventurous* with Japanese food such as *natto* (sticky fermented soybeans).「納豆のような色々な日本の食べ物にもっと挑戦するほうがよいでしょう」
**【注】 a）** storage「倉庫」。**b）** kitchens「台所」。**d）** gardens「庭園」
☆『宿坊』《仏》temple accommodations ［lodges］ designed for pilgrims ［visitors］ at a temple compound. 寺の境内に巡礼者［観光客］のため設けられ宿泊施設。▶ *Shukubo* is originally a form of lodging for Buddhist priests who conduct ascetic practices in Buddhist temples. Today there are quite a few Buddhist temples that lodges worshippers ［tourists］ for the night and provide vegetarian foods with the aim of having them experience a part of the ascetic training of Buddhism. 宿坊は元来仏教寺院で修行中の仏僧が寝泊りする建物である。今では参詣者［観光客］を宿泊させ、精進料理を提供して仏門の修業の一端を体験させる寺院も少なくない。☆僧侶専用の施設は「僧房」(Buddhist priests' living quarters in a temple) とも言う。平安時代に貴族、更には一般参詣者、江戸時代には大衆化し、観光客をも宿泊させた。近年では、露店風呂を設置した宿坊も見られる。
**(40)**　(40)に入る最も適切な単語を選びなさい。
解　説　a)が正解。宿坊で参加者に求められる「寺院での条件」(temple conditions)には「布団の処理は自分自身で行うこと」、それに加え、ガイドは "You'll also have to share a bath."「お風呂は共有する必要がある」と述べている。「風呂に入る」は英語ではお馴染みの "take ［have］ a bath" と言うが、ここでは share a bath「風呂を共同使用する」ことである。選択肢の単語を見ると、share (共有する)の単語の意味と最も近いのは communal(共同の)である。したがって a) communal (bath)「共同(浴場)」が正解である。☆communal「共同の、共有の、共用の」。▶ a share house with communal bathrooms and kitchen「(寝室が別だが)共同の浴室(トイレ)と台所のあるシェアハウス」。communal restroom「共同トイレ」また communal facilities「共同施設」などと使用されている。江戸時代初期の「混浴」(a unisex bath; a bath mixed for men and women together)とは異なる。

**【注】** **b**) private (bath)「専用(浴室)」。**c**) shower「シャワー；にわか雨」。**d**) retired (tour guide)「引退した」(ガイド)

**【参考】**『精進料理』vegetarian dishes [meals] (prepared for religious discipline). (修行を目的とした)菜食主義者の食事。

▶ A *shojin-ryori* cooking is a vegetarian dish prepared for religious reasons, which was introduced from China into Japan together with Buddhism in the 6th century. A *shojin-ryori* meal includes the vegetarian diet [food] of vegetarian, soybean products, seaweed and rice, abstaining from the use of meat and fish. This eating style was originated by a Buddhist priest who once made the eating of meat taboo. The custom of eating a *shojin-ryori* meal spread with the advent of the Zen sect of Buddhism in the 13th century. Today people customarily have a *shojin-ryori* meal on the day of a funeral and during the mourning period.

精進料理は宗教的な理由で準備される菜食料理のことで、6世紀ころ仏教とともに中国から日本へ伝来した。精進料理の食べ物は肉類や魚介類を用いずに野菜や大豆加工品また海藻類や米穀類などの植物性食品だけを使った料理である。この食事法は、昔僧侶が肉類を禁じられたことから生まれた。また精進料理を食する習慣は、13世紀仏教の禅宗が到来するとともに普及した。今日では慣例として葬儀の日や忌中には精進料理を食すことがある。

☆「**精進**」は仏教用語で「一心に仏道を修行する」("Shojin" means "practicing the Buddhist austerities with one's whole heart.")という意味である。したがって「精進」とは宗教的な修行をすること (practice religious asceticism [ascetic training])または精神を向上させることである。仏教では仏僧は戒律五戒(かいりつごかい)で「殺生(せっしょう)」(the killing of animals)は禁止されている。大乗(だいじょう)仏教(Mahayana Buddhism)では肉食(meat-eating)も禁止されるため、仏僧への布施(ふせ)(monetary offerings)として野菜、豆腐、米穀類などを調理する。今ではお寺の宿坊で見栄えのよい精進料理を誰もが味わうことができる。また精進料理は肉や魚を一切使わずに調理された食事であるため、食物繊維(dietary fiber)、ビタミン、ミネラルなどの栄養素が多く、現代では生活習慣病予防(prevention of lifestyle-related disease)にも役立っている。

**【参考】**『和英日本の文化・観光・歴史辞典』(三修社刊、山口百々男著)から抜粋。

# 第5章　海外・国内の観光と文化の問題

## 出題傾向

観光英語検定試験の大きな特徴として毎年出題されている。単に「語学上」の問題だけでなく、「海外観光事情」と「国内観光事情」、また「海外文化事情」と「国内文化事情」、さらには国内外での観光・旅行の時に遭遇する「異文化」についての「知識・教養」また「一般常識」の問題である。

**◆出題形式**

すべて「四肢択一」の客観問題である。[Part A] 海外観光事情と [Part B] 国内観光事情に関する空所補充の形式である。海外または国内における観光事情や文化事情について説明した英文記事を読み、その記述文の一節に下線が施されている。その下線部分に入る最も適切な単語を指定された4つの選択肢から選ぶようになっている。

**◆出題内容**

最新の出題内容から若干列挙する。「　」は出題例からの重要なキーワードまたは語句である。(　)はその用語に該当する4つの選択肢で、そこから1つを正解として選ぶことになっている。

**[Part A]　海外観光・文化事情**　☆「英語の呼称」に留意すること。

(a) **「観光事情」**

- **世界遺産の所在地:** 〈1〉「マチュ・ピチュの歴史保護区 [Historic Sanctuary of Machu Picchu]」と「クスコ市街 [City of Cuzco]」(Spain; Mexico; Jamaica; Peru)。〈2〉「タージ・マハル [Taj Mahal]」(India; Egypt; Russia; China)。〈3〉「アクロポリス [Acropolis]」(Rome; Athens; Jerusalem; Istanbul)。〈4〉「ボロブドゥル寺院遺跡群 [Borobudur Temple Compounds]」(Indonesia; Cambodia; Australia; Malaysia)
- **国の所在地:** 〈1〉「首都リスボンの国」(Portugal; France; Turkey; Morocco)。〈2〉「首都キングストンの国」(Fiji; Jamaica; Sicily; Venezuela)。〈3〉「先住民マオリと観光地ロトルア」(Indonesia; Hawaii; New Zealand; Easter Island)。〈4〉「首都ティラナの国」(Albania; Thailand; Mexico; Ireland)

・**首都の所在地**:〈1〉「ベルギーの首都」(Brussels; Lisbon; Bern; Stockholm)。〈2〉「ドイツの新首都」(Paris; Munich; Zurich)。
・**国立公園の所在地**:〈1〉「エコツアーで有名なトルトゲーロ国立公園」(Brazil; Mexico; Costa Rica; Cuba)。〈2〉「現代都市ヨハネスバーグまたクリューガー国立公園」(Kenya; Morocco; South Africa; Egypt)
・**古城・聖地の所在地**:〈1〉「ノイシュヴァンシュタイン城」(Germany; Italy; France; England)。〈2〉「ユダヤ教・イスラム教・キリスト教の聖地」(Cairo; Jerusalem; Athens; Rome)
・**神殿・建造物の所在地**:〈1〉「パルテノン神殿」(Rome; Athens; Jerusalem; Istanbul)。〈2〉「世界最高の高層ビル(ブルジュ・ハリファ)」(Taipei; India; Dubai; Vietnam)。
・**島・山脈の所在地**:〈1〉「地中海最大の島」(Greece; Crete; Cyrus; Sicily)。〈2〉「カナダと北米にまたがる山脈」(Appalachian; Pennines; Andes; Alps)。〈3〉「キリマンジェロの国名」(South Africa; Nigeria; Tanzania; Bolivia)
・**食品の名産地**:「シャンパーニュやボルドーまたカマンベールの名産国」(Germany; Italy; Spain; France)。

(b)「**文化事情**」
・**掲示・表示**:「機械の故障」(No Change Given; Out of Order; Handle with Care; Help Wanted)
・**乗物の呼称**:「認可された(タクシー)」(rented; visible; guaranteed)
・**従業員の呼称**:「ホテル客室まで荷物を運ぶ人」(bellhop; busboy; concierge; cashier)
・**紛失・盗難の処置**:「カード盗難の場合の対処」(aid; arrange; notify; compile)。「搭乗券の再発行」(reissued; accepted; delivered)
・**補欠人名簿の呼称**:「キャンセル待ちの名簿」(waiting; rooming; common; review) list

[**Part B**]　**国内観光・文化事情**　☆「漢字」には留意すること。

(a)「**観光事情**」
・**世界遺産の所在地**:〈1〉「文化遺産」(法隆寺; 姫路城; 富士山など)。〈2〉「自然遺産」(屋久島; 知床; 白神山地など)
・**都道府県・市町村の所在地**:〈1〉「臼杵石仏のある県」(島根県; 大分県; 奈良県; 青森県)。〈2〉「琵琶湖畔にある市」(松本; 犬山; 彦根;

角館）

- **河川の所在地**：〈1〉「鵜飼の名所」（長良川；九頭竜川：信濃川；四万十川）。〈2〉「四国の日本最後の清流」（四万十川；球磨川；九頭竜川；吉野川）
- **湖・半島の所在地**：〈1〉「福島県の湖」（猪苗代湖；十和田湖；中禅寺湖；池田湖）。〈2〉「神秘的な水の透明度で有名な湖」（屈斜路湖；摩周湖；洞爺湖；阿寒湖）。〈3〉「英虞湾の半島」（大隅半島；能登半島；渥美半島；志摩半島）
- **浜・岬の所在地**：〈1〉「高知県の浜」（由比ヶ浜；桂浜；浄土ヶ浜；弓ヶ浜）。〈2〉「東関東地方の最東端の岬」（犬吠崎；観音崎；石廊崎）
- **寺院の所在地**：〈1〉「通称「山寺」」（南禅寺；立石寺；中尊寺；恵林寺）。〈2〉「宇佐神宮」（愛知県；島根県；福岡県；大分県）
- **庭園・遺跡の所在地**：〈1〉「高松市の庭園」（水前寺公園；後楽園；栗林；磯庭園）。〈2〉「北九州の遺跡」（岩宿；吉野ヶ里；登呂）
- **渓谷の所在地**：「荒川上流部の渓谷」（昇仙峡；瀞峡；長瀞峡；奥入瀬渓谷）
- **温泉の所在地と呼称**：「通称「温泉のデパート」」（定山渓温泉；川湯温泉；湯の川温泉；登別温泉）
- **祭事・年中行事の開催地**：「おわら風の盆」（福井県；富山県；岐阜県；石川県）

(b)　**「文化事情」**

- **国民の祝日・年中行事の呼称**：〈1〉「3月20日頃の国民の祝日」（Vernal Equinox Day; Constitution Day; National Foundation Day; Coming-of-Age Day）。〈2〉「元来1989年創設、2007年国民の祝日」（Constitution Day; National Foundation Day; Emperor's Day; Greenery Day）
- **祭りの呼称**：「下鴨神社・上賀茂神社の祭事(5月15日)」（葵祭り；時代祭り；祇園祭り；天神祭り）
- **芸術品の呼称**：〈1〉「菊人形」（iris; camellia; cedar; chrysanthemum）doll。〈2〉「japanで知られる伝統工芸品」（ironware; copperware; lacquer ware; kitchenware）。〈3〉「小鉢にある自然の縮小版植物」（枯山水；盆栽；生け花；植木）
- **伝統芸能の呼称**：「三人遣い」（能；歌舞伎；文楽；狂言）
- **家具等の呼称**：「和式部屋のalcove」（欄間（らんま）；鴨居（かもい）；神棚；床の間）

・**人物の呼称**：「天満宮の祭神」（藤原鎌足；菅原道真；聖徳太子；橘逸勢）

◎参考図書◎

『日本の観光』（研究社刊、山口百々男著）
『和英：日本の文化・観光・歴史辞典』（三修社刊、山口百々男著）

## 出題例

**【出題例 5–A】**

Read the following descriptions from (41) to (45) and choose the best answer to complete the sentences with blank parts from among the four choices: a), b), c) and d).

(41) ________ is an island country in the southwestern Pacific Ocean comprising two large main islands and many smaller ones. Known before the arrival of the Europeans as Aotearoa by the native Maori, it is one of the most isolated countries in the world. It is about 2,000 kilometers from Australia. The beautiful, natural scenery is the country's biggest attraction, including the volcanic landscape and natural hot springs of Rotorua.

a) Indonesia　　b) Hawaii
c) New Zealand　　d) Easter Island

(42) ________ , just off the south coast of Italy, is the largest island in the Mediterranean Sea and a place with a long and rich history. It is home to five World Heritage Sites and many wonderful towns, churches, castles, and more. Since the economy is still largely based on agriculture, tourists can enjoy the relaxing rural atmosphere with orange and lemon orchards and the wonderful local cuisine, wines, and desserts such as the cream-filled *cannoli* parties.

a) Greece　b) Crete　c) Cyprus　d) Sicily

(43) ________ is one of the most popular tourist destinations in the world. It is a country with fantastic museums, art galleries and shopping in its large cities. But many visitors come for the delicious food and wine. Areas such as Champagne, Bordeaux, Burgandy, and the Rhone Valley are famous for wine. The cheese is also famous with Camembert, Brie, and Roquefort popular around the world.
a) Germany　b) Italy　c) Spain　d) France

(44) When travelling it is important to remember that local ________ also apply to foreigners. In some countries taking photographs of local women and children is illegal. In some countries holding hands, hugging or kissing publicly is illegal. And ________ regarding possession of drugs are very different from country to country. When travelling you need to be extra careful.
a) fines　b) laws　c) customs　d) remains

(45) Many tourists have trouble understanding the system of tipping. But the income of many people in the hospitality and tourism industry depends on tips. In North America you should tip 15% for restaurant meals and taxi rides. At hotels, you should leave about $2 per night for the cleaning staff and you should tip at least $1 per bag to the ________ who carries your suitcase to your room.
a) bellhop　b) busboy　c) concierge　d) cashier

**【出題例 5–B】**

Read the following descriptions from (46) to (50) and choose the best answer to complete the sentences with blank parts from among the four choices: a), b), c) and d).

(46) Located in the southern part of Kochi City, ________ Beach offers a white sandy beach lined by pines, and scenic rock formations offshore. The beach is a popular place for moon-viewing in fall and also the site of a bronze statue of Sakamoto Ryoma.

a) Yuigahama b) Katsurahama
c) Jodogahama d) Yumigahama

(47) Cormorant fishing is a method that uses trained cormorant birds to catch *ayu* (sweetfish). Fishermen retrieve fish trapped in the birds' mouths or throats after the birds themselves have caught the fish. The world-renowned cormorant fishing at the ________ River in Gifu Prefecture is held at night from May 11 through October 15 every year. Tourists can watch the cormorant fishing from sightseeing vessels.

a) Nagara b) Kuzuryu
c) Shinano d) Shimanto

(48) Yatsuo in ________ Prefecture is well known for its Owara-Kaze-no-Bon Festival. Townspeople sing and dance for three days and nights from September 1st to 3rd every year. Lanterns along several streets are lit after dark and create a fantastic atmosphere.

a) Fukui b) Toyama
c) Gifu d) Ishikawa

(49) ________ is the art of growing trees in small pots. It enables us to enjoy the elegance of nature in miniature,

and is suited to the limited size of a Japanese garden. In recent years it has become well known and popular throughout the western world.

a) Karesansui　b) Bonsai　c) Ikebana　d) Ueki

(50) ________ is celebrated as a day for nature appreciation. Originally established in 1989 and held annually on April 29 (the late Showa Emperor's birthday), in 2007 ________ was moved to May 4, and April 29 was renamed 'Showa Day'.

a) Constitution Day
b) National Foundation Day
c) Emperor's Birthday
d) Greenery Day

## 解答と解説

**【出題例 5–A】**

**■解　答■**　(41)–c)　(42)–d)　(43)–d)　(44)–b)　(45)–a)

**(41)**　ニュージーランドは南西太平洋の島国で、2 つの主要な島と多数の小さな島々から成る。ヨーロッパ人が到来する以前には先住民のマオリ人がアオテアロアと呼んでいたことで知られ、世界で最も孤立した国のひとつである。オーストラリア大陸から約 2,000 キロメートルの距離に位置している。ロトルア(温泉、間欠泉で有名な観光地)の火山景観と天然温泉など風光明媚な自然景観はこの国の最大の観光名所である。

解　説　南太平洋の英連邦加盟国である「ニュージーランド」に関する出題である。

**c)** が正解。**New Zealand**「ニュージーランド」にはクック海峡をはさむ北島と南島の 2 つの主要な島がある。北島には政治の中心地である首都ウェリントン (Wellington) があり、また経済の中心地である同国最大の都市オークランド (Auckland) がある。自然と文化が融合する「トンガリロ国立公園」(世界複合遺産) がある。南島には中心都市クライストチャーチ (Christchurch) があり、島の中央には南アルプス山脈がそびえている。最高峰はクック山(3,754 m)。

【注】 a) **Indonesia**「インドネシア(共和国)」(the Republic of Indonesia)。アジア南東部の共和国。世界最多の島々(1万数千)を有する国で、首都はジャワ島にあるジャカルタ(Jakarta)。

b) **Hawaii**「ハワイ」。太平洋のハワイ諸島によって構成される北米の州。州都はオアフ島にあるホノルル(Honolulu)。

d) **Easter Island**「イースター島」。チリ共和国(the Republic of Chile)領の太平洋上にある火山島。数百の巨石像モアイ(stone statues called *Moai*)を有する「ラパ・ヌイ国立公園」(世界遺産)がある。

**(42)** イタリアの南海岸沖合にあるシシリー島は、地中海最大の島であり、長きにわたる由緒ある歴史を有している、5件の世界遺産を始め、すばらしい市街地、教会、城などが多数存在する。経済の中核は依然として農業に依存しているため、観光客はオレンジやレモンの果樹園と美味な郷土料理やワイン、そしてクリームたっぷりのカンノーリというペストリー菓子のようなデザートなど、のんびりした田園の雰囲気を堪能することができる。

解 説 イタリア南方にあり、地中海で最大の島である「シシリー島」に関する出題である。

**d)** が正解。**Sicily**「シシリー[シチリア]島」はイタリア共和国の特別自治州である。州都はパレルモ(Palermo)。ヨーロッパ最大の活火山エトナ山(Mt. Etna: 3,323 m)がある。「アグリジェントの遺跡地域」(文化遺産)や「エオリア諸島」(自然遺産)など世界遺産の宝庫である。

【注】 a) **Greece**「ギリシャ(共和国)」。バルカン半島最南端の共和制国家。首都はアテネ(Athens)。壮大なパルテノン神殿を有するアテネの「アクロポリス」や奇岩群とその上の修道院群を有する「メテオラ」などのユネスコ世界遺産がある。

b) **Crete**「クレタ島」。ギリシャ最大の島のひとつで、ヨーロッパ最古の文明の発祥地である。地中海の代表的な観光地でもある。クノッソス宮殿やフェストス遺跡、サマリア渓谷などの自然景観がある。

c) **Cyprus**「キプロス(共和国)」(the Republic of Cyprus)。地中海上に位置する共和国。首都はニコシア(Nicosia)。愛の女神アフロディテ(ビーナス)の誕生地とされる「パフォス」など数軒の世界遺産を有している。

**(43)** フランスは世界で最も人気のある観光旅行先である。魅力的な博物館や美術館また大都会でのショッピングでにぎわう国である。しかし美味な食べ物やワインを目当ての観光客も多い。シャンパーニュ、ボルドー、ブルゴーニュまたローヌ渓谷のような地域はワインの名産地である。カマンベールやブリーまたロックフォールのようなチーズも世界中に知れわたっている。

解　説　ヨーロッパ西部に位置する共和国である「フランス」に関する出題である。

**d**）が正解。**France**「フランス(共和国)」には、首都パリ（Paris）を中心に、芸術や文化など多彩な魅力にあふれた地方の町々が点在する。「モン・サン・ミシェルとその湾」や「ヴェルサイユの宮殿と庭園」など数多くの世界遺産がある。

【注】 **a**）　**Germany**「ドイツ(連邦共和国)」。首都はベルリン（Berlin）。

**b**）　**Italy**「イタリア(共和国)」。首都はローマ（Rome）。

**c**）　**Spain**「スペイン(国)」。首都はマドリード（Madrid）。

**(44)**　旅先では地元の法律が外国人にも適用されることを忘れてはいけない。国によっては地元の女性や子供の写真を撮ることは違法である。また国によっては人前で握手したり、抱き合ったり、キスをしたりすることは違法である。麻薬所持に関する法律は国によって様々に異なっている。旅先ではくれぐれも注意すること。

解　説　海外における「法律」に関する異文化の出題である。

**b**）が正解。**law**(s)「法律」。イスラム諸国を旅行する時は特に要注意である。女性は頭、足、腕を隠す場合が多い。また男女を問わず酒類に関する規制は非常に厳しい。

【注】 **a**）**fine**(s)「罰金」。**c**）**custom**(s)「習慣」。**d**）**remain**(s)「遺跡」

**(45)**　観光客の中にはチップ制度を理解するのに苦労する人が多い。しかし観光・サービス業で働く大勢の人の収入はチップに依存している。北米ではレスランでの食事やタクシーの乗車に関しては15%のチップを払うほうがよい。ホテルでは部屋を掃除する従業員には1晩につき約2ドルを支払い、部屋まで荷物を運ぶベルボーイには荷物1個につき1ドルのチップを払うほうがよい。

解　説　「ベルボーイ」に払うチップ制度に関する出題である。

**a**）が正解。**bellhop**(ホテル・クラブなどの)ボーイ（=〈米〉bellboy；〈英〉page(boy)）。ベル（bell）の音を聞くとフロントに飛んでくる（hop）ことからこのように呼ばれる。☆ホテルの玄関などで宿泊客の荷物などの世話をする人の男女共通の呼称として bell person また bell staff が用いられる。bell captain「ベルキャプテン」はホテルのボーイ長。

【注】 b) **busboy** [bus boy]「バスボーイ、皿洗い」。ホテルやレストランの給仕人の助手。給仕 (waiter) を助け、テーブルの下準備また後片付けをする。通常1人の busboy を 2〜3 人の waiter と組み、waiter の得るチップ収入を分配する。busperson とも言う。

c) **concierge**「コンシェルジェ、接客係」。顧客に対するサービス関連のスタッフのこと。観劇の手配などを行う。

d) **cashier**「(ホテル・売店・食堂などの)レジ(係);(銀行の)現金出納係」。cashier's desk「レジ、勘定台 (=cashier's counter)」はレストランや売店などの現金出納係の場所。

## 【出題例 5–B】

**■解 答■** (46)–b) (47)–a) (48)–b) (49)–b) (50)–d)

**(46)** 高知市の南部に位置している桂浜は、松の並んだ白い砂浜や沖合にある奇岩怪石の景観を呈している。桂浜といえば秋には観月の名所であり、また坂本竜馬の銅像が立つ景勝地として人気を博している。

解 説 高知県を代表する名勝「桂浜」に関する出題である。

b) **Katsurahama**「桂浜」。高知県高知市浦戸にあり、太平洋に面した白砂青松の海岸。小高い丘の上からはるか太平洋の彼方を見つめる坂本竜馬像が立つ。近隣には坂本竜馬記念館、桂浜水族館、土佐闘犬センターなどがある。

【注】 a) **Yuigahama**「由比ヶ浜」。神奈川県鎌倉市にある海岸。

c) **Jodogahama**「浄土ヶ浜」。岩手県宮古市にある海岸。

d) **Yumigahama**「弓ヶ浜」。静岡県賀茂郡南伊豆町にある海岸。

**(47)** 鵜飼は訓練された鵜を使って鮎を捕獲する漁法である。鵜が自力で鮎を捕獲すると鵜匠は鳥の口や喉から捕らえた魚を取り出す。岐阜県長良川で行われる鵜飼は世界に知れわたり、毎年5月11日から10月15日まで夜に開催される。観光客は遊覧船から鵜飼を見ることができる。

解 説 1300年以上の歴史を有する夏の風物詩である長良川の「鵜飼」に関する出題である。

a) **Nagara**(gawa)「長良(川)」が正解。柿田川(静岡県)と四万十川(高知県)と並ぶ「日本三大清流」のひとつである。「長良川鵜飼」は日本で唯一の宮内庁式部職(しきぶしょく)鵜匠が行う。夏には日本有数の大規模な長良川全国花火大会が開催される。

【注】 b) **Kuzuryu**(gawa)「九頭竜(川)」。福井県を流れる。

c) **Shinano**(gawa)「信濃(川)」。新潟県と長野県を流れる日本で一番長い川(全長367 km)である。

d) **Shimanto**(gawa)「四万十(川)」。高知県の西部を流れる。「日本最後の清流」と言われる。

**(48)** 富山県の八尾といえば「おわら風の盆」でよく知られる。毎年9月1日から3日にかけて3日3晩、町民は歌い踊りあかす。夕闇せまるころには道筋に沿ってあちこちに提灯がともされ、幻想的な雰囲気をかもし出している。

解 説　素朴な庶民の芸能である富山県の「おわら風の盆」に関する出題である。

b) **Toyama**「富山(県)」。日本海に面する北陸地方の県。黒部峡谷観光などでよく知られる。「おわら風の盆」は富山市八尾町で行われる富山県を代表する祭りである。「越中おわら節」の旋律にのり、町の道筋に沿って無言の男女の踊り手が浴衣に編笠を被り踊りを披露する。哀調帯びた音色で奏でる胡弓(こきゅう)の調べは見聞きする人を魅了する。

【注】 a) **Fukui**「福井(県)」。日本海に面する北陸地方の県。東尋坊、蘇洞門、三方五湖などで有名。

c) **Gifu**「岐阜(県)」。中部地方の県。世界遺産の「白川郷の合掌造り」の所在地として有名。

d) **Ishikawa**「石川(県)」。日本海に面した北陸地方の県。兼六園のある県庁所在地の金沢市は伝統工芸がさかんで、2009年にはユネスコの「創造都市」に登録された。

**(49)** 盆栽は小さな鉢の中で樹木を育成させる技術である。縮尺した自然の景観を楽しむことができる。また狭い日本の庭に適している。近年盆栽は西欧諸国でも注目を浴び、根強い人気を博している。

解 説　鉢の中に自然の景観を創り出す「盆栽」に関する出題である。

b) **Bonsai**「盆栽」(a miniature potted tree dwarfed in a shallow container by artificial method of culture)。1970年ごろ日本の盆栽がヨーロッパに輸入されて人気を博し、今ではbonsaiとして英語化されている。

【注】 a) **Karesansui**「枯山水」(a dry landscape garden consisting of rocks and sand representing mountains and rivers without water)。

水を用いず石組みや砂によって山水の風景を表現する庭園様式である。龍安寺、西芳寺、大徳寺などが有名である。

**c**） **Ikebana**「生け花」(flower arrangement; the traditional Japanese art of arranging cut flowers and branches)。「華道」また「花道」などとも言う。

**d**） **Ueki**「植木」(a garden plant; a potted plant)。観賞用また造園用の庭や鉢に植える木本のことである。

**(50)**　みどりの日は自然に親しむ日として祝われる。みどりの日は元来1989年に制定され、例年4月29日(故昭和天皇誕生日)に行われていたが、2007年には5月4日に移動し、4月29日は「昭和の日」となった。

解　説　植物に造詣が深かった昭和天皇にちなんで制定された「みどりの日」に関する出題である。

**d**） **Greenery Day**「みどりの日」(5月4日)。

【注】 **a**） **Constitution Day**「憲法記念日」(5月3日)。

**b**） **National Foundation Day**「建国記念の日」(2月11日)。

**c**） **Emperor's Birthday**「天皇誕生日」(2月23日)。

## 演習問題

### 《演習5–A》

Read the following descriptions from (1) to (5) and choose the best answer to complete the sentences with blank parts from among the four choices: a), b), c) and d).

(1) Nobody can forget the picture of the snow-covered shape of the mountain. It is ________ that means a young lady in German. Whenever you see a guide to Switzerland, you cannot miss the name of this 4,158 m mountain. It is one of the main peaks in the European Alps. When you reach the observatory at the top of the mountain, you can also enjoy a panoramic view of several peaks over 3,000 m high, if the weather is very clear.

a) the Jungfrau　　b) Mt. Kilimanjaro

c) Mont Blanc　　d) Mt. Mckinley

（2） Ranking with Angkor Wat as one of the greatest Southeast Asian Temple Monuments in Indonesia, ________, one of the World Heritage site, is an enormous construction covering a hill 42 km from Yogyakarta. The temple consists of six square bases topped by three circular ones and it was constructed in the early 9th century AD.

a) Ayutthaya　b) Bali　c) Borobudur　d) Penang

（3） The ________ was built in 1473 for Pope Sixtus IV. The wonderful frescoes of the *Creation* on the barrel-vaulted ceiling and the *Last Judgement* on the end wall were painted by Michelangelo. It took him four years, at the height of the Renaissance, to paint the ceiling.

a) Duomo　b) Sistine Chapel
c) St. Mark's Basilica　d) St. Peter's Basilica

（4） Traveling in ________ countries requires special attention to the local culture. Often women may need to keep their heads, legs and arms covered. There may also be restrictions on the consumption of alcohol.

a) Hindu　b) Islamic　c) Jewish　d) Puritan

（5） Rome has a lot of beautiful fountains. Among them tourists flock to a particular fountain of Trevi, where they hold the coin, turn their back to the fountain and throw the coins over the ________. There is a legend that anyone who throws a coin in the water will come back to this city some day.

a) arms　b) faces　c) heads　d) shoulders

**《演習 5–B》**

Read the following descriptions from (6) to (10) and choose the best answer to complete the sentences with blank parts from among the four choices: a), b), c) and d).

(6) Kenrokuen in ________ is one of the three great famous gardens in Japan. Constructed by a local lord from the Maeda family on the site of his residence, it is well-known for its landscaped hills and small ponds. Nearby is a famous stone lantern, a symbol of the garden, which stands with one foot in the water and the other on an islet.

a) Kanazawa b) Kumamoto c) Mito d) Okayama

(7) Located on ________ Bay on the Japan Sea coast to the north of Kyoto, Ama-no-Hashidate is noted for its sandbar covered with pine trees. It is a narrow peninsula which juts out into ________ Bay. If you look at Amo-no-Hashidate's sandbar upside down through your legs, it appears like a bridge between the earth and the sky. It is one of the three most beautiful landscapes, along with Miyajima Island in Hiroshima Prefecture and Matsushima in Miyagi Prefecture.

a) Mikawa b) Minamata c) Miyako d) Miyazu

(8) If you want to enjoy beautiful mountain scenery and the great caldera of ________, you had better take the daily sightseeing bus that covers the Yamanami Highway from Kumamoto Prefecture. On the way to Beppu City in Oita Prefecture from Kumamoto, you can see thick clouds of vapor rise from the bottom of this volcano and enjoy a spectacular view from the brink.

a) Mt. Aso b) Mt. Kirishima
c) Mt. Kuju d) Mt. Daisen

(9) ________, the God of Wealth and Harvest, is one of Seven Deities of Good Luck. He is depicted as a smiling old man wearing a hood. He is usually seated on two bales of rice as he brings good luck to farmers. He carries a huge sack full of treasures on his left shoulder and holds a

magical gravel that brings good luck in his right hand. He is popularly known as Okuninushi no Mikoto of Japanese myth.

a) Ebisu　　b) Daikokuten
c) Hotei　　d) Bishamonten

(10) This festival of the Ages was begun in 1895 when the Heian Shrine was built to commemorate the 1,100 anniversary of the transfer of the Imperial Capital to Kyoto in 794. The festival is highlighted by a procession of people dressed in historical costumes and ancient armor and weapons, each representing various events of Japanese history from the Heian period through to the Meiji era. The parade starts with the 19th century and reaches back to the 8th century. The gorgeous historical parade starts from the ________ and ends at the Heian Shrine.

a) Katsura Detached Palace
b) Nijo(jo) Castle
c) Shugakuin Detached Palace
d) Kyoto Imperial Palace

## 解答と解説

### 〈演習 5–A〉

**■解　答■**　(1)–a)　(2)–c)　(3)–b)　(4)–b)　(5)–d)

**(1)**　雪に覆われたその山の姿を撮った写真をだれもが想起するであろう。ユングフラウと言い、ドイツ語で「若い (jung) 貴婦人 (frau)」(＝young lady) という意味である。スイスの案内書を開くと必ずこの山 (4,158 m) の名前がある。この山はヨーロッパにあるアルプスの主峰のひとつである。好天気に恵まれ、その山頂にある展望台に行けば 3,000 m を超える山々が広がる雄大な景色を満喫することができる。

解　説　スイス南部にあるアルプス山脈にそびえる「高峰」に関する出題である。

**a)**　**the Jungfrau** が正解。「ユングフラウ山」はスイス・ベルン州 (the

Canton of Bern）にあるアルプス山脈の高峰。アイガー（the Eiger: 3,970 m）とメンヒ（the Mönch: 4,107 m）と並ぶベルナー・オーバーランド（the Bernese Oberland）（地方）三山の一つである。

【注】 b） **Mt. Kilimanjaro**「キリマンジャロ山」（5,895 m）はタンザニア北東部にある山で、アフリカ大陸の最高峰。山域はキリマンジャロ国立公園に指定されている。

c） **Mont Blanc**「モンブラン」（4,807 m）はフランスとイタリアの国境に位置するアルプス山脈の最高峰である。ヨーロッパではロシアのエルブルス山（Mt. Elbrus: 5,642 m）に次いで高い山である。

d） **Mt. McKinley**「マッキンリー山」（6,194 m）はアラスカ州中部にある北米最高峰。

(2) 東南アジア最大の大伽藍遺跡の一つであるアンコール・ワット（カンボジアにある石造大寺院の遺跡）と並び、インドネシアにある世界遺産のボロブドゥルはジャクジャカルタから42キロの丘に広がる広大な建造物である。寺院は6層の方形の基壇の上に3層の円形基壇から成り、9世紀初頭に建立された。

解 説 インドネシアにある世界最大の「ボロブドゥル寺院遺跡群」に関する出題である。

c）が正解。**Borobudur**「ボロブドゥル」はインドネシアのジャワ島（Java Island）にある大規模な石造の仏教遺跡である。その形状から世界最大級の仏塔（stupa）でもある。8世紀後半から9世紀初頭に建立された寺院遺跡群で、その高さは35メートル、一辺の長さは約120メートル、総面積は1万5000平方メートルにも及んでいる。

【注】 a） **Ayutthaya**「アユタヤ」。タイ中部の都市で、同国の旧首都。「古都アユタヤ」として世界遺産に登録。

b） **Bali**「バリ（島）」。インドネシア共和国に属する島。首都ジャカルタのあるジャワ島のすぐ東部に位置する。

d） **Penang**「ペナン（島）」。マレー半島（Malay Peninsula）の西方、マラッカ海峡に位置する島。

(3) システィーナ礼拝堂は教皇シクストス4世のために1473年に建立された。半円筒天井にある『天地創造』と奥壁にある『最後の審判』の壮大なフレスコ壁画はミケランジェロによるものである。ルネサンスの絶頂期、天井に描くのに4年の歳月を要した。

解 説 ローマのバチカン宮殿内に建てられた「システィーナ礼拝堂」に

関する出題である。

**b**）が正解。**Sistine Chapel**「システィーナ礼拝堂」（＝〈伊〉Cappella Sistina）はバチカン宮殿内にある教皇の礼拝堂である。ミケランジェロが描いたフレスコ画は必見。ローマ教皇を選出するコンクラーヴェ（Papal conclave）の会場でもある。

【注】 **a**） **Duomo**「〈伊〉ドゥオモ、大聖堂」（＝Cathedral）。Duomoと名のつく大聖堂は多数現存するが、「ミラノのドゥオモ」は世界最大のゴシック建築として有名。

**c**） **St. Mark's Basilica**「サン・マルコ寺院」。サンマルコ広場に立つベニスのシンボル。

**d**） **St. Peter's Basilica**「サン・ピエトロ大聖堂」。バチカン市国にあるカトリック教会の総本山。

**(4)**　イスラム教国を旅する際、現地の文化に関して特に注意する必要がある。女性が頭、足、腕を覆っておく必要がしばしばある。酒類の消費に関して制限がある場合もある。

解　説　女性の服装そして飲酒に関する「イスラム世界における規制」の出題である。

**b**）が正解。**Islamic**（countries）「イスラム（教国）」。イスラム教は、ムハンマド（Muhammad［570–632年］）が創始。聖典は「コーラン」（Koran）。女性は家族以外の男性に対して髪や顔を隠すよう求められている。飲酒は理性を失わせる悪行とみなしているので、酒は戒律上禁止されている。

【注】 **a**） **Hindu**（countries）「ヒンドゥー（教国）」。ヒンドゥー教は、バラモン教からヴェーダ聖典（the Vedas）やカースト制度（the Caste）を引き継ぎ、土着信仰を取り入れて4世紀ごろに確立した多神教。

**c**） **Jewish**（countries）「ユダヤ（教国）」。ユダヤ教は、唯一神ヤハウェ（Yahweh）を神とし、選民思想やメシア（救世主）信仰を特色とするユダヤ人の民族宗教。

**d**） **Puritan**「ピューリタン」。ピューリタン（清教徒）は、英国国教会の改革を唱えたキリスト教のプロテスタント各派の総称。その一派が1620年にメイフラワー号に乗って米国に移住した（Pilgrim Fathers）。

**(5)**　ローマには美しい噴水が多い。中でも特にトレビの泉には観光客が大勢集まって来る。その場所でコインを手にして、泉に背を向けて肩越しにコインを投げている。言い伝えによれば、泉にコインを投げ入れる人はいつかまたこの都市に戻って来るという。

解　説　トレビの泉にまつわる「庶民の伝承」に関する出題である。

**d)　shoulder**(s)「肩」が正解。トレビの泉は、ローマにある最も巨大なバロック時代の泉で、ローマ有数の観光名所。後ろ向きになり肩越しにコインを泉に投げ入れると願いがかなうという言い伝えがある。コインはカトリック系の慈善団体に寄付される。

【注】 **a)　arm**(s)「腕」。英語のarmは「肩（shoulder）から手首（wrist）」を指す。

**b)　face**(s)「顔」。英語の face は「頭部の前面の目・鼻・口のある部分だけ」を指す。

**c)　head**(s)「頭」。英語の head は「顔を含んだ首（neck）から上の部分全体」を指す。

## 〈演習 5–B〉

■解　答■　(6)–a)　(7)–d)　(8)–a)　(9)–b)　(10)–d)

**(6)**　金沢(市)にある兼六園は日本三名園の１つである。この庭園は、前田家の居住地跡にあり、藩主によって造られた美しい丘と小さな池のあることで知られる。近くには庭園のシンボルである石灯籠があり、その１本の脚は水中に、もう１本は小島に立っている。

解　説　日本三名園の１つである兼六園のある「都市名」に関する出題である。

**a)　Kanazwa**「金沢(市)」が正解。石川県金沢市には「兼六園」があり、江戸時代を代表する加賀藩の池泉回遊式庭園である。「偕楽園」(水戸市)と「後楽園」(岡山市) と並ぶ日本三名園の１つ。園内の噴水は、現存する日本最古の噴水と言われる。また園内に隣接する成巽閣(せいそんかく)(国の重要文化財)には前田家に伝わる家宝や美術品が多数収蔵されている。1985 年には国の特別名勝に指定された。

【注】 **b)　Kumamoto**「熊本(市)」。熊本市の水前寺公園(町名)には大名庭園の「水前寺成趣園(じょうじゅえん)」がある。通称「水前寺公園」。1636 年に熊本藩の初代藩主細川忠利(ただとし)が築いた池泉式回遊庭園である。

**c)　Mito**「水戸(市)」。水戸市には「偕楽園」がある。1842 年水戸藩主徳川斉昭(なりあき)が造園させた。園内にある 100 種以上の約 3,000 本の「梅の木」は有名。国の史跡および名勝に指定されている。

**d)　Okayama**「岡山(市)」。岡山市には元禄文化を代表する大名庭園の「後楽園」がある。1700年に岡山藩主・池田綱政によって造営された池泉回遊式庭園である。国の特別名勝に指定されている。

**(7)**　京都府北部の日本海沿岸、宮津湾に位置する天橋立は松樹に覆われた砂洲でよく知られている。細長い半島状で宮津湾に突き出ている。開いた両足の間からこの天橋立の砂洲を逆さにのぞくと、天と地の間を掛け渡した橋のように見える。広島県の宮島、宮城県の松島と並び「日本三景」の１つである。

解　説　日本三景の１つ、天橋立のある「宮津湾」に関する出題である。

**d)**　**Miyazu** (Bay)「宮津(湾)」が正解。京都府北部、丹後半島南側にある湾。一帯は丹波天橋立大江山国定公園に指定されている。

**【注】 a)**　**Mikawa** (Bay)「三河(湾)」。愛知県にあり、渥美半島と知多半島に挟まれた湾。

**b)**　**Minamata** (Bay)「水俣(湾)」。熊本県水俣市にある湾。

**c)**　**Miyako** (Bay)「宮古(湾)」。岩手県中部の東側にあるリアス式海岸を有する湾。

**(8)**　美しい山の景色と阿蘇山の大きなカルデラを満喫したいならば、熊本県からやまなみハイウェイを通る毎日出ている観光バスを利用するのがよい。熊本県から大分県の別府市に行く途中で、この火山の底から蒸気の濃い煙霧がのぼるのが見え、山のふちからは壮観な景色を楽しむことができる。

解　説　熊本県と大分県を結ぶやまなみハイウェイから眺望できる「阿蘇山」の絶景に関する出題である。

**a)**　**Mt. Aso**「阿蘇山」が正解。熊本県にある世界有数のカルデラと雄大な外輪山を有する活火山。正式名称は「阿蘇五岳」。最高峰の「高岳」(1,592 m) を中心に1,000 m級の山が連なる。「阿蘇くじゅう国立公園」に指定されている。

**【注】 b)**　**Mt. Kirishima**「霧島山」。宮崎と鹿児島の県境に広がる火山群の総称。「霧島屋久国立公園」の中核であり、最高峰の韓国岳 (1,700 m) や天孫降臨の霊山高千穂峰 (1,574 m) がある。

**c)**　**Mt. Kuju**「九重山[九重連山]」。大分県の中西部にある火山群の総称。九州本土最高峰の中岳 (1,791 m) がある。一帯は「阿蘇くじゅう国立公園」に指定されている。

**d)**　**Mt. Daisen**「大山」。鳥取県の大山町にある火山 (1,729 m)。最高峰は剣ヶ峰で、中国地方の最高峰でもある。富士山に似ることから「出雲富士」また「伯耆富士」とも言う。

**(9)**　七福神の１人で、福富と豊作の神である大黒天は頭巾をかぶり微笑む老人として描かれている。豊作をもたらす神でもあるので通常は２つの米俵の上に座っている。左肩に大きな袋（bag）を担ぎ、右手に打ち出の小槌（lucky mallet symbolic of good luck）を持っている。通称日本神話に登場する「大国主命」である。

解　説　七福神の１人である「大黒天」に関する出題である。

**b）Daikoku**「大黒天」が正解。インドのヒンドゥー教のシヴァ神(化身)と日本古来の「大国主命」(日本神話で出雲国の主神また出雲大社の祭神)を習合している。☆the Seven Deities of Good Luck「七福神」(＝the Seven Lucky Deities［Gods］). 福徳（good fortune）の神として信仰される七神。神道［Japanese Shintoism］(恵比寿)、道教［Chinese Taoism］(福禄寿・寿老人)、中国の仏教［Chinese Buddhism］(布袋）そしてヒンドゥー教［Hinduism］(大黒天・毘沙門天・弁財天）などの神や聖人からなる。

【注】「七福神」には下記（a, c, d）以外に「**弁財天**」(インド・ヒンドゥー教の女神。音楽、弁舌、財福などをつかさどる)、「**福禄寿**」(中国・道教の幸福・俸禄[扶持]・長寿の三徳を備える神)、「**寿老人**」(中国・道教の神である南極星の化身の老子。長寿の神)がいる。

**a）Ebisu**「恵比寿」。「商売繁盛」と「五穀豊穣」の神として日本の土着信仰の対象である。

**c）Hotei**「布袋」。幸福と満悦の神。中国・唐の末期の明州に実在した仏教の僧。

**d）Bishamonten**「毘沙門天」。戦いと武運の神。元来インドのヒンドゥー教の「クヴァーラ神」で、後に仏教の「多聞天」、現在の「毘沙門天」となった。

**(10)**　時代祭の起源は1895年で、その時794年の平安遷都1100年を祝って平安神宮が創建された。この祭のハイライトは歴史ゆかりの衣装や昔の武具を身につけた人々の行列で、平安時代から明治時代までの歴史的な出来事を再現している。行列は19世紀から始まり８世紀にさかのぼる。この豪華な歴史行列は、京都御所が起点となり、平安神宮が終着点となっている。

解　説　時代祭における歴史行列の「起点」に関する出題である。

**d）Kyoto Imperial Palace**「京都御所」が正解。御所には、有名な

「紫宸殿」（天皇元服や節会などの儀式を行う正殿）と「清涼殿」（天皇のための日常の御座所）がある。☆「京都三大祭」の一つである「時代祭」（Festival of the Ages）は、1895 年（明治 28 年）に平安神宮の創建後、その記念事業として始まり、その歴史は浅い。祭を盛大にするため、東京奠都以前の京都の風俗を遡る時代行列を再現させるので「時代祭」と呼ばれた。8 時代（明治維新 → 江戸 → 安土桃山 → 室町 → 吉野 → 鎌倉 → 藤原 → 延暦）を遡って続く。行列ルートは正午に「京都御所」を出発し 2 時半から 3 時ごろ「平安神宮」に到着する。

**【注】 a） Katsura Detached Palace**「桂離宮」。17 世紀に八条宮家の別荘として造営され、伝統的な日本建築と造園術の文化の粋を今に伝えている。その建造物は世界建築における美の極致とされる。

**b） Nijo（jo） Castle**「二条城」。1603 年に徳川家康によって築城され、江戸時代から京都上洛の際に徳川家の一時的な宿所として使用された。☆ 1994 年、ユネスコ世界遺産に「古都京都の文化財」の一部として登録される。

**c） Shugakuin Detached Palace**「修学院離宮」。17 世紀中期ごろ、後水尾上皇のための山荘として徳川家光によって造営された。比叡山麓にある借景技術をこらした山荘には池や滝また閑静な散策道などを施してある。

# 第2部　リスニング試験

# 第6章　写真説明の問題

## 出題傾向

提示された「写真」を見ながら英語の説明文を聴き、写真の状況を最も的確に表した文を選ぶ問題である。観光英語検定試験が実施されて以来毎年出題されている。

### ◆出題の形式

(1)　一枚の写真に関して a)、b)、c)、および d) の4つの説明文がある。

(2)　説明文は、ネイティブスピーカーによって1回英語で放送される。

(3)　写真の内容を最も適切に説明している選択肢を1つ選ぶ。

### ◆出題の内容

最近の試験で提示された「写真」の内容をジャンル別に分けると下記のようになる。

| | | |
|---|---|---|
| (1) | エアライン | 空港の保安検査所、空港の手荷物受取所、空港の手押し車の使用 |
| (2) | ホテル | リムジンバスの利用、駐車料金の掲示 |
| (3) | レストラン | レストランでの食事、レストランの案内掲示 |
| (4) | ショッピング | 路上での販売 |
| (5) | 交通機関 | 路面電車、自動車のプレート番号、駅構内の乗車風景 |
| (6) | 観光・旅行 | 市街地のビル、博物館の建造物 |
| (7) | 通信・電話 | ホテルの館内電話 |
| (8) | 鑑賞・娯楽 | 劇場の券売所 |
| (9) | 病気・医薬 | 病院での治療 |
| (10) | 日本事情 | 寅さんの店「とらや」、神輿の渡御、五重の塔、招き猫、神社の手水舎、白川郷と五箇山の農家、路上販売（たこやき） |

**【出題例 6】**

Listen to the four statements for each picture from (51) to (55). Choose the statement that best describes what you see in the picture from among the four alternatives: a), b), c) and d). Blacken the letter of your answer on the answer sheet. The statements will be spoken just once.

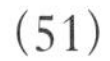

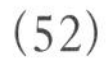

(53)

(54)

(55)

## 解答と解説

**【出題例 6】**

［放送の内容］

(51)　a) A tree full of leaves covers the old building.
　b) The three storied hotel complex faces the busy street.
　c) One of the flags on the building is the Stars and Stripes.
　d) The building is located in a quiet residential area.

(52)　a) This is the only place the hotel guests are allowed to smoke.
　b) Both telephone booths are occupied by hotel guests.
　c) Guests can use these phones to call other guests in the hotel free of charge.
　d) There is an overhead lamp over each pay phone on the wall.

(53)　a) Tourists are all heading to see the magnificent architecture.
　b) The square is surrounded by a crowd of people.
　c) There is a steeple next to the dome-shaped roof.
　d) A group of people are sightseeing inside the cathedral.

(54)　a) One of the passengers has a small suitcase on wheels.
　b) The platform is crowded with passengers getting on and off the train.
　c) The train doors are to open.
　d) A couple of people are waiting for a train on the platform.

(55)　a) Two women are selling Japanese fast food such as soft soybean curd.
　b) Balls of batter including octopus are one of the fast foods the street stall offers.
　c) A woman is blending special sweet sauce to put on dumplings.
　d) One woman is serving a customer.

■解 答■ (51)–c) (52)–d) (53)–c) (54)–a) (55)–b)

解 説

**(51)** 正解は **c**)「建物に掲げられた旗のひとつは星条旗である」。the Stars and Stripes の聴解がポイントである。米国の国旗は、50個の星(Stars: 現在の州数)と13本の赤白の横線(Stripes: 独立当時の州数)からなる旗で、横線が判別できる。

the Stars and Stripes「星条旗」。the Star-Spangled Banner とも言う。

a)「木の葉が生い茂った木は古いビルを覆っている」木の葉が少なく、木は茂っていない。full of「いっぱいの」: a glass full of milk「ミルクがいっぱい入ったコップ」

b)「3階建のホテル建造物は交通量の多い通りに面している」建物は3階以上である。story「(建物の)階」(=floor:〈英〉storey) cf.「3階建ての家」a three-story [〈英〉three-storey] house, a house of three stories / complex〈名〉「総合施設;(建物などの)集合体」: housing complex「団地」

d)「建物は閑静な住宅地域にある」大きな建物はにぎやかな市街地にある模様である。residential〈形〉「住宅の、居住用の」cf. residence〈名〉「住居」。resident〈名〉「居住者;(ホテルの)滞在者」

**(52)** 正解は **d**)「壁にかかったぞれぞれの公衆電話の頭上にランプがある」。壁にある overhead lamp と pay phone の聴解がポイントである。

overhead〈形〉「頭上の」: overhead compartment [bin]「(機内にある)頭上の荷棚」/pay phone「公衆電話」(=pay telephone) cf. pay toilet「有料トイレ」。pay television「有料テレビ」(= pay TV)

a)「ここはホテル宿泊者が喫煙できる唯一の場所である」喫煙場所とは無関係である。電話の上には「禁煙」の掲示がある。be allowed to (do)「(するのを)許す」(= be permitted to): You are not allowed to see patients in the morning.「午前中は患者との面会は許されない」

b)「公衆電話ボックスの両方ともホテル宿泊者が使用中である」公衆電話ボックスは見あたらない。telephone booth「公衆電話ボックス」(=〈米〉pay station)。単に booth とも言う。/occupy〈動〉「(場所・空間を)占める」: Occupied.「使用中;在室」(掲示)

c)「宿泊客はホテル滞在の他の客に無料で電話するために、これらの電話を使用することができる」料金投入口(slot)があるので有料の公衆電話である。free of charge「無料で」(=for nothing)。ちなみに、「ホテルの無料連絡電話」のことを hotel courtesy telephone と言う。cf. courtesy〈形〉「無料の、サービスの」: courtesy car [bus]「(ホテルなどの) 無料送迎用自動車 [バス]

(**53**)　正解は **c**)「ドーム型の屋根の隣に尖塔がある」。写真の中にある steeple と dome-shaped roof の意味を理解することがポイントである。

steeple〈名〉「(教会などの) 尖塔 (せんとう)」/ dome-shaped〈形〉「ドーム型の、丸屋根 [丸天井] 型の」

a)「観光客全員はすばらしい建物を見物するために向かっている」建物に行く人も帰る人もいる。建物に全員が向かってはいない。head〈動〉「向かう」: Where are we heading?「私たちはどこに向かっていますか」

b)「広場は大勢の人に囲まれている」広場は見あたらない。square〈名〉「(四角い) 広場」: Trafalgar Square「トラファルガー広場」(ロンドンにある)

d)「団体の人は大聖堂の内部を観光している」写真は大聖堂の内部ではない。cathedral〈名〉「大聖堂、大寺院」: Canterbury Cathedral「カンタベリー大聖堂」

(**54**)　正解は **a**)「乗客の一人は車輪付きの小型スーツケースを持っている」。一人の乗客が引いている suitcase on wheels をしっかりと聴解することである。

suitcase on wheels「車輪付きのスーツケース」suitcase with casters とも言う。

b)「プラットホームは電車を乗降する乗客で混雑している」乗り降りする大勢の乗客は見あたらない。platform〈名〉「(駅の) プラットホーム」(=〈米〉track)。platform No. 3「3番ホーム」(=〈米〉track 3) / get on「(乗り物に) 乗る」⇔ get off (降りる)。

c)「電車のドアは開こうとしている」電車のドアはすでに開いている。/ be to (do)〈1〉「(することに) なっている、(し) ようとしている」(予定)。〈2〉「(す) べきである」(義務)。〈3〉「(することが) できる」(可能)。〈4〉「(する) 運命である」(運命)。

d)「2, 3人の乗客がホームで電車を待っている」待つのではなく、出口に向かっている様子である。a couple of ～〈1〉「2人の、2つの」: a couple of dogs「犬2匹の」。〈2〉「2, 3人の、数人 [個] の」(=a few): He had only a couple of drinks.「彼はほんの2, 3杯飲んだだけである」

(**55**)　正解は **b**)「街路の露店にあるファーストフードの1つに、たこの入ったこねた球状の物（タコ焼き）がある」のに気付く。また写真には日本語で「たこ」の平仮名が見える。

batter〈名〉「練り粉、こねもの（揚げ物などに用いる小麦粉、牛乳、卵などを混ぜた物：（天ぷらの）ころも）」。補足説明：「たこ焼き」octopus dumplings: These dumplings consist of wheat flour, bits of octopus, green onion, cabbage, dried bonito shavings and ginger. These are cooked on a griddle.

以下いずれも「たこ焼き」とは無関係である。

a）「2人の女性はやわらかい豆腐のような和食ファーストフードを販売している」

c）「1人の女性は、だんごの上につける特別な甘いソースを混ぜ合わせている」blend〈動〉「混ぜ合わせる」：blend flour and milk「粉とミルクを混ぜる」。blended coffee「ブレンドコーヒー」

d）「1人の女性が客に対応している」serve〈動〉「（客に）対応する、（客の）用を承る」：Are you being served?「もう誰かご用を承っておりますでしょうか」（店員が客に向かって言う決まり文句）

## 演習問題

### 《演習 6》

Listen to the four statements for each picture from (1) to (5). Choose the statement that best describes what you see in the picture from among the four alternatives: a), b), c) and d). Blacken the letter of your answer on the answer sheet. The statements will be spoken just once.

(1)

(2)

(3)

(4)

(5)

## 解答と解説

### 《演習 6》

［放送の内容］

(1)
a) Passengers are going through a security checking point.
b) The flight is delayed due to the bad weather condition.
c) Cabin crew are waiting to greet their passengers.
d) The woman dressed in white has no carry-on baggage.

(2)
a) Passengers can use carts free of charge to carry their heavy luggage.
b) The man is trying to use a cart in the parking lot.
c) The man is loading his luggage on the cart.
d) The man wants to use a cart to carry his baggage.

(3)
a) The street vendor is selling paintings and curios at the street stall.
b) The woman is ordering something sweet after a meal.
c) Each plastic bag has a price tag on it.
d) The street vendor is ready to put some fruit in a bag.

(4)
a) The store has an outdoor counter for selling food.
b) The shopping street celebrates its 10th anniversary.
c) People are participating in the parade.
d) The fan is expecting to see a famous movie star.

(5)
a) People are carrying a portable shrine on their shoulders.
b) People are holding up a float in front of the audience.
c) The offertory box seems too heavy to carry.
d) People are cooperating to move an image of Buddha.

**■解　答■**　(1)–a)　(2)–d)　(3)–d)　(4)–a)　(5)–a)

**解 説**

**(1)**　正解は **a)**「乗客が保安検査所（セキュリティ・チェック）を通過しよ

うとしている」。まずは空港であることを把握すること。次に security checking point のキーワードを聴解することがポイントである。

go through「通り抜ける；(手続きを) 経る」(= pass through)：He went through the ticket barrier.「彼は改札口を取り抜けた」。She went through customs in a few minutes.「彼女はすぐに税関を経た」/ security checking point「保安検査の検問所」(= security checkpoint) cf. security check「(空港でハイジャック防止のため行う乗客の身体・手荷物の) 保安検査」(= body search)。security gate「検問ゲート」。security officer「検問係、公安係」

b)「飛行機は悪い天候状態のために遅れた」飛行機の遅延に関する状況はない。be delayed「遅れる」：The train was delayed (for) three hours by the accident.「列車はその事故で3時間遅れた」/ due to「～のために、～の原因で」(= because of, owing to)：The delay of the bus was due to heavy traffic.「バスの延着は交通渋滞のためだった」

c)「客室乗務員は乗客に挨拶するために待機している」機内の状況ではない。また客室乗務員の待機態勢の様子はない。cabin crew［集合的］「(旅客機の) 客室乗務員」(= flight attendant) cf. crew［kruː］「(飛行機・列車・船などの) 乗務員」。日本の新幹線に勤務する車内乗務員の腕章には train crew (列車乗務員) と書いてある。

d)「白い服の婦人は機内持ち込みの手荷物は持っていない」婦人は手荷物を所持している。The woman (who is) dressed in white「白い服を着ている」cf. be dressed in「～を着ている」(be clad in; wear) (状態)：He is dressed in［wears］a new suit.「彼は新しいスーツを着ている」cf. put on「着る」(動作)：He put on a new suit.「彼は新しいスーツを着た」/ carry-on baggage「(機内) 持ち込みの手荷物」(= hand-carry baggage, cabin baggage)

**(2)**　正解は **d)**「男性が荷物を運ぶためにカートを使用したい」光景である。消去法で正解できるが、早く対処するためには use a cart to carry his baggage の聴解がポイントである。

use〈動〉［juːz］「使用する」cf. 動詞と名詞の発音が違う。use〈名〉［juːs］「使用」/ cart(s)「カート、手押し車」(= handcart;〈英〉trolley)

a)「乗客は重い荷物を運ぶためにカートを無料で使用できる」カート使用のための料金徴収機があるので、カート使用は有料である。free of charge「無料で」(=for nothing)：You can see the movie free of charge.「その映画は無料で見られる」

b)「男性は駐車場でカートを使用しようとしている」この場所は駐車場ではない。parking lot「(野外) 駐車場」(=〈英〉car park)。米国では単に lot とも言う。

c)「男の人は荷物をカートに載せようとしている」男性は荷物を運ぶためにカートを取ろうとしているのであって、荷物を載せる様子はない。load [lóʊd]〈動〉「(車・船などに) 荷を積む」: Your baggage is loaded in the back of the bus.「皆さんの荷物はバスの後部に積んである」

**(3)**　正解は **d)**「露天商は果物を袋に入れようとしている」状況である。路上で果物を販売しており、put some fruit in a bag の聴解がポイントである。

vendor [vender]〈名〉「売る人、行商人」cf. vending machine (自動販売機) の意味もある。/ (be) ready to「用意 [準備] ができている」(状態): We are ready to go out.「出かける用意ができている」cf. get [make] ready「用意 [準備] する」(動作): He got ready for departure.「彼は出発の用意をした」(= He got ready to depart.)

a)「露天商は露店で絵画と骨董品を売っている」絵画と骨董品は見あたらない。curio [kjʊ́əriòʊ]〈名〉「骨董品」。curiosity の省略形である。/ stall〈名〉「屋台(店)、露店; 売店; 商品陳列台」(= stand displaying goods for sale): station stall「駅の売店」

b)「女性は食後甘い物を注文している」女性は買い物中である。after a meal「食後」⇔ before a meal「食前」cf. eat between meals「間食する」

c)「どのビニール袋にも値札がついている」袋には正札がない。plastic〈形〉「プラスチック製の、ビニール製の」: plastic shopping bag「買い物用のビニール袋」。plastic greenhouse「ビニールハウス」(ビニールハウスは和製語) / price tag「値札、正札」cf. price list「価格表、時価表」

**(4)**　正解は **a)**「店には食べ物を販売する屋外カウンターがある」。東京の葛飾区柴又にある寅さんの実家のだんご屋である。selling food の聴解がポイントである。

outdoor counter「屋外にある売り台」

b)「商店街では10周年記念を祝っている」10周年記念の様子はない。celebrate〈動〉「祝う」: Christians celebrate Christmas.「キリスト教徒はクリスマスを祝う」/ anniversary〈名〉「〜周年祭、記念日」: the tenth wedding anniversary「結婚10周年」。silver [golden] wedding anniversary「銀[金]婚記念日; 25 [50] 周年記念日」

c)「大勢の人がパレードに参加している」パレードの状況はない。participate (in)「(に) 参加する、加入する」(=take part in): He participates in a swimming competition.「彼は水泳競技会に参加した」cf. participation〈名〉「参加」。participant〈名〉「参加者」

d)「ファンは有名な映画スターに会えると期待している」映画スターを見ようとするファンの様子はない。

(**5**) 正解は **a**)「大勢の人が御輿を肩に担いでいる」光景である。portable shrine の聴解が決定的なポイントである。

portable shrine「御輿」補足説明: *Mikoshi* is a sacred palanquin [portable shrine] in which a Shinto deity temporarily reposes during a festival held in his honor.

b)「大勢の人が観衆の面前で山車を抱え上げている」群衆が持ち上げているのは山車ではなく、神輿である。hold up「持ち上げる」/ float「(祭りの) 山車、(パレードの) 台車、屋台」補足説明: *Dashi* is the festive float with a variety of colorful decorations which is drawn out during festival parades. / audience〈名〉「観衆」。集合体と考える時は「単数」、(1人1人の) 構成要素を考える時は「複数」として扱う。The audience was [were] mostly old people.「聴衆は大部分が老人であった」

c)「さい銭箱は重すぎて運べないようである」さい銭箱は見あたらない。offertory box「さい銭箱」補足説明: *Saisen-bako* is a wooden box for receiving offerings of money which is placed in front of the sanctuary of a temple or shrine. / too+〈形〉+to (do)「あまり～なので . . . できない」(= so+〈形〉+that S+(can) not): The bag is too heavy for her to carry.「このかばんは重くて彼女は運べない」(= The bag is so heavy that she cannot carry it.)

d)「大勢の人は仏像を移動するのに協力している」仏像は見あたらない。cooperate〈動〉「協力する」cf. co (共に)+operate (働く) cf. cooperation〈名〉「協力」/ an image of Buddha「仏像」補足説明: *Butsuzo* is a Buddhist image representing Buddha's figure picture, sculpture or engraving.

# 第７章　イラスト説明の問題

## 出題傾向

提示された「イラスト・掲示等」を見ながら、その内容に適した選択肢を選ぶ問題である。以前は４つのイラストの中から１つの正解を選ぶ出題であった。しかし最近の傾向として、「イラスト・掲示」または「実物の写真」などを提示し、４つの説明文から１つの正解を選ぶ出題となっている。海外および日本の観光事情や文化についての知識が必要である。

**◆出題の形式**

(1)　１枚のイラスト・掲示に関して a)、b)、c) および d) の４つの説明文がある。

(2)　説明文は、ネイティブスピーカーによって１回英語で放送される。

(3)　イラスト・掲示を最も適切に説明している選択肢を１つ選ぶ。

**◆出題の内容**

最近の試験で提示されたイラスト・掲示等の内容をジャンル別に分けると下記のようになる。

| | | |
|---|---|---|
| (１) | エアライン | 空港の見取り図、シャトルバスの案内、機内の映画案内 |
| (２) | ホテル | ホテルの広告、チェックアウトの案内、ランドリーの案内 |
| (３) | レストラン | 注文のメニュー、ビュッフェのメニュー |
| (４) | ショッピング | 購入の領収書、トラベラーズチェックの使用法 |
| (５) | 交通機関 | 高速道路の案内図、シャトルバスの切符、アメリカの沿岸観光 |
| (６) | 観光・旅行 | ハワイ観光の案内地図、金門橋の観光案内、ガイド付きアメリカ観光案内、日本と英国の時差、米国の平均温度、米国の天気図 |
| (７) | 通信・電話 | モーニングコールのかけ方 |
| (８) | 鑑賞・娯楽 | 水中ダイビング、劇場の座席案内図 |
| (９) | 病気・医薬 | 寒暖計 |

（10）　日本事情　　　歌舞伎の観劇、寄席の観賞、七五三の千歳飴、しょうぶ湯、百人一首

## 出　題　例

### 【出題例 7】

Listen to the four statements for each illustration from (56) to (60). Choose the statement that best describes what you see in the illustration from the four alternatives: a), b), c) and d). Blacken the letter of your answer on the answer sheet. The statements will be spoken just once.

(56)

**Movie** in Flight Entertainment

| Title | Genre | Run Time |
|---|---|---|
| THE LAST SAMURAI | Drama | 147 mins |
| SINBAD: LEGEND OF THE SEVEN SEAS | Animation | 85 mins |
| PAYCHECK | Suspense | 115 mins |
| CATCH THAT KID | Action/Adventure | 93 mins |

(57)

UNITED NATIONS

$ 1.00 OFF GUIDED TOUR

Multilingual Guided Tours
9:15 AM - 4:45 PM DAILY
(CLOSED WEEKENDS IN JAN/FEB)

FIRST AVENUE AT 46TH STREET
(212) 963-TOUR (8687)

Limited to 2 persons per coupon

(58)

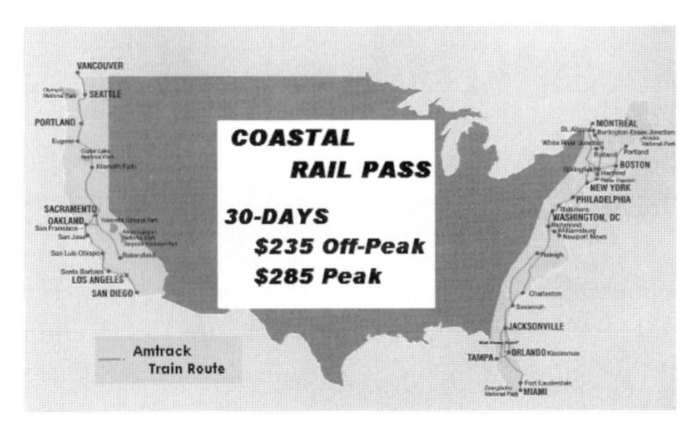


(59)

Sunshine Hotel

NAME Yoshio SATO

ROOM NO 213 DATE 11/03/03

☐ **Daytime:** Clothing received by 10am., returned by 6pm

☑ **Overnight:** Clothing received by 10pm., returned next morning by 7am
(There is a 30% surcharge)

| LAUNDRY | | | DRY CLEANING | | |
|---|---|---|---|---|---|
| GUEST COUNT | ITEMS | PRICE (inc.GST) | GUEST COUNT | ITEMS | PRICE (inc.GST) |
| 1 | SLACKS | $ 8.00 | | SUIT | $ 15.00 |
| | SHIRT | $ 6.00 | | JACKET | $ 10.00 |

(60)

## 解答と解説

**【出題例 7】**

［放送の内容］

(56) a) The name of the movie theater in the mall is Flight Entertainment.
b) Passengers can enjoy different kinds of movies on the flight.
c) The longest running time is 3 hours and 27 minutes.
d) Five kinds of movies are available on the flight.

(57) a) A party of four can save 4 dollars in all with this coupon.
b) Guided tours are available not only in English but also in other languages.
c) This tour is offered only at weekends.
d) The admission for an adult is only one dollar.

(58) a) The pass is available when traveling along the Atlantic and Pacific coasts.
b) The pass covers all states in the United States.
c) The pass in the Off-Peak season costs 50 dollars more than that in the Peak season.
d) Passengers should buy this pass at least 30 days before their departure.

(59) a) The guest wants to wash his slacks in his room.
b) Tax is not included in the charge.
c) The laundry will be returned by 7 the next morning.
d) Dry cleaning is not available at the hotel laundry.

(60) a) The card has a particular flower representing one of the twelve months of the year on it.
b) Twenty-one or poker is a popular game which uses this card.
c) The verse on the card consists of 17 syllables in a 5–7–5 line

pattern.

d) The card is printed with a poem by one of a hundred well-known traditional poets.

■解　答■　(56)–b)　(57)–b)　(58)–a)　(59)–c)　(60)–d)

解　説

**(56)**　機内で上映される映画に関する「タイトル」(title)、「ジャンル」(genre)、「上映時間」(run time) の一覧表である。特に「数字」に関する正確な聴解が問われる。正解は **b)**「機内では乗客は異なる種類の映画を楽しむことができる」。ジャンルには Drama (ドラマ、劇)、Animation (アニメーション、動画)、Suspense (サスペンス、推理映画)、Action / Adventure (アクション / アドベンチャー) がある。on the flight「機内で」during the flight とも言う。cf. in-flight〈形〉「飛行中の、機内の」: in-flight sales「機内販売」(免税品など)。in-flight meals「機内食」。in-flight announcement「機内放送」

a) 「ショッピングモールにある映画館はフライト・エンターテインメントという名前である」映画の上映場所は機内である。mall〈名〉「モール」歩行者専用商店街、またショッピングセンターのことである。ちなみに、「(木陰にある) 散歩道、遊歩道」の意味もある。

c) 「最長の上映時間は3時間27分である」最長の映画時間は「ラスト・サムライ」(2時間27分) である。The running time (of a movie)「(映画の) 上映時間」cf. run〈動〉「(映画・劇が) 上映 [上演] される、(〜の間) 続く」: The movie runs for two hours.「この映画の上映時間は2時間である」

d) 「機内では5種類の映画が見られる」機内の映画は4種類である。available〈形〉「利用できる、入手できる」

**(57)**　まず、このクーポンは「国連：1ドル割引きのガイド付きツアー」($1.00 off guided tour) であること。次に、「多言語による (multilingual) ガイド付きツアー」であること。催行の日時は「毎日 (daily): 午前9時15分から午後4時45分」であるが、「休業 (closed): 1月 / 2月の週末」であること。最後に「住所と電話番号」、それに「クーポン1枚につき2名までに限り利用できる」ことを理解することである。特に「数字」に関する正確な把握が問われる。正解は **b)**「このガイド付きツアーは、英語だけでなく他の言語でも利用できる」。本文には multilingual

(多言語) と記載されている。not only A but also B「A だけでなく B もまた」(= B as well as A): She is not only pretty but also smart.「彼女は美しいだけでなく頭もよい」(= She is smart as well as pretty.)

a) 「4名の団体がこのクーポンを利用すれば、全部で4ドルも節約できる」このクーポンの利用は2名までに制限されている。save〈動〉「(時間・出費などを) 節約する」: You can save two dollars by taking the bus.「バスを利用すれば2ドル節約できる」/ in all「全部で」: How much is it in all?「全部でいくらですか」

c) 「このツアーの催行は週末のみである」1月と2月の週末を除いて毎日催行される。at weekends「週末に」米国では on weekends と言う。What do you usually do at [on] weekends?「週末にはいつも何をしますか」

d) 「大人1名の入場料はたった1ドルである」1ドルは割引額のことであって、入場料ではない。admission〈名〉「入場料」: Admission to the lecture is $3.「講演の入場料は3ドルです」

(**58**)　この地図は、アメリカのアムトラック (Amtrak) が米国の沿岸部を運行する列車の「レイルパス」(USA Railpass: 列車の周遊券) である。またこの地図から見て、太平洋沿岸と大西洋沿岸で利用できる「レイルパス」である。30日間有効で、オフ・シーズンは235ドル、ピーク・シーズンは285ドルである。

Amtrak「アムトラック」(Amtrack は誤り)。1970年に設立された全米鉄道旅客輸送公社 (National Railroad Passenger Corporation) の通称で、それによって運営されている鉄道システムのことである。アメリカ国内ほとんどの地域にわたって旅客列車を走らせている。*Am*erican *track* から。/ Off-Peak「オフ・シーズン、閑散期」low season, off-season とも言う。/ Peak「ピーク、多客期」peak season のことで、high season, on-season とも言う。ちなみに、off-season と on-season の中間のシーズンを shoulder season と言う。

正解は **a**)「このパスは大西洋沿岸と太平洋沿岸を旅行する時に利用できる」。この地図から判断できる。

b) 「このパスはアメリカの全州にわたって利用できる」この地図からだけで見れば、全州に及んでいない。西部 (the West) と東部 (the East) の沿岸部だけである。

c) 「レイルパスの料金は、オフ・シーズン時はピーク・シーズン時よりは 50 ドル高い」この料金は逆で、ピーク・シーズン (285 ドル) よりはオフ・シーズン (235 ドル) 時のほうが 50 ドル安い。

d) 「乗客は遅くとも出発の 30 日前までにこのレールパスを購入すべきである」30 日 (30-days) は有効期間のことであり、購入期限のことではない。

(**59**) Sunshine Hotel にあるクリーニング・サービスの「申込書」のサンプルである。申込書に若干記入されている。「日中」(daytime) は、午前 10 時までに受け取った衣類は午後 6 時までに返却される。「夜中」(overnight) は、午後 10 時までに受け取った衣類は翌朝 7 時までに返却される。ただし、30% の「追加料金」(surcharge) がかかる。「氏名」「部屋番号」それに「日付」にも留意しよう。「料金」(price) には「物品税」(GST: Goods and Services Tax) が「含まれている」(inc.: including) ことを理解しておこう。

正解は **c**)「洗濯物は翌朝 7 時までに返却される」。クリーニングを「夜に」申し込んだ場合である。

a) 「宿泊客は部屋でズボンを洗濯したい」宿泊客はズボンのクリーニングを申し込んでいる。ちなみに、「ズボンを洗濯してもらいたい」と言いたい場合、英語では “I'd like to [I want to] have my slacks washed.” と言う。

b) 「税金は料金に含まれていない」この申込書には「物品税込みの料金」(inc. GST) が表示されている。

d) 「ドライクリーニングは、ホテルのクリーニングサービスでは取り扱っていない」申込書には「ドライクリーニング (DRY CLEANING)」の欄がある。

(**60**) 「百人一首」の小野小町の歌の絵札である。補足説明 :「百人一首」(a hundred poems of a hundred poets)：a collection of a hundred 31-syllable poems (*tanka*), adapted to the cards of a poem-matching game. A pack of game cards consists of two decks, 100 cards to be read out and 100 cards to be picked up. 正解は **d**)「カードには 100 名の有名な歌人の 1 人による歌詞が印刷されている」。

a) 「カードには 1 年 12 ヵ月のうち 1 つの月を表す特別な花がある」この内容は「花札」である。補足説明 :「花札」*Hanafuda* is a game using cards with flower designs whose object is to match the various kinds of pictures of flowers.

b) 「21 あるいはポーカーは、このカードを使用した人気の高いゲームである」この内容は「トランプ」である。「トランプ」a card (1枚の)。a pack [deck] of cards (1組の): Children play cards.「子供たちはトランプをしている」。cf. trump「切り札」

c) 「このカードに書かれた詩句は 5–7–5 の 17 音節から構成されている」この内容は「俳句」である。補足説明: *Haiku* (a 17-syllable poem) is a traditonal short verse consisting of three sections of 5–7–5 syllables.

## 演習問題

### 《演習 7》

Listen to the four statements for each illustration from (1) to (5). Choose the statement that best describes what you see in the illustration from the four alternatives: a), b), c) and d). Blacken the letter of your answer on the answer sheet. The statements will be spoken just once.

(1)

Regularly scheduled pickups
from Major downtown hotels
every 30 minutes

No reservation needed 7 Days a Week

Schedule Info: www.airporter.com 650-301-3737

(2)

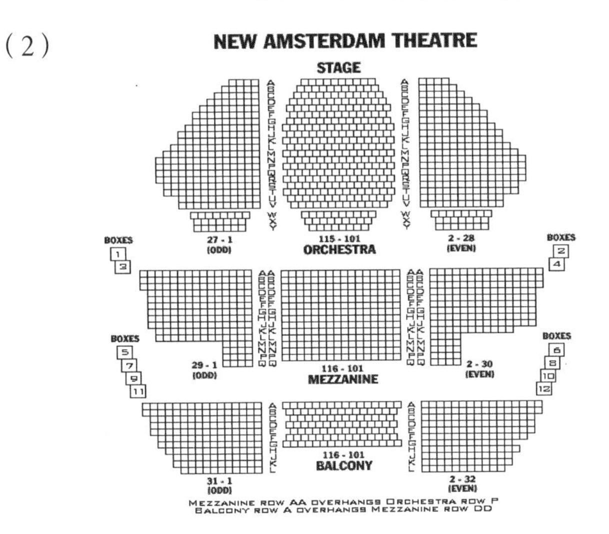
NEW AMSTERDAM THEATRE
STAGE
27 - 1 (ODD)
115 - 101
ORCHESTRA
2 - 28 (EVEN)
BOXES
29 - 1 (ODD)
116 - 101
MEZZANINE
2 - 30 (EVEN)
31 - 1 (ODD)
116 - 101
BALCONY
2 - 32 (EVEN)
MEZZANINE ROW AA OVERHANGS ORCHESTRA ROW P
BALCONY ROW A OVERHANGS MEZZANINE ROW DD

(3)

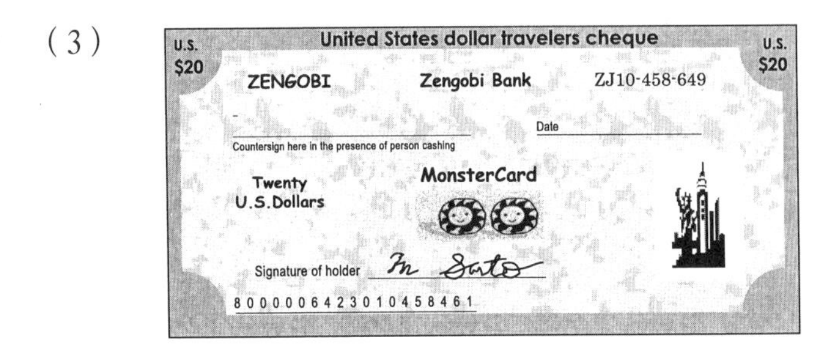
United States dollar travelers cheque
U.S. $20
U.S. $20
ZENGOBI
Zengobi Bank
ZJ10-458-649
Date
Countersign here in the presence of person cashing
Twenty
U.S.Dollars
MonsterCard
Signature of holder
800000642301045846 1

(4)

1-Hour Golden Gate Bay Cruise
Sail Under the Golden Gate Bridge
& Around Alcatraz
Schedule
10:00 AM 10:45 AM 11:15 AM 12:00PM
12:30 PM 1:15 PM 1:45 PM 2:30 PM
3:00 PM 3:45 PM 4:15 PM
Red and White Fleet
For Reservations, call: 1-800-229-2784 or 415-673-3737

(5)

## 解答と解説

### 《演習7》

[放送の内容]

(1) a) It takes thirty minutes from major downtown hotels to the airport.

b) You should call at 650–301–3737 to make a reservation in advance.

c) You can check the schedule in detail on the web site.

d) Airporter runs Monday through Saturday around the clock.

(2) a) The orchestra seats are located between the stage and the mezzanine section.

b) There are more boxes than seats in the theatre.

c) This theatre cannot accommodate more than 100 people.

d) The balcony is located just behind the orchestra section.

(3) a) This banknote is worth 20 dollars.

b) The holder needs to sign it once more before using it.

c) This certificate will do when the holder uses a credit card.

d) The holder will be provided 20 dollars by showing this coupon.

(4) a) Participants of the tour spend one hour on Alcatraz.
b) The Golden Gate Bay Cruise tour departs every forty-five minutes.
c) You can make a reservation for the tour by calling Red and White Fleet.
d) The last tour starts at five fifty p.m.

(5) a) You can enjoy a hot citron bath in the public bath today.
b) Taking an iris leaf bath is an old custom on Children's Day.
c) The public bath offers aroma therapy to the customers.
d) Various kinds of herbs are put in the bathtub on autumnal equinox day.

■解　答■　(1)–c)　(2)–a)　(3)–b)　(4)–c)　(5)–b)

解　説

**(1)**　このシャトルバスは30分間隔で運行され、市内にある主要なホテルから乗車できる。予約は不要（No reservation needed）で、週7日（7 days a week）運行される。スケジュールの情報はホームページのアドレス（www.airporter.com）を参照することになっている。電話番号は650–301–3737である。正解は **c**)「ホームページを利用すれば、詳細なスケジュールがチェックできる」。in detail「詳細に」

a)「市内にある主要なホテルから空港へは30分で行ける」30分は運行間隔のことであって、所要時間ではない。

b)「事前予約のための電話番号は650–301–3737である」シャトルバスを利用するためには事前予約は不要である。in advance「事前に」

d)「エアポーターは月曜日から土曜日まで24時間運行している」運行日程は週7日（月曜日から日曜日）である。around-the-clock「24時間通しで、まる一日中、昼夜兼行で」(=〈英〉round-the-clock)

**(2)**　劇場にある座席の見取り図で、座席の「位置や数」、また座席の「種類や名称」に関する知識・教養が問われる。box (seat)「特等席、ます席」cf. the royal box「貴賓席」/ orchestra「1階席」cf.〈英〉the stalls「1階最前部の正面（特別）席；(1階前方の) 1等席」。the orchestra pit「オーケストラボックス」/ mezzanine「中2階席（の前列）」/ balcony (dress circle)「2階席、階上席」/ gallery「天井さじき」（最上階の最も安い席）正

解は **a**)「オーケストラ席はステージと中2階の間にある」。

b)「ボックス席は劇場内の座席数よりも多い」座席全体からみれば、ボックス席は少なく左右に12席のみである。

c)「この劇場には100名以上は収容できない」100名以上は収容できる。

d)「バルコニー席はオーケストラ席のすぐ後部にある」バルコニー席は2階または最上階にあり、オーケストラ席は1階にある。

(**3**)　アメリカのトラベラーズチェック（旅行者用小切手）20ドルである。保持者のサイン（Signature of holder）は1ヵ所にはあるが、使用する際に現金に換金する面前で対処すべき「副署」(Countersign here in the presence of person cashing）がない。正解は **b**)「小切手の所持者は使用する前に再度サインする必要がある」。

a)「この紙幣は20ドルに値する」これは紙幣ではない。banknote〈名〉「紙幣、銀行券」(=〈英〉note;〈米〉bill): Please pay in notes, not in coins.「支払いは紙幣でお願いします。貨幣はお断りします」/ worth〈形〉「(〜に）値する」

c)「この証明書は、所持者がクレジットカードを使用する時に有効である」これは証明書ではない。certificate [sərtífikət]〈名〉「証明書」cf. 名詞と動詞の発音の違いに注意すること。certificate [sərtífikèit]〈動〉「(人に）証明書を与える」/ do〈動〉「(目的に）かなう、(利益を）与える」(通常 will を伴う): This medicine will do you good.「この薬を飲めばよくなります」

d)「所持者は、このクーポンを見せると20ドルを受け取れる」これはクーポンではない。provide〈動〉「供給する、必要なものを与える」

(**4**)　Red and White Fleet 会社が主催する「1時間クルーズ」(1-Hour Golden Gate Bay Cruise）で、金門橋の下を通過し、アルカトラズ島（Alcatraz）を周遊する。午前に3回、午後に8回出発する。予約の際の電話番号が明記されている。正解は **c**)「Red and White Fleet に電話をかければ、ツアーを予約することができる」。

a)「このツアーに参加する人はアルカトラズ島で1時間過ごす」アラカトラズ島には途中下船せず、周遊するだけである。

b)「ゴールデンゲート・ベイ・クルーズは45分間隔で出発する」出発時間の間隔は、必ずしも45分おきとはかぎらない。30分間隔で出発する回もある。

d）「ツアーの出発最終時間は午後5時50分である」出発の最終時間は午後4時15分である。

**(5)**　端午の節句（現在の「子どもの日」(Children's Day)）には、しょうぶ湯に入る習慣がある。「しょうぶ（菖蒲）」(Japanese iris) には、病気予防の薬効 (the medical effect of preventing disease) があり、邪気を払う働き (the spiritual power to ward off demons [evils]) がある。現在でも多くの銭湯で「しょうぶ湯」(a sweet-flag bath または a bath with sweet-flag leaves) や冬至の「ゆず湯」(a hot citron bath) に入ることができる。また「しょうぶ」は「勝負」(victory or defeat) と同音異義語 (homonym) であり、男子の節句に最適のものと考えられている。正解は **b)**「菖蒲湯に入ることは、昔から行われる「子どもの日」の習慣である」。

a）「今日は銭湯でゆず湯を楽しむことができる」イラストで記載されているのは、「ゆず湯」ではなく「しょうぶ湯」である。

c）「銭湯では客に対してアロマ・セラピー（芳香治療）を施している」銭湯にはアロマ・セラピーはない。

d）「秋分の日には、多種多様なハーブが浴槽に入れられる」秋分の日としょうぶ湯とは無関係である。

# 第8章　英語コミュニケーションの問題

## 出題傾向

「相手の言い分」を即座に把握し、それに対して「自分の言い分」を即座に反応させることはコミュニケーションの基本である。英語による身近な日常対話を成立させることができるかどうかをチェックする出題である。観光英語検定試験が実施されて以来、毎年出題されている。

**◆出題の形式**

放送される対話の「問いかけ」に対して最も適切な応答となる文を4つの選択肢の中から選ぶ形式である。ここでいう「問いかけ」は「対話における最初の文」ということであるが、必ずしも疑問文の形になっているわけではない (例 : (68))。「問いかけ」はネイティブスピーカーによって2回英語で放送される。

〈**例**〉

放送される文 :　Do you think the exchange bureau at the terminal is still open?

選択肢 :　a) You should ask today's exchange rate first.
b) As long as they're smaller bills, they're fine with me.
c) I think they can give you the currency exchange statement.
d) I don't know for sure but it should be open till 9:00 p.m.

［放送］空港ターミナルでは両替所はまだ開いていると思いますか。
［正解］d) 定かではないですが、午後9時まで開いているはずです。

**◆出題の内容**

最近の試験で出題された「対話」の内容をジャンル別に分けると下記のようになる。

（1）　エアライン　　空港での搭乗手続き時間、ビジネスクラスとファーストクラスの違い、入国審査 (目的地の

| | | |
|---|---|---|
| | | 質問)、食事の好み(客室乗務員の質問)、空港の両替所 |
| (2) | ホテル | ホテルでの鍵箱、宿泊カードへの記入、シャトルバスの出発時間 |
| (3) | レストラン | コーヒーの注文、食前酒の注文、現地のワイン、注文の間違い、テーブルの手配、待ち時間のチェック、テーブルの準備 |
| (4) | ショッピング | 品物の価格、土産物の相談、クレジット・カードの有効期限 |
| (5) | 交通機関 | 列車の停車回数、地下鉄での降車、地下鉄までの道順 |
| (6) | 観光・旅行 | 旅行社のパンフレット、2ヵ国間の時差、ガイドの手配 |
| (7) | 通信・電話 | 航空便、小包みの重量、円ドルの交換率、保険をかける |
| (8) | 鑑賞・娯楽 | 博物館の見学制限 |
| (9) | その他 | レストランの所在地、道に迷う、天候の状況 |

## 出　題　例

### 【出題例 8】

Listen to the start of the dialog from (61) to (70) and complete each dialog by choosing the best response from among the four alternatives: a), b), c) and d). Blacken the letter of your answer on the answer sheet. The start of each dialog will be spoken twice.

(61) a) There's some delay in the departure time.
b) You must deplane one hour before the departure time.
c) There are some entry formalities to clear.
d) It's one hour at least before departure time.

(62) a) No. You may go out of the hotel if you like.
b) No. You may keep it if you like.

c) Yes. You cannot lend it each time you go out.
d) Yes. You cannot borrow it each time you go out.

(63) a) We'll take it rare.
b) He'll have a little.
c) I'll have it just black.
d) She'll take it just medium.

(64) a) I have nothing to declare.
b) Less than $300.
c) They're for my father.
d) At the duty-free shop.

(65) a) It takes 2 hours.
b) Maybe 3.
c) From Track 13.
d) It doesn't stop at Shizuoka.

(66) a) I don't know. Let me look it up in the brochures.
b) I don't know. We are supposed to go on vacation.
c) I have no idea. I'm suspicious of the tour.
d) I have no idea. I've developed an interest in the tour.

(67) a) At the post office.
b) By air.
c) They are books.
d) I'll bring them myself.

(68) a) It's the royal family's job.
b) It's a pity that we can't see them today.
c) The seats are not so costly.
d) It's their custom.

(69) a) My stomach hurts.
b) I seem to be lost.
c) It doesn't work.
d) It's not my fault.

(70) a) That means we'll arrive there at 11.
b) No wonder it's magnificent.
c) You can't miss it.
d) That's our time preference.

## 解答と解説

**【出題例 8】**

［放送の内容］

(61) What's the latest time for checking in at the airport?
(62) Aren't we supposed to check the room key each time we leave the hotel?
(63) How would you like your coffee? With cream and sugar?
(64) What's the price of this camera?
(65) How many stops does this train make before Nagoya?
(66) How long does it take and how much does it cost to take the optional trip?
(67) How would you like to send this?
(68) The museum usually shows great works from the 16th century.
(69) How do you feel?
(70) French time is one hour ahead of Britain.

**■解　答■** (61)–d)　(62)–b)　(63)–c)　(64)–b)　(65)–b)　(66)–a)　(67)–b)　(68)–b)　(69)–a)　(70)–a)

**(61)**「空港で搭乗手続きをするためのいちばん遅い時間は何時ですか」

解　説　旅客が空港での搭乗手続きをするために最も遅い時間 (the latest time) を尋ねている。これに対して空港の地上係員は、出発前の搭乗手続き時間についての情報を与える必要がある。正解は **d)**「出発時間の遅くとも1時間前です」。at least「少なくとも」⇔ at most (多くとも) / departure time「出発時間」⇔ arrival time (到着時間)

a) 「出発時間にいくぶん遅れがある」出発の遅れを聞いていない。delay〈名〉「遅延」

b) 「出発時間の1時間前に飛行機から降りる必要がある」飛行機から降りる時間を聞いていない。deplane〈動〉「飛行機を降りる」(= descend from an airplane) ⇔ enplane (飛行機に乗る)

c) 「入国手続きがある」入国に関して聞いていない。entry formalities「入国手続き」⇔ departure formalities (出国[出発]手続き) / clear〈動〉「(税関などを) 通過する、(手続きを) 済ませる; (手荷物などを) 通関させる」cf. clearance〈名〉「通関手続き; 出港許可」

(**62**) 「ホテルを出るたびに部屋の鍵を預ける必要がありますか」

**解 説** 宿泊者がホテルから外出する時には鍵を預ける (check) 必要があるかどうかを尋ねている。これに対してホテル従業員は、鍵を預けるのか、それとも所持するかに関して返答する必要がある。正解は **b**)「いいえ。お望みであれば、お持ちいただいてもけっこうです」keep〈動〉「所持する、保有する」⇔ check (一時預ける)

a) 「いいえ。お望みであればホテルから出てもけっこうです」ホテルからの外出に関して聞いていない。go out of ~「(場所) から (外へ) 出る」(= leave): He went out of a room.「彼は部屋から出た」

c) 「はい。外出するたびに鍵を貸すことはできません」鍵の貸し出しに関して聞いていない。lend〈動〉「貸す」Lend me your book.「あなたの本を貸してください」(= Lend your book to me.)

d) 「はい。外出するごとに鍵を借りることはできません」鍵の貸し借りに関して聞いていない。borrow〈動〉「(無料で) 借りる」: borrow a book「本を借りる」⇔ lend (貸す) ちなみに、有料で借りる場合は rent を用いる。You can rent a car at the airport.「空港で車を借りることができます」。移動できないもの (例: 電話) を借りる時は use を用いる。May I use your phone?「電話をお借りしてもよろしいでしょうか」

(**63**) 「コーヒーはどのようになさいますか。クリームと砂糖を入れますか」

**解 説** レストランでウェイトレス (または機内で客室乗務員) が、コーヒーの飲み方 (How would you like your coffee?) を尋ねる。これに対して客は、コーヒーの飲み方について何らかの返事をする必要がある。正

解は **c**)「コーヒーはブラックでください」。単に “Black, please.” とも言う。black〈形〉「ブラック」コーヒーにクリームやミルクまた砂糖を入れない。I'd like my coffee black, please.「コーヒーはブラックでお願いします」⇔ white (コーヒーがクリーム入りの)

a)「レア (生) でください」肉の焼き方に関する返答である。rare〈形〉「(肉などが) 生焼けの、レアの」: I'd like my steak rare, please.「ステーキはレアにしてください」⇔ well-done ([肉などが] よく焼けた)

b)「少しください」飲食物を少量だけもらう場合に用いる表現である。

d)「ミディアム (中くらい) でください」肉の焼き方に関する返答である。medium〈形〉「(肉などが) 中くらいに焼けた」cf. rare (生焼き) と well-done (よく焼いた): How would you like your steak?「ステーキの焼きかげんはどうなさいますか」—Well-done, please.「よく焼いてください」

**(64)**「このカメラはいくらですか」

解　説　カメラ店で客が店員にカメラの値段を尋ねている。これに対して店員は「数字」の返事が必要である。正解は **b**)「300 ドルはしません」。What is the price of (this camera) ?「(カメラの値段) はいくらですか」。How much is (this camera) ? とは言うが、How much is the price of this camera? とは言わない。値段を聞く場合、What [How much] does this camera cost? または How much do you charge for this camera? などとも言う。

a)「申告するものはない」空港で税関申告する時に用いる表現である。declare〈動〉「申告する」。declaration〈名〉「申告」: oral [written] declaration「口頭 [文書] 申告」

c)「私の父用の物です」土産物店などで買い物をする時に用いる表現である。

d)「免税店で」カメラなどを購入した場所を聞かれた時に返事する表現である。

**(65)**「この電車は名古屋までいくつの駅に止まりますか」

解　説　鉄道の駅で旅客が他の乗客に名古屋までの「停車駅の回数」(How many stops . . . ?) を尋ねている。これに対して乗客は停車駅の回数に関する返事が必要である。正解は **b**)「多分 3 つ目の駅でしょう」。駅員であればこのような返答はしないので、答えているのは駅員ではないと思われる。stop〈名〉(1)「停止、停車」: make a stop「止まる」(=〈動〉

stop)。新幹線など、次のような車内放送の表現をよく聞く。“We'll soon make a brief stop at (Nagoya).”「まもなく（名古屋に）到着いたします」(2)「停車場、停留所」: a bus stop「バス停」

a)「2時間かかる」所要時間について聞いてはいない。take〈動〉「(時間が) かかる」: How long does it take to go to Nagoya by train? (名古屋まで電車で行くと時間はどのくらいかかりますか) に対する返答である。

c)「13番線からです」乗車するホームについて聞いてはいない。track〈名〉「(駅の) プラットホーム、(駅の) (〜) 番線」。英国では platform No. 13と言う。

d)「静岡には止まらない」対話は名古屋であって静岡ではない。

**(66)**「オプショナル・ツアーの所要時間と費用はどのくらいですか」

**解　説**　旅客が現地でのオプショナル・ツアー (optional tour: 本来のパックツアーには含まれず、各地で任意参加者をつのって実施される小旅行) に関する「所要時間」と「経費」について尋ねている。これに対して現地ガイド（または添乗員）は、不明なので確かめる必要がある。正解は **a)**「よく知りません。パンフレットで調べてみましょう」。look up「(時刻表・辞書などで) 調べる」: Let's look up the departure time in a train [bus] schedule.「列車 [バス] 時刻表で出発時間を調べよう」/ brochure〈名〉「小冊子、パンフレット」(= pamphlet): a travel brochure「旅行用パンフレット」

以下、いずれも返答になっていない。

b)「知りません。私たちは休暇に出かけることになっています」be supposed to (do)「〜することになっている；〜すべきである」

c)「わかりません。ツアーが疑わしいです」(be) suspicious (of)〈形〉「怪しいと思う」: She is suspicious of strangers.「彼女は見知らぬ人を疑う」

d)「わかりません。ツアーに興味をもちました」develop〈動〉「(興味を) 持つようになる」: She developed an interest in music.「彼女は音楽に興味を持ちはじめた」cf. be interested in「興味がある」(状態)。take (an) interest in「興味を持つ」(動作)

**(67)**「これをどのように送りますか」

**解　説**　郵便局で職員が客に対して郵便物の送付法 (How would you like to send this?) を尋ねている。これに対して客は「航空便」か「船便」または「鉄道便」か等に関する返事が必要である。正解は **b)**「航空便でお願いします」。(send) this の省略単語は、letter (手紙) または parcel (小包み) だと考えれば郵便局での対話だと判明する。by air「航空便で」(= by airmail): I'd like to send this letter by air.「この手紙は航空便で送りたい」cf. by surface (mail)「鉄道便で、船便で」

a) 「郵便局で」郵送する場所を聞いていない。

c) 「それらは本です」郵送する中身を聞いていない。

d) 「それらを自分で持っていきます」郵送する人物を聞いていない。

**(68)**　この博物館は、16世紀の傑作を常時展示している。

解　説　博物館の係員 (または案内者) が、16世紀のすばらしい作品 (great works) が通常展示されていることを語っている。しかし当日はなにかの理由で見学できないので、見学者 (または観光客) は遺憾の意を表すことになる。正解は **b**)「今日はそのような傑作が見られないのは残念です」と嘆いている。works〈名〉(通常は複数形)「(文芸・芸術の) 作品; 著作」: Picasso's early works「ピカソの初期の作品」。the complete works of Shakespeare「シェイクスピア全集」

a) 「皇室の仕事です」対話の場所は博物館であって、皇室ではない。the Royal Family「皇室、皇族; 王室」(= the Imperial Family) cf. the Imperial Household「(日本の) 皇室、皇族」: the Imperial Palace「(日本の) 皇居」。the Royal Household「英国王室」。

c) 「座席料金はそれほど高くない」対話は展示物についてであって、座席ではない。costly〈形〉「費用のかかる」(= expensive; dear) ⇔ cheap (安い): This watch is too costly for me to buy.「この時計はぼくには高すぎて買えない」

d) 「それは彼らの習慣です」何に関する習慣かは不明である。custom〈名〉「(個人の) 習慣; (団体の) 慣習」cf. customs (複数形)「関税; 税関」: pass [go] through the customs「税関を通る」

**(69)**　「気分はいかがですか」

解　説　身体の具合・調子 (How do you feel?) を尋ねている。これに対して相手は身体の調子が悪い場合、何らかの病状を述べる必要がある。正解は **a**)「胃が痛みます」。I have a pain in the stomach. とも言う。feel〈動〉「(気分が) ～である」: I feel sick.「気分が悪い」cf. feel well「身体的に気分がよい」。feel good「精神的に気分がよい」/ stomach〈名〉「胃」。本文は My stomach hurts. stomachache「胃痛」のことなので、I have a stomachache.「胃が痛む」とも言う。/ hurt〈動〉「(身体が) 痛む」: My injured left hand still hurts.「けがをした左手がまだ痛む」

以下、いずれも「気分」(feel) に関する返答ではない。

b)「(森の中で) 道に迷ったようです」I think I lost my way (in the forest). とも言う。

c)「それは作動しない」work〈動〉「作動する、動く」: My watch doesn't work.「ぼくの時計は動かない」

d)「それはぼくのせいではないよ」fault〈名〉「(過失の) 責任、罪」

**(70)**「フランス時間は、英国より1時間進んでいる」

**解説** フランスと英国の時差は1時間であり、フランスのほうが英国より1時間早い (ahead of) と言っている。これに対して相手は、フランスと英国の現地時間を換算して「数字」に関する情報を述べる。正解は **a)**「それでは、そこには11時に到着しますね」。ahead of「(時間的に) 先立って」The time here is three hours ahead of New York.「ここの時間はニューヨークよりは3時間早い」/ mean (that)〈動〉「. . . ということになる、. . . ということを意味する［示す］」: The sign means that the road is blocked.「あの標識は通行止めということだ」

以下、いずれも「時差」に対する返答にはなっていない。

b)「すばらしいのも不思議ではない」No wonder (that)「. . . というのも無理はない」(= It is no wonder (that)): No wonder (that) he didn't come here.「彼がここに来なかったのも無理がない」

c)「見逃すことがない」miss〈動〉「見つけそこなう」: Your hotel is on the left side at the end of the road, so you can't miss it.「あなたが泊まるホテルは道の突き当たりの左側にあるので、見逃すことはない」

d)「この時間がいいです」preference〈名〉「好み、選択」: What [which] is your preference, wine or beer?「ワインとビールのどちらがお好みですか」— My (drink) preference is for beer rather than wine.「(飲み物としての) 好みはワインよりビールです」(= I prefer beer to wine.)

## 演習問題

### 《演習 8》

Listen to the start of the dialogs from (1) to (10) and complete each dialog by choosing the best response from among the four alternatives:

a), b), c) and d). Blacken the letter of your answer on the answer sheet. The start of each dialog will be spoken twice.

(1) a) Which is the best way to get to the place?
b) Wait a minute. I'll check it with my schedule.
c) I'm afraid there isn't any available at the moment.
d) What's the difference between the two, I wonder?

(2) a) When did you get here?
b) Don't worry over such trifles.
c) Certainly. What's giving you trouble?
d) Sure. Here it is.

(3) a) That sounds good. What do you recommend?
b) You don't have to pay an additional charge.
c) Can I choose the song?
d) I prefer lamb.

(4) a) What do you want me to send?
b) Did you want that gift wrapped?
c) Will that be cash or credit card?
d) What is your price range?

(5) a) The fare table is over there.
b) The fourth one.
c) Change to a bus.
d) Everyone is on board.

(6) a) Sure we can. But would you like a female guide?
b) Sure, of course. But whom would you like as a female valet?
c) Certainly I can. However, would you like a female secretary?
d) Certainly I can. However, whom would you like as a

female interpreter?

(7) a) Express, please.
b) Credit card, please.
c) About 5 pounds.
d) It's my ID card.

(8) a) It's 10 after 2.
b) It's 110 to a dollar.
c) It's 85 percent.
d) It's not late.

(9) a) Yes, please.
b) Here's my ticket.
c) I'm afraid someone's sitting there.
d) No, it's optional.

(10) a) You're welcome. We really had a tough time together.
b) You're welcome. If I had had time, I could have visited you.
c) It's my pleasure. You should come back soon and stay with us again.
d) It was pleasant. You'll never come back for good.

## 解答と解説

### 《演習 8》

[放送の内容]

(1) Would you like to travel Business-class or economy?
(2) Could you help me fill out this registration card?
(3) Would you care for an aperitif?
(4) I'm looking for a souvenir to give to my sister.
(5) At which subway station should I get off?
(6) Can't you arrange a Japanese-speaking guide for the city

sightseeing?
(7) How much does the parcel weigh?
(8) What's the exchange rate for the Japanese yen today?
(9) Is this seat free?
(10) Thank you very much for the hospitality you gave to my family.

**■解　答■**　(1)–d)　(2)–c)　(3)–a)　(4)–d)　(5)–b)　(6)–a)　(7)–c)　(8)–b)　(9)–c)　(10)–c)

**(1)**「旅行はビジネスクラスそれともエコノミークラスになさいますか」

解　説　飛行機を予約する時、通常はファーストクラスを除き、ビジネス (Business-class) とエコノミー (Economy-class) の2つがある。ここでは、旅行業者はそのいずれを利用するかを尋ねている。これに対して、飛行機を初めて利用する人が2つのクラスの difference (区別) が分からないので、その相違点に関して質問する。正解は **d)**「両者はどのように違うのでしょうか」。difference (between)〈名〉「区別、相違」: What is the difference between A and B?「A と B とはどう違うのか」cf. 3つ以上については among (among the three classes) を用いる。/ I wonder「. . . かしら; . . . だろうか」: Is it possible, I wonder?「いったい、それはできるのかしら」(= I wonder if it is possible.)

a)「その場所に行く最良の方法はどれですか」場所への行き方を聞く表現である。get to「着く」(= reach, arrive at [in])

b)「ちょっと待ってください。予定表で調べます」少々待機することを依頼する表現である。a minute「瞬間、短い時間」(= a moment): Wait a minute, please.「ちょっと待ってください」(= Wait a moment, please. / One [Just a] moment, please.)

c)「今のところ利用できないと思います」聞いているのは2つの違いであって、利用の可否ではない。available〈形〉「利用できる」/ at the moment「ちょうど今」

**(2)**「この宿泊登録カードを記入するのにお手伝い願えますか」

解　説　宿泊者がフロントで宿泊登録カード (registration card) の記入法を尋ねる。受付の係員が、宿泊者の困惑する事由に関して質問することになる。正解は **c)**「はい、何かお困りですか」。fill out「(書類などに) 必要事項を記入する」(= fill in): I filled out an application form.「願書に必要事項を記入した」/ trouble〈名〉「苦悩；面倒」What's the trouble?「何でお困りですか」

以下、いずれも質問とは無関係である。

a)「こちらにはいつ着きましたか」

b)「そんなささいなことを気にしないで」worry over trifles「くだらないことに悩む」

d)「はい、どうぞここにあります」人に物を渡す時の表現である。Here you are. とも言う。

**(3)**「食前酒はいかがですか」

解　説　レストランで給仕 (またはソムリエ) が客に対して食事の前に何か酒 (aperitif) を飲むかどうか尋ねる。これに対して客は給仕 (またはソムリエ) の勧めるものを質問することになる。正解は **a**)「けっこうですね。お勧めは何ですか」。care for「好む」(= like)。疑問文 (本文)・否定文で用いる : I don't care for coffee.「コーヒーは好きでない」/ aperitif〈名〉「アペリチフ、食前酒」食欲増進をはかるために食前に飲む少量の酒のこと。アルコールを含まない飲み物 (例: lemon twist〈ソーダにレモンを絞ったもの〉) もある。要は食事をおいしくするためのものである。

以下、いずれも質問とは無関係である。

b)「追加料金を払う必要がない」対話では値段を聞いていない。additional charge「追加料金」(= extra charge)

c)「歌を選んでもよろしいでしょうか」

d)「ラム肉のほうがいいです」対話の内容は肉料理ではない。lamb〈名〉(b は発音しない)「子羊 (の肉)」cf. mutton「羊肉」

**(4)**「妹への土産物を探しています」

解　説　土産物店で客が妹のための土産物を捜していることを伝える。これに対して店員は、予算金額の幅 (price range) を尋ねることになる。正解は **d**)「価格の範囲はどれくらいですか」と質問している。price〈名〉「値段」: What is the price of this doll?「この人形はいくらですか」。How much is this doll? とも言う。しかし、How much is the price of this doll とは言わない。

a)「私に何を送ってほしいのですか」土産物を探すことであり、送ることではない。

b)「贈り物用に包装してほしかったですか」対話ではまだ買っていない状況であるので不自然である。

c）「現金ですか、それともクレジットカードですか」対話では支払いの段階ではない。(Will that be) Cash or charge? (現金ですか、それともクレジットカードですか) とも言う。

**(5)**「どの地下鉄の駅で下車しなくてはいけませんか」

解　説　地下鉄の駅構内で乗客が駅員に目的地に着くまでの停車駅が何番目であるかを尋ねている。駅員は何番目の駅か伝える必要がある。正解は **b)**「4番目です」。get off「(飛行機・列車・バスなどの乗物から) 降りる」⇔ get on (乗る)：I'll get off (the bus) at the next stop.「次の (バス) 停で降りよう」。ただし、タクシーや乗用車の小さい車から「降りる」は get out of を用いる。⇔ get into (乗り込む)

a）「運賃一覧表は向こうのほうにあります」質問は降りる駅であって、運賃一覧表でない。

c）「バスに乗り換える」場所は鉄道駅であって、バスターミナルではない。

d）「全員乗車 [搭乗、乗船] しています」状況は降りることであって、乗ることではない。

**(6)**「市内観光の時には日本語ができるガイドさんを手配していただけませんか」

解　説　旅行者が市内観光をする時に日本語を話すガイド (Japanese-speaking guide) の手配を旅行社などに依頼する。この依頼に対して係員は女性ガイドまたは男性ガイドの希望を尋ねることになる。正解は **a)**「もちろんできます。でも女性ガイドがよろしいですか」。arrange (for)〈動〉「手配する」(= make an arrangement for)：Call up and arrange (for) a taxi, please.「電話をしてタクシーを手配してください」

以下、いずれも女性ではあるが、旅行者が依頼する「対象者」ではない。

b）「はい、もちろん。でも女性世話人としては誰をご希望ですか」valet〈名〉「(ホテル・船などで客の世話をする) ボーイ；(ホテルなどで洋服や靴磨きなどの) 雑用係」cf. valet parking「係員付きの駐車」(ホテルやレストランなどで係員が客の車を預かり、駐車場に出し入れする)

c）「もちろんできます。でも、女性秘書をご希望ですか」

d）「もちろんできます。でも、女性通訳者として誰をご希望ですか」

**(7)**「この小包みの重さはどのくらいですか」

解　説　郵便局に来た客が郵送する「小包みの重さ」(parcel weight) を尋ねている。これに対して職員は重さをはかり、その「数字」に関する情報を与える必要がある。正解は **c**)「約5ポンドです」。weigh [wei] (発音に注意)〈動〉「重さがある」: The parcel [It] weighs 5 pounds.「包みの重さは5ポンドです」cf. weight〈名〉:「重さ」What is the weight of the parcel?「この小包みの重さはどれくらいですか」

以下、いずれも「小包みの重さ」とは無関係である。

a)「速達でお願いします」

b)「クレジットカードでお願いします」

d)「これは私の身分証明書です」

(**8**)「今日の日本円に対する交換比率はいくらですか」

解　説　空港(または銀行など)で旅客がドル・円の交換比率(exchange rate)を尋ねている。これに対して係員は「数字」の説明が必要である。正解は **b**)「1ドル110円です」。exchange rate「為替レート、外国為替相場」(= the rate of exchange): What is today's exchange rate (of dollars for yen)?「(ドルから円への)今日の為替レートはいくらですか」

以下、いずれも質問とは無関係である。

a)「2時10分です」時間を聞いていない。

c)「85パーセントです」

d)「遅くはない」

(**9**)「この席は空いていますか」

解　説　劇場などで「先に誰か座っていないかどうか」(free)を聞いている。その質問に対して肯定または否定の返答が問われる。正解は **c**)「誰かもうすでに座っています」。「肯定」の返答は "Yes, it is." と言う。「否定」の返答は "No, it isn't." (空いていない)である。

a)「はい、お願いします」申し出や誘いに応える時に用いる表現である。Would you like a cup of coffee?「コーヒーを1杯いかがですか」— Yes, please.「はい、お願いします」

b)「はい、切符をどうぞ」物を渡す時の表現である。

d)「どちらでもけっこうです」任意・随意である時の表現である。optional〈形〉「自由に選択できる」: A tie is optional.「ネクタイは(してもしなくても)どちらでもけっこうです」

(**10**)「家族にしていただいた歓待に対して感謝します」

解　説　家族が親切に世話になったことに対して感謝する。これに対して相手は感謝の言葉に対する返答そして再会を楽しみにしていることを伝えている。正解は **c**)「どういたしまして。そのうちお越しくださり、また滞在なさってください」と返答している。It's my pleasure.「こちらこそ；どういたしまして」感謝された時の丁寧な返事である。The pleasure is mine. または単に（It was）My pleasure. とも言う。その他 You're welcome. / Don't mention it. / That's all right. などとも言う。

a）「どういたしまして。一緒にいて本当にひどかったです」無礼な返答である。

b）「どういたしまして。時間があれば、訪問したかったのですが」対話と矛盾する。

d）「楽しかった。これっきり戻らないでしょう」実際にはありえない返答である。for good「永久に」（= forever）

# 第 9 章　状況把握の問題

## 出題傾向

観光英語検定試験が実施されて以来、毎年出題されている。特定のテーマに基づいた放送の内容を理解しながら聴き取り、その内容についての質問に対する適切な答えを選ぶ問題である。最近の傾向として「会話」だけではなく「伝言」または「放送 (空港・駅など)」などの内容が出題されている。

**◆出題の形式**

例年 10 問が出題されており、すべて「四肢択一」の客観問題である。

(1)　英語の会話文やアナウンスが放送され、続いてその内容に関する英語の質問が放送される。

(2)　ネイティブスピーカーによって 2 回英語で放送される。

(3)　質問の答えとして最適なものを、問題用紙に印刷された a)、b)、c) および d) のうちから 1 つ選ぶ。

**◆出題の内容**

最近出題された内容をジャンル別に分けると以下のようになる。

| | | |
|---|---|---|
| ( 1 ) | エアライン | 空港の両替所、機内食の注文違いのトラブル、ソムリエに酒の相談、空港でのタクシー乗車、空港の接続便、フライヤー・マイレージの確認、ビジネスクラスとファーストクラスの区別、搭乗手続き、搭乗案内 (放送) |
| ( 2 ) | ホテル | シングル部屋の占有率、部屋の鍵の保管、部屋に鍵を忘れるトラブル |
| ( 3 ) | レストラン | 食前酒の注文、天ぷらの注文、夕食の予約、コーヒーに入れる物 |
| ( 4 ) | ショッピング | 土産物店での相談 |
| ( 5 ) | 交通機関 | ブータン観光の相談、バスの手配、レンタカーの使用、ガイドの手配 |
| ( 6 ) | 観光・旅行 | 観光旅行の添乗、新幹線で京都観光、博物館見学 |

| | | |
|---|---|---|
| (7) | 通信・電話 | 電話の応答(伝言放送) |
| (8) | 鑑賞・娯楽 | 博物館の入場料、シュノーケルの講習 |
| (9) | 病気・医薬 | 機内での体調不順 |
| (10) | その他 | 大使館で旅券申請、天気予報(放送) |

## 出　題　例

### 【出題例 9】

Listen to the conversations from (71) to (80) and choose the most appropriate answer for the question following each conversation from the four alternatives: a), b), c) and d). Blacken the letter of your answer on the answer sheet. The conversations and the questions will be spoken twice.

(71) a) He got 24 luggage claim checks and 28 boarding cards.
b) He got 23 boarding cards and 26 baggage claim tags.
c) He got 21 boarding passes and 23 baggage claim tags.
d) He got 23 boarding cards and 21 luggage claim checks.

(72) a) She starts to stay in a twin room of this hotel on August 10th.
b) She starts to stay at a double room of this hotel on August 11th.
c) She begins to stay at a triple room of this hotel on August 13th.
d) She begins to stay at a single room of this hotel on August 14th.

(73) a) This banquet room can accommodate 10 to 15 people and the customer reserved 16 for dinner.

b) This banquet room can accommodate 10 to 20 people and the customer booked 16 people for lunch.
c) The customer booked 16 people for dinner in the banquet room which can accommodate 10 to 20 people.
d) The customer reserved 20 persons for dinner at the banquet room which can accommodate 10 to 20 people.

(74) a) She wants to have a pair of white leather shoes from the top shelf.
b) She is looking for a pair of white shoes of size five and a half in Japan.
c) She is trying to find a pair of white shoes of size twenty-three in the States.
d) She finds a pair of white shoes on the middle shelf.

(75) a) It will take four hours.
b) It will take two hours and a quarter.
c) It will take three hours.
d) It will take three hours and a quarter.

(76) a) A large international tour company.
b) A small domestic tour company.
c) An Internet company.
d) A government-owned company.

(77) a) He told the secretary to take his message.
b) He asked the secretary to have Mr. Yoshida call him.
c) He said to the secretary he is calling from a courtesy phone.
d) He said to the secretary he'll call Mr. Yoshida once

more.

(78) a) She asks a clerk the price of the theater seats.
b) She inquires about three seats in the dress circle.
c) A clerk explains to her about the train tickets.
d) A clerk talks to her about the airline tickets.

(79) a) She fell down and lost consciousness.
b) She sprained her arm and leg while traveling.
c) She had a sharp pain in her stomach.
d) She got badly injured in an accident.

(80) a) A young couple.
b) The pilot and crew.
c) First class passengers.
d) A passenger in a wheelchair.

## 解答と解説

**【出題例 9】**

［放送内容］

(71) A: Is this the group check-in counter for flights to Paris?
B: That's right. How many are there in your group?
A: We're a party of 21. Here are the tickets.
B: Thank you. How many pieces of baggage are you going to check?
A: We've got 23 pieces.
B: Okay, wait a minute. . . . Here you are. Twenty-one boarding passes and 23 baggage claim checks.
**Question:** How many boarding passes and baggage claim checks did the tour manager get?

(72) A: Hello. Room Reservations, may I help you?

B: Do you have a single room available for three nights starting August 10th?

A: One moment, please. . . . I'm afraid single rooms are filled to capacity on those days. How about a twin at a reduced single-occupancy rate?

B: What's the rate?

A: It's $150 for one person, ma'am.

B: Okay. I'll take it.

**Question:** When will she start to stay at this hotel and what kind of room will she have?

(73) A: Can I help you?

B: Do you have any private dining rooms?

A: Yes. We have some small banquet rooms accommodating 10 to 20 people.

B: Good. Is a room available for July 15th?

A: For how many people? And is that for lunch or dinner?

B: For dinner. There will be 16 of us at 7:00 p.m.

A: All right. Could I have your name, please?

B: Could I put this reservation in the name of Mr. Sato?

A: Thank you. We look forward to serving you.

**Question:** How many people can this banquet room accommodate and for how many people did the customer reserve dinner?

(74) A: I'm looking for a pair of leather shoes. Can I see the pair on the top shelf?

B: Certainly. Do you have any particular color in mind?

A: I'd like to have white.

B: All right. How do you like these?

A: They look good. Are these shoes leather?

B: Yes, they are. What size do you take?

A: I'm not sure of my American size. I usually take size twenty-three in Japan.

B: If so, you can take size five and a half in the States.

A: Thank you.

**Question:** What does she have in mind at a shoe shop?

(75) A: Here are your tickets for tomorrow's trip through the English Channel.

B: Oh, I've really been looking forward to it.

A: We leave Waterloo Station at 9:54, and arrive at Paris Nord Station at 13:45 or a quarter to two.

B: Does it really take about four hours to get to Paris? I thought this train was fast!

A: No, actually it's an hour less than that because of the time difference. France is an hour ahead of Britain.

**Question:** How long will the train trip take?

(76) A: Any advice on a tour company to choose for a tour to Bhutan?

B: I don't know but you should use a local tour company if you can, some place that specializes in the kind of tour you want. Actually, I think you have to. You can't get the visa by yourself. What do you want to do, by the way?

A: I want to do some trekking, some sightseeing, see the local culture. Won't a large tour company be safer?

B: Not necessarily for Bhutan. You see, the government controls the tourism industry very carefully. I don't think you'll have a problem. Check the web and see what you can find.

**Question:** What kind of a tour company does the woman recommend?

(77) A: I'd like to talk to Mr. Yoshida.

B: I'm sorry, but he has just stepped out for a moment. Who is this calling, please?

A: This is Mr. Nomura of ABC Company.

B: Would you like to leave a message, or shall I have him call you as soon as he comes back?

A: I'm calling from a pay phone now. I'll try to call him again.

B: O.K., Mr. Nomura. I'll tell him that you called.

A: I'd appreciate it.

B: You're welcome.

**Question:** What did Mr. Nomura say to the secretary?

(78) A: Do you have seats for tonight?

B: Well, we have a few left in the dress circle and lots in the balcony.

A: How much are dress circle seats?

B: Twenty two pounds, fifty.

A: And the balcony?

B: They're much cheaper, fourteen pounds. But I really recommend the dress circle seats. Both the view and the sound are better.

A: All right. I'd like two seats in the dress circle, please. And what time does the show start?

B: Exactly at seven.

**Question:** What does she talk to a clerk about?

(79) A: How's her condition?

B: Rather bad.

A: Can't she get up?

B: I don't think so. She broke her left leg and arm rather badly.

A: How long will it take to recover?

B: It's difficult to tell you now, because I've only given her first-aid treatment and I still need to make more checks.

A: Should I tell her family about the accident immediately?

B: You might.

**Question:** What is wrong with her condition?

(80)　This is the first call for priority boarding for Flight 446 to Denver. Persons with disabilities, senior citizens, and anyone traveling with small children are invited to board at this time. Please have your boarding cards ready to give to the attendant as you approach. Thank you.

**Question:**　Which of the passengers listed should get on the plane at this time?

**■解　答■**　(71)–c)　(72)–a)　(73)–c)　(74)–a)　(75)–c)　(76)–b)　(77)–d)　(78)–a)　(79)–d)　(80)–d)

(**71**)　A:　ここはパリ行き便のための団体用搭乗手続カウンターですか。
　B:　そうです。グループには何人いらっしゃいますか。
　A:　21名の団体です。航空券をどうぞ。
　B:　ありがとうございます。手荷物はいくつお預けですか。
　A:　23個です。
　B:　はい、少々お待ちください。...はい、どうぞ。21人分の搭乗券と23枚の手荷物預かり証です。

**質問:**　添乗員は搭乗券と手荷物預かり証を何枚受け取りましたか。

**解　説**　会話の最後のほうで語られる箇所で、「搭乗券」(boarding pass) と「手荷物預かり証」(baggage claim check) の「数字」(twenty-one / twenty-three) に関する正確な聴解力が問われる。正解は **c**)「21枚の搭乗券と23枚の手荷物預かり証を受け取った」。

check-in counter「搭乗手続きカウンター」/ flight to Paris「パリ行きの飛行機」(= flight bound for Paris) / Here you are.「はい、どうぞ」物を渡す時の慣用表現である。/ boarding pass「搭乗券」(= boarding card) / baggage [luggage] claim check「手荷物預かり証、手荷物引換券」(= baggage [luggage] claim tag)

以下、いずれも搭乗券と手荷物預かり証の「数字」が正しくない。

a)「24枚の手荷物預かり証と28枚の搭乗券を受け取った」luggage claim check は baggage claim check と同じ意味である。また、boarding card と boarding pass とは同じ意味である。

b)「23枚の搭乗券と26枚の手荷物預かり証を受け取った」baggage claim tag は baggage claim check と同じ意味である。

d)「23枚の搭乗券と21枚の手荷物預かり証を受け取った」搭乗券と手

荷物預かり証との「数字」が反対である。

**(72)** A: もしもし。客室予約係です。ご用件をうけたまわります。
B: 8月10日から3泊できるシングル部屋がありますか。
A: 少々お待ちください。. . . その期間中シングル部屋は満室です。割引料金のシングル利用でのツイン部屋はいかがですか。
B: 料金はおいくらですか。
A: 1人150ドルです。
B: けっこうです。よろしくお願いします。

**質問:** 女性はこのホテルでいつから滞在し、どんなタイプの部屋を取ろうとしていますか。

**解 説** 滞在予定日の「数字」(August 10th) および、シングル部屋が利用できないので「ツイン部屋」(twin room) を予約すること。この「数字」と「部屋の種類」を正確に聴解することが問われる。正解は **a**)「彼女は8月10日、このホテルのツイン部屋に滞在を始めます」。

One moment, please.「ちょっとお待ちください」Just a moment, please. または Wait a moment, please. などとも言う。/ capacity〈名〉「(建物・乗物の) 収容能力」。(be) filled to capacity「満員である」: The hall is filled to capacity.「ホールは満員である」/ How about . . . ?「. . . してはいかがですか」(= What about . . . ?): How about a cup of coffee?「コーヒーを一杯いかがですか」(= Why don't you have a cup of coffee?) / occupancy〈名〉「占有」。at a reduced single-occupancy rate「シングルで占有する割引料金で」。double occupancy「二人相部屋」: The price is as low as $85 per person double occupancy.「値段は二人相部屋で一人85ドルの安さです」/ What's the (room) rate?「(部屋) 料金はいくらですか」How much is the room? または How much does the room cost? とも言う。What is the price of the room? とは言うが、How much is the price of the room? とは言わない。/ I'll take it.「それをいただきます」(= I'll have it.) 物を「買う」、部屋を「予約する」、または飲食物を「もらう」時などに用いる慣用表現である。I'll take that dress [this single room].「あのドレス [このシングル部屋] をください」

以下、いずれもホテルの「滞在の日取り」と「部屋のタイプ」が正しくない。

b)「女性は8月11日、このホテルのダブル部屋に滞在を始めます」

c)「女性は8月13日、このホテルのトリプル部屋に滞在を始めます」

d) 「女性は8月14日、このホテルのシングル部屋に滞在を始めます」

**(73)** A: いらっしゃいませ。
B: 個室のダイニングルームがありますか。
A: はい。10人から20人まで入れる小さな宴会部屋がございます。
B: けっこう。7月15日には部屋は空いていますか。
A: 何名様ですか。昼食それとも夕食ですか。
B: 夕食です。午後7時に16人です。
A: 承知しました。お名前をうかがえますか。
B: 佐藤氏の名前で予約していただけますか。
A: 承知しました。お越しをお待ちしております。

**質問：** この宴会部屋は何人収容可能ですか、また客は夕食を何人分予約しましたか。

解　説 「10人から20人を収容する宴会部屋」(banquet room accommodating 10 to 20 people)、そして「16人分の夕食」(16 people for dinner) に関する正確な「数字」を聴解することが問われる。正解は **c)**「客は10人から20人まで入れる宴会部屋で、16人分の夕食を予約した」。

banquet〈名〉「宴会」: hold [give] a banquet「宴会を催す」/ accommodate〈動〉「(レストラン、ホテルなどが客を) 収容する; (乗物が乗客を) 乗せる」: This restaurant can accommodate seventy customers.「このレストランには70名が入れる」/ reservation〈名〉「(部屋・座席・切符などの) 予約」: Will you arrange for my hotel reservation?「ホテルの予約を手配していただけますか」/ look forward to＋(doing)「(〜するのを) 楽しみに待つ」: I've been looking forward to meeting you.「お会いできるのを楽しみにしていました」/ customer〈名〉「顧客、利用客」: The customer is always right.「お客様は神様です (客は常に正しい)」/ book〈動〉「予約する」(= reserve; make a booking): Book [Reserve] me a room at the hotel, please.「そのホテルに予約してください」(= Book [Reserve] a room for me at the hotel, please.)

以下、いずれも宴会部屋の収容また予約に関する「人数」、あるいは「食事」の種類が正しくない。

a) 「宴会部屋は10人から15人まで収容でき、客は夕食に16人分を予約した」宴会部屋の収容人数が違う。

b) 「宴会部屋は10人から20人まで収容でき、客は昼食に16人分を予約した」食事の予約は夕食であって昼食ではない。

d)「客は、10人から20人収容できる宴会部屋でとる夕食に20人分を予約した」夕食の予約人数が違う。

**(74)** A: 革靴を探しています。上段の棚にある靴を見てもいいかしら。
B: どうぞ。色合いについては特にお考えがございますか。
A: 白がいいわ。
B: 承知しました。この靴はいかがですか。
A: 良さそうね。この靴は革製かしら。
B: 革です。サイズはどのくらいですか。
A: アメリカのサイズについてあまりよく知らないの。普段日本で履いているのはサイズ23だけど。
B: それでしたら、アメリカでは5サイズ半でしょう。
A: ありがとう。

**質問:** 女性は靴店でどのような靴を買おうとしていますか。

**解 説** 靴が置かれている「場所」と「靴の色」に関する問題である。彼女の求めるのは「上段の棚にある靴」(the shoes on the top shelf) でしかも「白色の靴」(white color) であることを把握することが問われる。正解は **a**)「彼女は上段にある白色の革靴を買おうとしている」。

(I'm) look (ing) for (〜)「(〜を) 探す」場所・物などを探す時の決まり文句である。/ leather (shoes)「革 (靴)」: Shoes are made of leather.「靴は革で作られている」/ have (〜) in mind「(〜を) 考えている」: What kind of color do you have in mind?「どのような色をお考えですか」店員の客に対する決まり文句である。/ I'd like to have white (shoes).「白色の靴をお願いします」cf. have「(物を選んで) 買う」(= buy)。I'll have it. とも言い、顧客が物を買う意志がある時に用いる。I'll take it. とも言う。/ look〈動〉「(ある状態に) 見える」She looks happy [sad].「彼女は幸せそう [悲しそう] に見える」/ I'm sure of (〜)「(〜を) 確信している」I'm sure of his success.「彼はきっと成功すると思う」

以下、いずれも靴の「サイズ」または「置き場」が正しくない。

b)「女性は日本での5サイズ半の白色の靴を探している」日本ではサイズ23である。

c)「女性は米国でのサイズ23の白色の靴を探そうとしている」米国では5サイズ半である。

d)「女性は中段にある白色の靴を見つける」彼女の求める靴の所在は中

段ではなく上段である。

**(75)**　A:　はい、英国海峡を通過する明日の旅行用の切符です。
B:　ああ、本当に楽しみにしていました。
A:　9時54分にウォータールー駅を出発し、13時45分つまり午後2時15分前にパリの北駅に到着します。
B:　パリに着くまでの所要時間は正味約4時間ですか。この列車は速かったと思いました。
A:　いいえ、実際は時差があるので、それよりは1時間少ないのです。フランスは英国より1時間早いのです。

**質問:**　この列車旅行は、どのくらいの時間がかかりますか。

解　説　「数字」(three hours / four hours) の聴解力と簡単な「時差」(four hours−one hour = three hours) の計算力が問われている。英国を9時54分に出発し、フランス（パリ）に13時45分に到着する。所要時間は約4時間であるが、フランスは英国より「1時間早い時差」がある。したがって「3時間」となる。正解は **c)**「3時間かかります」。

Here are ～.「(ほら) ここに」。Here is [Here's] your book.「ここにあなたの本があります」。相手の「求めているもの」を示す時の慣用表現である。相手に「物を渡す」時の慣用表現として、Here you are. または Here it is. (はい、ここにあります) がある。/ look forward to＋〈名〉「(～を) 楽しみに待つ」: I'm looking forward to your visit tomorrow.「あなたが明日来るのを楽しみにしています」/ get to＋(場所)「(～に) 着く、(～に) 達する」(= reach, arrive at): How can I get to your hotel?「君のホテルへはどう行けばいいのですか」/ time difference「時差」(= difference in time): the time difference between England and France「イギリスとフランスの時差」/ ahead of (～)「～より進んで、～より前に」(時間): Japan is three hours ahead of us.「日本はここより3時間進んでいる [早い]」⇔ behind. cf. go ahead of「～の先に進む」: Please go ahead of us.「どうぞお先に」

以下、いずれも「時間」に関して正しくない。

a)「4時間かかる」英国とフランス間の所要時間は4時間というのは、時差を考慮していない。

b)「2時間15分かかる」フランスの到着時間 (2時15分前) と混同しないこと。

d)「3時間15分かかる」列車の所要時間とは無関係。

**(76)**　A:　ブータンへのツアーを選びたいのですが、旅行会社について何か助言をいただけますか。

B:　よく知りませんが、できれば現地の旅行会社、あなたが希望する類のツアーを専門に扱っているところを利用するほうがよいでしょう。実際、そうすべきだと思います。自分で査証を取ることはできません。ところで、何をしたいのですか。

A:　トレッキングをしたり、観光をしたり、現地の文化を見聞したいのです。大きな旅行会社のほうが安全ではないですか。

B:　ブータンに関しては、必ずしもそうとは言えません。ご存じのように、観光産業に関して政府は大変慎重に監督していますので、ご心配は無用です。ウェブを調べて、そこの情報を見てください。

**質問:**　女性はどのような旅行会社を推薦していますか。

解　説　男性がブータン観光のための旅行会社に関する助言、つまり「大きな旅行会社 (a large tour company) のほうが安全ですか」と聞いている。これに対して、女性は「ブータン観光に関しては、必ずしもそうとは言えない」(Not necessarily for Bhutan.) と返答している。したがって、地元で希望するツアーを専門に取り扱う「小規模な旅行会社」を推薦していることを把握することが問われる。正解は **b)**「地元の小さな旅行会社」。

Bhutan「ブータン」インド北東部ヒマラヤ山中の王国。/ specialize (in)〈動〉「専門にする」: This restaurant specializes in Indian cuisine.「このレストランはインド料理専門です」/ not necessarily「必ずしも . . . でない」(部分否定): Large hotels are not necessarily comfortable to stay in.「大きなホテルは必ずしも宿泊が快適だとは言えない」

以下、いずれも会話の中で推薦している「会社」ではない。

a)「大きな国際観光旅行会社」

c)「インターネット会社」自分でインターネットを調べることは助言している。

d)「国営会社」国は観光産業に関して厳しく監督している。government-owned〈形〉「国営の」

**(77)**　A:　吉田氏とお話したいのですが。

B:　申し訳ございませんが、今しがた出かけたばかりです。どなた様でいらっしゃいますか。

A:　ABC 会社の野村です。

B:　何かご伝言がございますか、それとも戻り次第電話をかけさせましょうか。

A:　今公衆電話からです。また電話をかけなおします。

B:　承知しました、野村様。電話のあったことをお伝えいたします。

A:　ありがとう。

B:　どういたしまして。

**質問:**　野村氏は秘書に対してどのようなことを話しましたか。

**解　説**　ポイントは、野村氏が秘書に「彼 (吉田氏) にまた電話をかけなおす」(I'll try to call him again.) と言ったのを把握することである。これに対して秘書は「電話のあったことを伝える」と返答しているだけである。正解は **d**)「彼は吉田氏にもう一度電話をかける、と秘書に言った」。

step out「外へ出る；(ちょっと) 席をはずす」本文 He has just stepped out for a moment. は、He is out [not here] right now. (彼は今不在です) のことである。/ for a moment「しばらく」: Won't you come in for a moment?「ちょっと寄ってくれますか」/ Who is this calling, please?「どちら様でしょうか」Who's calling, please? または Who is this? (くだけた表現) とも言う。Who are you? は失礼である。/ call (up)〈動〉「電話をする」(=〈英〉ring): Please call [ring] me up tonight.「今晩電話をください」/ This is Mr. Nomura speaking.「こちらは野村です」。単に Nomura speaking. とも言う。/ leave a message「伝言を残す」: Would you care to leave a message?「何かお言づけでもありますか」cf. take a message「伝言を受ける」: Shall I take a message?「お言づけをうかがいましょうか」/ have him call (you)「彼に電話をさせる」: Shall I have him call you back?「こちらからかけさせましょうか」cf. have + O + C (動詞原形)「〜に . . . させる」/ pay phone「公衆電話」(= public phone)/ I'd appreciate it.「ありがたい」(= Thank you very much.)。I'd appreciate your kindness.「ご親切ありがとう」

以下、いずれも秘書との会話内容ではない。

a)「彼は伝言をすると秘書に言った」伝言は依頼していない。

b)「彼は秘書に対して吉田氏に電話をかけさせてほしいと頼んだ」吉田氏に電話するように頼んでいない。

c)「彼は無料連絡電話から電話をかけていると秘書に言った」無料連絡電話ではなく、公衆電話を使用している。courtesy phone「無料連絡電話」。空港などで見られる電話で、ホテルに無料で電話がかけられるように設けられている。

**(78)** A: 今晩の席はありますか。

B: そうですね、2階正面の特等席が数枚と2階のさじき席は多数残っています。

A: 2階正面席はおいくらですか。

B: 22ポンド50です。

A: 2階のさじき席はいくらですか。

B: ずっと安くて、14ポンドです。でも2階正面席を特におすすめします。眺めも音響もはるかにすばらしいです。

A: いいわ。2階正面席を2枚ください。ショーの開始時間は何時ですか。

B: 7時きっかりです。

**質問:** 女性は係員と何について話していますか。

**解 説** 劇場の切符売り場で女性が係員と会話を交わしている。「今夜の座席の有無」(Do you have seats for tonight?) と「座席の値段」(How much are dress circle seats?) について聞いている。この2点を正確に把握することが問われる。正解は **a**)「女性は劇場の座席の値段を係員に尋ねています」。

dress circle「(劇場の) 特等席」2階正面席のことで、以前はこの席で見る客は evening dress (夜会服) を着る習慣があった。/ balcony「(劇場の) 2階さじき」1階以外のひな壇式さじきのことで、英国では upper circle、米国では dress circle をさす。/ view〈名〉「(一定の場所で目に入る) 眺め」: The balcony commands a splendid view.「そのバルコニーからの眺めはすばらしい」/ sound〈名〉「音、音響」

以下、いずれも係員との会話内容ではない。

b)「女性は特等席の3席について聞いた」

c)「係員は女性に列車の切符について説明した」

d)「係員は女性に航空券について話した」

**(79)** A: 彼女の体調はどうですか。

B: かなり悪いですよ。

A: 起きられないのですか。

B: 起きられるとは思いません。彼女は左の足と腕をひどく折ったようです。

A:　回復にはどのくらいかかりますか。
B:　今お知らせすることはできません。というのも、応急手当をしただけでもっと詳しく調べる必要があります。
A:　事故について家族にはすぐに知らせるべきでしょうか。
B:　そのようになさっても、けっこうです。

**質問：** 彼女の体調が悪いのはどこですか。

解　説　彼女は「左の足と腕をひどく骨折した」(She broke her left leg and arm rather badly.) こと、しかもそれは「事故」( . . . about the accident) であることに気づくことが問われる。正解は **d)**「事故でひどい負傷をした」。

condition〈名〉「健康状態」：the poor condition of one's health「健康状態がよくないこと」/ recover (from)〈動〉「(病気から) 回復する」(= get over, get better)：Have you recovered from [got over] your cold yet?「もう風邪は治りましたか」cf. recovery〈名〉「回復」/ first-aid treatment「応急手当」cf. first-aid kit [case, box]「救急箱」/ check〈名〉「検査、点検」：We must make a check on a report.「報告をチェックしなくてはいけない」

以下、いずれも「病状」に関して正しくない。

a)「彼女は倒れて、意識不明になった」lose consciousness「意識不明になる」

b)「旅行中、彼女は腕と足を捻挫した」捻挫ではなく、骨を折った。sprain one's leg「足を捻挫する」

c)「彼女はひどい胃痛である」a sharp pain in her stomach「ひどい胃痛」

**(80)**「446 便デンバー行きの優先搭乗をまずはご案内申し上げます。お身体の不自由な方、お年寄りの方、また小さなお子様をお連れの方は、ただいまご搭乗ください。ゲート近くにいらしたら、係員に手渡すことができるように搭乗券をご用意ください」

**質問：** 名簿にある乗客で、今すぐに飛行機に搭乗すべき人は誰ですか。

解　説　放送では 3 種の乗客が案内されている。「身体の不自由な人」(persons with disabilities)、「高齢者」(senior citizens)、それに「子供同伴者」(anyone traveling with small children) である。選択肢にある a passenger in a wheelchair (車椅子の乗客) とは、disabilities (身体障害) をもった人だと理解することがポイントである。正解は **d)**「車椅子の乗客」。

priority〈名〉「優先（権）」: priority seat「優先席」電車やバスなどの乗物にある身体障害者や老人などのための座席のこと。「シルバーシート」は和製英語である。/ persons with disabilities「身体障害者」(= the disabled)。the physically handicapped persons とも言う。⇔ the mentally handicapped persons（精神障害者）/ senior citizen「高齢者、お年寄り（婉曲的な表現）」社会の第一線から引退した65歳以上の老人（高齢の年金生活者）のこと。/ boarding card「搭乗券」/ attendant〈名〉「（公共施設などの）係員、サービス係」ここでは搭乗ゲートの「係員」のこと。機内に勤務する係員は flight attendant（客室乗務員）と言う。/ approach〈動〉「近づく」: Our flight is approaching Boston.「飛行機はボストンに近づいている」

以下、いずれも「放送内容」では触れていない。

a）「若いカップル」

b）「パイロットと乗務員」crew「（飛行機・列車などの）乗務員；（船の）船員」: air crew「航空機の乗務員」。train crew「列車乗務員」（日本の新幹線の乗務員の腕章にこの英語が見られる）。a crew member「一人一人の乗組員」(= a member of the crew)。Crew Only.「乗務員以外立ち入り禁止」（掲示）

c）「ファーストクラスの乗客」

## 演習問題

### 《演習 9》

Listen to the conversations from (1) to (10) and choose the most appropriate answer for the question following each conversation from among the four alternatives: a), b), c) and d). Blacken the letter of your answer on the answer sheet. The conversations and the questions will be spoken twice.

(1)
a) Pick up his baggage in Ottawa.
b) Go through immigration and customs.
c) Ask someone for directions to the monitors.
d) Buy another ticket.

(2) a) A housekeeper.　b) A banquet manager.
c) A maître d'hôtel.　d) A bell captain.

(3) a) Okonomiyaki.　b) Tempura.
c) Kaiseki dishes.　d) Shojin dishes.

(4) a) 1:30.　b) 2:30.
c) 10:20.　d) 9:40.

(5) a) She asked the driver how to walk to the museum on foot.
b) She asked the driver when she should get off.
c) She asked the driver how much the fare cost.
d) She asked the driver if she should transfer at the third stop.

(6) a) Two flight attendants.
b) A guide and a flight attendant.
c) Two bus guides.
d) A guide and a driver.

(7) a) It is situated on Richmond Street, next to a park.
b) It is situated on Dowel street, adjacent to a parking area.
c) It is located on Dowel Street, across from a park.
d) It is located on Dowel Street, near a parking area.

(8) a) Because the weather is really nice.
b) Because there is nothing else to do.
c) Because the instructor insisted.
d) Because visibility should be good.

(9) a) By listening to the guide.
b) By reading the brochure.

c) By listening to the audio guide.
d) By watching the monitor.

(10) a) Cool and windy.
b) Clear and warm.
c) Cloudy with occasional rain.
d) Mostly sunny but with periods of cloud and rain.

## 解答と解説

### 《演習 9》

［放送の内容］

(1) A: Excuse me, miss. I have to find my connecting flight. I'm going to Ottawa.

B: OK. There's a Transfer Desk just as you come inside. If you don't see it, ask someone. You can also see the monitors with information about all departing flights.

A: Do I have to pick up my luggage here, or can I pick it up in Ottawa?

B: The flight to Ottawa is local so you have to go through immigration, get your baggage and go through customs here first.

**Question:** What does the passenger have to do before getting on the connecting flight?

(2) A: How long do you think it'll take to get the bags to all the rooms?

B: Well, we've got two people working on it now and one more should be here to help in a minute.

A: I'm a little worried about making our dinner appointment.

B: Well, we'll go as fast as we can.

A: Oh, and please be careful. There are two Suzukis on the list but they're in different rooms.

**Question:** Who is the tour conductor talking with?

(3) A: It's a lovely restaurant. The chefs stand behind the counter and deep-fry shrimps, small fish, eels, and lots of different vegetables in this really light batter.

B: How do you eat things?

A: You eat things after you dip them in a sauce.

B: A thick sauce?

A: No, it's really light, with some kind of radish or something in it.

**Question:** What are they going to eat?

(4) A: Is this the train for Hamburg?

B: Yes.

A: Do you know if it stops in Bremen?

B: I believe it does. Just a . . . Yes, it does, at about half past two.

A: What time does it depart?

B: It'll be leaving in a few minutes, at twenty to ten.

**Question:** What time will the train reach Bremen?

(5) A: I'd like to go to the museum. Is this the right bus?

B: Yes. You'll have to transfer at the third stop.

A: Okay. Thank you.

B: You'll need exact change.

A: I've got it here. What should I do, here?

B: You only have to put your money in the fare box. Take this piece of paper. Now don't lose that. That's your proof of payment and your transfer.

A: Can you tell me when to get off?

B: Sure.

A: Thank you.

**Question:** What did she ask the driver?

(6) A: Good morning, Jim. So is everyone on board?

B: I counted thirty-seven.

A: So I guess we're still two short. Do you mind waiting for another few minutes?

B: I don't mind, but traffic is getting worse. I'm not sure I can get you to the hotel by the time listed on the itinerary.

**Question:** Who is speaking?

(7) A: Is there a bank near here?

B: It's kind of far . . . .I'd take a taxi.

A: I don't mind going on foot.

B: All right. . . . It should take you about twenty minutes. The bank is on Dowel Street, just straight down this way. It's between King and Richmond Streets. It faces a park on the other side of the street.

A: So, I just go straight down this way, cross King Street and Richmond Street and I'll see it on the . . . .

B: On the left, but you only cross King Street. Don't cross Richmond.

**Question:** Where is the bank located?

(8) A: There are snorkeling lessons down on the beach today. You want to come?

B: It's too cloudy, and it's a little chilly. And I was thinking of playing tennis. Will you be able to see anything?

A: The instructor said underwater visibility is really good this time of year. Let's go.

B: Oh all right. Why not?

**Question:** Why does she agree to go snorkeling?

(9) A: Welcome to the Museum of Natural History.

B: Thanks. Do you have guided tours? Or audio tours . . . you know, that I can carry around with me as I look at things?

A: No, just brochures with the floor plan of each section and a description of the main exhibits. Please take one.

B: Well, if that's all you have . . .

**Question:**　How will the tourist get information about the items on display in the museum?

(10)　We are expecting partly sunny weather with a high of fourteen degrees today. But the wind should continue picking up strength, with strong gusts expected most of the day before they calm down again by early evening. Well, Sunday looks better so you may want to hold off on your plans for a bit.

**Question:**　What is the weather forecast for today?

■解　答■　(1)–b)　(2)–d)　(3)–b)　(4)–b)　(5)–b)　(6)–d)　(7)–c)　(8)–d)　(9)–b)　(10)–a)

(**1**)　A:　すみません。私が乗る接続便を捜さなくてはいけないのです。オタワまで行きます。

B:　わかりました。中にお入りになれば、乗継便カウンターがございます。おわかりにならない場合、誰かにお尋ねください。すべての出発便の情報を表示したモニターでもご覧になれます。

A:　私の手荷物はこの地で受け取りますか、それともオタワで受け取りますか。

B:　オタワ行きの便は国内線ですので、入国審査を通過し、手荷物を取り、まずは当地の税関を通過してください。

**質問:**　乗客は接続便に乗る前に何をすべきですか。

解　説　乗客がオタワに行く途中、飛行機を乗り継ぐ前に「何をすべきか」を理解することである。オタワ行きの便は「国内線」(local) なので、乗継便に乗る前に「入国審査」(immigration) と「税関」(customs) を通過することが問われる。正解は **b**)「入国審査と税関を通過する」。

connecting flight「接続便」/ Ottawa「オタワ」カナダのオンタリオ州南東部にある首都 / Transfer Desk「乗継便カウンター」/ monitor「(テレビの) モニター」/ departing flight「出発便」⇔ arriving flight (到着便) / pick up「(荷物を) 受け取る」/ go through (immigration)「(入国審査を) 通過する、通り抜ける」(= pass through)。入国審査または税関を通過する時などに用いる観光用語である。Please go through customs.「税関を通ってください」

以下、いずれも会話の内容とは合致しない。

a)「オタワで手荷物を受け取る」

c)「モニターへの行き方を誰かに聞く」誰かに聞くのは、乗継便カウンターの場所であって、モニターへの行き方ではない。

d)「他の切符を買ってください」

(**2**) A: 荷物を全室に届けるのに、どのくらいの時間がかかると思いますか。

B: そうですね、現在ここで2人働いていますし、少しすればもう1人もここに手伝いに来ることになっています。

A: 夕食の予約について少し心配しているのですが。

B: それでは、できるだけ早く対処します。

A: ああ、でも気をつけてください。リストには2人の鈴木さんがいますが、この方々の部屋は別々です。

**質問:** 添乗員が話しているのは誰ですか。

**解　説** まずはホテルにいることを理解すること。次に添乗員が「荷物を全室に運ぶ所要時間」を尋ねていること、「別々の部屋に宿泊する鈴木が同姓で2名いること」を注意していることを聞き取る。つまり会話のポイントは「荷物の運搬」に関する内容であり、その任務は「ベル・ボーイ」またその長である「ベル・キャプテン」である。正解は **d**)「ベル・キャプテン」。

bell captain「(ホテルの) ベル・キャプテン、ボーイ長」bellboy (ボーイ) の責任者である。/ be worried (about)「心配する」: He is worried about his sick friend.「彼は病気の友人のことを心配している」/ appointment「予約」/ as (fast) as one can「できるだけ (早く)」(= as fast as possible): Please come to my hotel as soon as you can.「できるだけ早く私の泊まるホテルに来てください」

以下、いずれも会話とは無関係である。

a)「(ホテルの) 客室係の責任者; メイドの責任者」ホテルの客室の清掃・整備・管理を統括する責任者のこと。

b)「宴会責任者」ホテル・レストランなどの宴会を統括する責任者のこと。

c)「ホテルの支配人[経営者]」この単語は「レストランの給仕長」(= headwaiter) の意味もある。

(**3**) A: 素敵なレストランですね。料理人がカウンターの向こうに立ち、小エビ、小魚、鰻、それからいろいろな種類の野菜に軽い練り

粉 (衣) をつけて、油で揚げています。

B: どのように食べますか。

A: ソース (天つゆ) につけて食べるのです。

B: 濃いソースですか。

A: いいえ、軽いソース (天つゆ) で、大根おろしのようなものなどが入っています。

**質問:** 彼らが食べようとしているのは何ですか。

**解　説** 「天ぷら」を説明する時に用いるいくつかのキーワードを理解することが問われる。「油をたっぷり使って揚げる」(deep-fry) こと、「揚げ物用に用いる小麦粉や卵などを混ぜた軽い練り粉［こねもの］(衣)」(light batter) をつけること、また「軽いソース (天つゆ) につけて食べる」ことである。正解は **b**)「天ぷら」。補足説明: *Tempura* is a variety of deep-fried seafood and vegetables. The ingredients are dipped in the batter of white flour mixed eggs, and deep-fried in vegetable oil.

以下、会話の趣旨とは無縁である。日本文化の紹介の一環として、その表現を併せて学習しよう。

a)「お好み焼き」A Japanese-style flat pancake made from batter with bits of meat, seafood, egg and chopped vegetables.

c)「懐石料理」Tea-ceremony dishes. The formal simple dinner served before drinking pasty green tea at a very formal tea ceremony.

d)「精進料理」Vegetarian dishes for those who abstain from fish and meat, first developed in temples.

(**4**) A: この列車はハンブルク行きですか。

B: はい、そうです。

A: ブレーメンに停車するかどうかわかりますか。

B: きっと停車します。ちょうど . . . そうね、2 時半ごろに停まります。

A: 何時に出発しますか。

B: 出発時間は数分後、10 時 20 分前です。

**質問:** 列車がブレーメン駅に到着するのは何時ですか。

**解　説** 「ハンブルク行きの列車」と「ブレーメンの到着時間」を把握すること、また「到着時間」と「出発時間」とを区別することである。難解な単語や語法はないが、「数字」を的確に把握することが問われる。正解は **b**)「2 時 30 分です」。

Hamburg「ハンブルク」伝統あるドイツ第2の都市。エルベ川河口の国際貿易都市・港である。/ Bremen「ブレーメン」ドイツの都市。ハンブルクに次ぐ貿易港である。メルヘン街道の出発点でもある。/ depart〈動〉「出発する」leave, start よりは形式的である。⇔ arrive（到着する）。The plane departed for [from] Boston.「飛行機はボストンに向けて［を］発った」cf. departure〈名〉「出発」

以下、いずれも会話で述べられている「数字」とは無関係である。

a)「1時30分です」

c)「10時20分です」出発時間（10時20分前）と混同しないことである。

d)「9時40分です」

**(5)**　A:　博物館に行きたいのですが、このバスでいいのですか。
B:　はい。3つ目の停留所で乗り換えなくてはいけませんよ。
A:　わかりました。ありがとう。
B:　釣り銭のいらないようにしてください。
A:　ここにありますが、どうすればいいのですか。
B:　料金箱にお金を入れさえすればいいんです。この紙を取って。なくさないようにね。支払いの証明と乗換券です。
A:　いつ降りるか教えてくれますか。
B:　いいですよ。
A:　お願いします。

**質問：**　女性は運転手に何を聞きましたか。

**解　説**　女性は海外でバスに乗ることが不慣れなので、運転手にバスの降りる時を教えてくれるよう頼んでいる（Can you tell me when to get off?）状況を把握することが問われる。正解は **b)**「女性はバスからいつ降りるかを運転手に聞きました」。

right〈形〉「正しい」: Is this the right address?「この住所は正しいのですか」。Is this the right（名詞）?（〜は正しいですか）の表現に慣れること。/ transfer〈動〉（from A to B）「（A から B に）乗り換える」cf. transfer〈名〉「乗換券［切符］」米国ではバスや電車など同じ公団経営のものは「乗換券」がもらえる。料金箱にコインあるいはトークンを入れて、運転手に "Transfer, please." と言えば渡してくれる。アクセントは、名詞は「前」、動詞は「後」にある。アクセントの「名前動後」/ exact change「ちょうどの代金、きっかりの小銭」: She gave the shopkeeper the exact change.「彼女は店主にちょうどの代金を渡した」/ fare box「料金［運賃］箱」/ proof〈名〉「証拠、証明」cf. prove〈動〉「証明する」

以下、いずれも会話の内容と合致しない。

a）「女性は運転手に博物館への徒歩での行き方を聞いた」彼女が聞いたのは、乗ったバスが博物館に行くかどうかである。

c）「女性は運転手に運賃を聞いた」彼女が聞いたのは、料金箱への入れ方である。

d）「女性は運転手に3つ目の停留所で乗り換えるかどうかを聞いた」3つ目の停留所で乗り換えるべきと指示したのは運転手である。

**(6)**　A:　おはよう、ジム。全員乗車していますか。
　B:　数えたところ、37名だよ。
　A:　そうだとすれば、まだ2名いないわ。あと数分待ってもらえますか。
　B:　かまわないけど、交通状況がますます悪くなるよ。旅程に載っている時間までにホテルに着くかどうかはわからないね。

**質問:**　話し合っているのは誰ですか。

解 説　まず会話の内容は「観光バス」（sightseeing bus）であること。ジムという名前の男性は「バス運転手」であり、話し相手の女性は「ガイド」と理解することが問われる。正解は **d**）「ガイドと運転手」である。

count〈動〉「（数を）数える」: Don't forget to count the change.「おつりを忘れずに数えなさい」/ short〈形〉「（数量が）不足の」: I need thirty dollars, but I'm ten dollars short.「30ドル必要だが10ドル不足です」（= I'm short by ten dollars.）/ Do［Would］you mind＋(doing)?「（～して）くれますか」: Do you mind closing the window?「窓を閉めてくださいますか」。ちなみに、「肯定」（いいですよ）の場合、No, not at all.; Certainly not.; Of course not. または Sure.; Certainly.; Of course. とも言う。「否定」（いいえ、困ります）の場合、I'd prefer it if you didn't. と言う。/ get worse「もっと［いっそう］悪くなる」: The weather is getting worse and worse.「天候はますます悪くなっている」/ itinerary〈名〉「旅（行日）程、旅行計画［表］」

以下、いずれも会話の中の「人物」ではない。

a）「2人の客室乗務員」

b）「ガイドと客室乗務員」

c）「2人のバスガイド」

**(7)**　A:　このあたりに銀行がありますか。

B:　どちらかと言えば遠いです。. . . 私ならタクシーを使うほうがいいですね。

A:　歩いてでもかまわないんですけど。

B:　そうですか。. . . だいたい 20 分ぐらいですよ。銀行は、この道をまっすぐ行ったドウェル街にあります。
キング街とリッチモンド街の間です。この道路の反対側の公園に面していますよ。

A:　それじゃ、この道をまっすぐ行き、キング街とリッチモンド街を越える、そうすれば . . .

B:　左側だけど、キング街だけを越えるのよ。リッチモンド街を越えないでね。

**質問：**　銀行の所在地はどこですか。

**解　説**　まず銀行はドウェル街にあること、通りの反対側の公園に面していることを的確に把握することが問われる。正解は **c**)「公園の向かい、ドウェル街にある」。

kind of「ある程度、いくらか」: I feel kind of cold.「少し寒い」/ mind + (doing)「(〜するのを) いやに思う」通例は否定文・疑問文で用いる。I don't mind having to wait for a while.「少し待つのならかまいません」/ on foot「徒歩で」: Let's go to the park on foot.「公園まで歩いて行こう」/ face〈動〉「面する」: The hotel faces the river.「ホテルは川に面している」

以下、いずれも会話の内容とは合致しない。

a)「公園の隣り、リッチモンド街にある」

b)「駐車場に隣接して、ドウェル街にある」。会話には駐車場はない。adjacent to「隣接した」: There is a parking lot adjacent to our hotel.「ホテルに隣接して駐車場がある」

d)「駐車場の近く、ドウェル街にある」

**(8)**　A:　今日、この先の海岸でシュノーケリングの講習があるんだけど、行きたくない？

B:　ずいぶん曇っているし、ちょっと寒いわ。で、テニスをしようと思っていたのよ。何か見られるのかしら。

A:　インストラクターが言うには、一年中でこの時期は、水中の視界は非常に良好だそうだ。行こうよ。

B:　ええ、いいわ。さあ、行きましょう。

**質問:**　女性がシュノーケリングに行く気になったのはどのような理由ですか。

解　説　ポイントは最後の箇所にあり、「水中の視界が良好である」(underwater visibility is really good) ことをしっかり把握することが問われる。正解は **d**)「視界が良好だからである」。

snorkeling「シュ[ス]ノーケリング」シュノーケルを用いて泳ぐこと。/ chilly〈形〉「うすら寒い」: I feel chilly.「寒気がする」/ underwater〈形〉「水中の」: an underwater camera「水中カメラ」/ visibility〈名〉「視界」: poor [bad] visibility「視界不良」。a visibility of one kilometer「1キロの視界」cf. visible〈形〉「目に見える」: Mt. Fuji is visible from the top of this building on a clear day.「晴天の日にはこのビルの屋上から富士山が見える」⇔ invisible (目に見えない) / Why not?「もちろん、喜んで; そうしよう」相手の提案に同意する表現である。Would you like some more beer?「もう少しビールはいかがですか」— Why not.「いただきますとも」。その他、次のような意味がある。〈1〉「なぜいけないの、いいではないか」相手の否定の言葉に反論する表現である。You shouldn't go out with her.「彼女と出歩いてはいけない」— Why not?「どうしてだめなのか」〈2〉「～してはどうですか」(= Why don't you ～?) 提案・勧誘の表現である。Why not [Why don't you] come and see me tomorrow?「明日うちに遊びに来ませんか」

以下、いずれも会話の内容とは合致しない。

a)「天候が非常に良いからである」天候は「曇り」(cloudy) である。

b)「他に何もすることがないからである」彼女は「テニス」をしようとしていた。

c)「インストラクターが強要したからである」インストラクターは強要していない。

**(9)**　A:　自然史博物館へようこそ。

B:　ありがとう。ガイド付きの見学はありますか。あるいは音声による見学 . . . つまり、展示物を見学しながら持って歩くものですが。

A:　ございません。各階のそれぞれの区画や主な展示物の解説が記載されたパンフレットだけです。1冊お持ちください。

B:　そうですね、もしあるのがそれだけなら . . .

**質問：** 見学者はどのような方法で博物館の展示物に関する情報を入手するのでしょうか．

解説 博物館の展示物に関する情報の入手法は、「主要な展示物を解説するパンフレット」(brochures with a description of the main exhibits) だと把握することが問われる。正解は **b**)「パンフレット[小冊子]を読むことによって(情報を得る)」。

guided tour「ガイド付き観光旅行、ガイド付き見学」本文では博物館なので、tour は「見学、一回り見て歩くこと」の意味である。Let's take a quick tour.「(建物内部などを)急いでざっと見て回りましょう」/ you know「ご存知でしょうが；えええと、あの、ねえ」文頭・文中・文尾に置いて、念を押すための表現である。She is a bit, you know, crazy.「彼女はちょっとね、頭がおかしいんだ」/ brochure〈名〉「パンフレット」(= pamphlet) / description〈名〉「(物品・計画などの)解説(書)、説明；記述」：a full [brief] description of the accident「事故の詳しい[手短な]説明」cf. describe〈動〉「描写する、特徴を述べる」/ items on display「展示中の品目」

以下、いずれも「情報を得る手段」ではない。

a)「ガイドの説明を聞くこと」

c)「音声ガイドを聞くこと」

d)「モニターを見ること」会話ではモニターに関する話題はない。

(**10**)「今日は、最高気温14度で時々晴れるでしょう。しかし、風は強く吹き続けます。そして宵のうちにおさまるまでは、日中は強風が予想されます。そうですね、日曜日は天気がよさそうですので、お出かけの計画は少し延ばされるほうがよいでしょう」

**質問：** 今日の天気予報はどうですか。

解説 「最高気温14度」(a high of 14 degrees)、「風が強く吹き続け」そして「突風」があることを正確に理解できるかが問われる。正解は **a**)「寒くて、風が強い」。

sunny〈形〉「(空が)晴れた、日が照る」：on a sunny day「晴れた日には」/ high〈名〉「最高記録」/ strength〈名〉「強さ、力」/ gust〈名〉「突風、一陣の風」/ calm down「(風・海が)静まる」/ hold off「延期する」：You had better hold off making a definite answer.「明確な返答を延ばすほうがよい」/ for a bit「少しの間」：Wait for a bit.「ちょっと待ってください」

以下、いずれも放送内容と合致しない。
b）「晴天で暖かい」
c）「時折雨模様の曇り」
d）「太陽が照ることが多いが時々曇りや雨である」

# 第 10 章　観光・旅行事情の問題

## 出題傾向

観光英語検定試験が実施されて以来、毎年出題されている。海外または国内の観光事情・旅行事情に関する比較的長い「英会話」または「解説文」が出題されていた。新ガイドラインでは「解説文」が出題されることになった。本章は「語学面」だけでなく、観光事情・旅行事情の一般常識を問う「教養面」に関する出題である。

**◆出題の形式**

例年、〔Part A〕と〔Part B〕の二つに分かれており、それぞれ 5 問ずつ、計 10 問の出題である。すべて「四肢択一」の客観問題である。

(1)　長めの「会話文」または「解説文」が放送され、続いて 5 つの質問が放送される。

(2)　ネイティブスピーカーによって 2 回英語で放送される。

(3)　質問の答えとして最適なものを、問題用紙に印刷された a)、b)、c) および d) のうちから 1 つ選ぶ。

**◆出題の内容**

最近の出題例を挙げておく。

〈1〉　海外観光事情

- アメリカ (西部・東部) の観光
- タスマニア (オーストラリア) の観光
- アムステルダム (オランダの首都) の観光
- ドバイ (アラブ首長国連邦) の観光

〈2〉　国内観光事情

- 白川郷と五箇山 (世界遺産) の観光
- 沖縄半島 (ひめゆりの塔・摩文仁の丘など) の観光
- 小笠原諸島 (世界遺産) の観光
- 奈良市内 (東大寺・薬師寺など) の観光

◎参考図書◎

『日本の観光』［英和対訳］(研究社刊、山口百々男著)

『和英：日本の文化・観光・歴史辞典』(三修社刊、山口百々男著)

## 出　題　例

### 【出題例 10】

Listen to the following descriptions〔Part A〕and coversations〔Part B〕, and answer the questions from (81) to (90). Choose the most appropriate answer for the questions following each description from among the four alternatives: a), b), c) and d). Blacken the letter of your answer on the answer sheet. The descriptions and the conversations and the questions will be spoken twice.

〔Part A〕

(81) a) five hours　b) six hours
c) seven hours　d) eight hours

(82) a) Los Angeles　b) New York
c) San Francisco　d) Hawaii

(83) a) 500 kilometers　b) 550 kilometers
c) 580 kilometers　d) 590 kilometers

(84) a) Hawaii　b) Los Angeles
c) San Francisco　d) New York

(85) a) Brooklyn　b) Bronx
c) Richmond　d) Manhattan

〔Part B〕

(86) a) These farmhouses are so called because they show arms grasped in prayer.

b) These farmhouses are so named because they resemble to show how to pray with hands.
c) These farmhouses are so mentioned because they are similar to fists grasped in prayer.
d) These farmhouses are so named because they look like hands folded in prayer.

(87) a) Because they are needed to equip lighting and ventilation for silkworm cultivation.
b) Because they have to restrain lightning and ventilation for silkworm production.
c) Because they have to remove lighting and ventilator for silkworm cultivation.
d) Because they are needed to provide adequate lighting and production for silk cloth.

(88) a) With a view to resisting heavy rainfall.
b) In order to oppose strong storm.
c) So as to stand against heavy snowfalls.
d) For the purpose of withstanding heavy hailstones.

(89) a) Fishing with well-trained heron.
b) Stork fishing.
c) Fishing with well-trained crane.
d) Cormorant fishing.

(90) a) In February and November.
b) In May and September.
c) In March and December.
d) In April and October.

## 解答と解説

**【出題例 10】**

〔Part A〕

**［放送の内容］**

After a flight taking only about five hours from Hawaii, you can reach the foggy city of *San Francisco*, with its many beautiful hills overlooking the waterfront. San Francisco reminds us of the Golden Gate Bridge, which is 2,780 meters long.

About 550 kilometers south of San Francisco lies the great industrial city of *Los Angeles*. The city has a warm climate and dry weather throughout most of the year. Modern freeways run in all directions, and the city also boasts of many beautiful tall buildings. In these respects it is a typical modern American metropolis. Los Angeles is also known throughout the world for its unique amusement park, Disneyland, and for Hollywood, the motion picture colony.

After you cross the vast American continent by transcontinental bus, train or jetliner, you reach the exciting city of New York on the east coast. *New York* is made up of the boroughs of Brooklyn, the Bronx, Queens, Richmond and Manhattan. The true heart of the city is Manhattan. It is the site of the headquarters of some of the largest industrial and commercial firms in the world. Their offices are located in majestic skyscrapers. Among these, the Empire State Building is one of the tallest.

**Questions:**

(81)　How long does it take to fly from Hawaii to San Francisco?
(82)　Where is the Golden Gate Bridge?
(83)　What is the distance between San Francisco and Los Angeles?
(84)　Where is the motion picture colony?
(85)　What is the true heart of the city in New York?

**■解　答■**　(81)－a)　(82)–c)　(83)–b)　(84)–b)　(85)–d)

**(81)**　「ハワイからサンフランシスコまでの飛行の所要時間はどのくらいで

すか」

解 説 本文では、“After a flight taking only about five hours from Hawaii, you can reach . . . San Francisco” (ハワイからたった5時間ほど飛行機に乗れば、サンフランシスコに到着する) と放送されている。正解は **a**)「5時間」。

(**82**) 「金門橋はどこにありますか」

解 説 本文では、“San Francisco reminds us of the Golden Gate Bridge” (サンフランシスコと言えば金門橋が思い浮かぶ) と放送されている。「金門橋の所在地」に関する知識が問われる。正解は **c**)「サンフランシスコ」。

(**83**) 「サンフランシスコとロサンゼルスとの間の距離はどのくらいですか」

解 説 本文では、“About 550 kilometers south of San Francisco lies the great industrial city of Los Angeles.” (サンフランシスコの南約550キロメートルのところに大産業都市ロサンゼルスがある) と放送されている。正解は **b**)「550キロメートル」。

(**84**) 「映画の街はどこにありますか」

解 説 本文では、“Los Angeles is also known . . . for Hollywood, the motion picture colony.” (ロサンゼルスは映画の都ハリウッドでよく知られている) と放送されている。映画の都ハリウッドの所在地に関する知識が問われる。正解は **b**)「ロサンゼルス」。

(**85**) 「ニューヨーク市の中心地は何と言いますか」

解 説 本文では、“The true heart of the city is Manhattan.” (この街の中心地はマンハッタンである) と放送されている。ニューヨーク市にある「5つの行政区」、特にその中心地の「地名」に関する知識が問われる。正解は **d**)「マンハッタン」。ニューヨーク市の行政区の1つで、商業・経済・文化の中心で国連本部がある。他の選択肢はいずれもニューヨークの行政区。

**[単語と語法]**

foggy city「霧の街」/ (hills) overlooking the waterfront「海岸沿いの土地を見下ろす (丘)」/ a warm climate and dry weather「温暖な気候と乾燥した天気」/ run in all directions「縦横に走る」/ boast (of) 〈動〉「誇りとする」: He boasted of winning [having won] the prize.「彼はその賞を受けたことを自慢していた」/ amusement park「遊園地」(=〈英〉funfair) / American continent「アメリカ大陸」/ transcontinental bus「大

陸横断バス」/ make up of「〜から構成する」(受身で用いることが多い。consist of とも言う):This drink is made up of wine and fruit juice.「この飲み物はワインと果汁で作られている」/ borough「(ニューヨーク市の)区」/ the headquarter of the industrial and commercial firm「商工業会社の本部」/ majestic skyscraper「壮大な摩天楼」

〔Part B〕

［放送の内容］

A: You have a variety of shrines and temples as well as beautiful seascapes in Japan. Do you have any traditional villages following a quiet life?

B: We have the historic villages of "Shirakawa-go and Gokayama" Districts, which have been designated as World Heritage Sites.

A: What are these villages famous for?

B: These villages are noted for their "Gassho-zukuri houses".

A: What is that?

B: "Gassho-zukuri" means a farmhouse with a steeply pitched roof, which is considered to resemble "Gassho", or "hands clasped in prayer".

A: I see.

B: The inhabitants have maintained their tradition of several families living together in these wooden farmhouses.

A: Why do they build such houses?

B: Good question. In these houses, the attic space was divided into two or three levels which were actively used for raising silkworms.

A: Is that so?

B: Large window openings in the gabled walls are needed to provide adequate lighting and ventilation for silkworm production.

A: That's interesting.

B: These houses are also able to withstand heavy snowfalls, as the tops of the roofs are constructed at steep angles.

A: Thanks for the information. Are there any other popular attractions in Gifu Prefecture?

B:　Gifu has two other popular attractions: One is cormorant fishing on the river Nagara-gawa, and the other is the Takayama Festival in Takayama City.

A:　What is special about this festival?

B:　The festival is held twice a year—in April and October. It features a parade of high-wheeled wagon floats, some of which are lavishly embellished with gold and decorated with elaborate carvings.

A:　I hope I can participate in this festival someday.

**Questions:**

(86)　Why are steep-sloping roofs of the farmhouses named as the “Gassho-zukuri”?

(87)　Why are the big window openings settled in the gabled walls?

(88)　Why are the tops of these house-roofs constructed at steep angles?

(89)　What is the popular attraction held on the river Nagara-gawa?

(90)　When is the Takayama Festival held?

**■解　答■**　(86)–d)　(87)–a)　(88)–c)　(89)–d)　(90)–d)

(**86**)「民家の急勾配のある屋根が「合掌造り」と言われる理由は何ですか」

**解　説**　本文では、“Gassho-zukuri” . . . is considered to resemble “Gassho”, or “hands clasped in prayer”.（合掌造りが手を合わせて祈る「合掌」に似ていると考えられている）と放送されている。日本の世界遺産である「合掌造り」の「呼称の事由」に関する知識が問われる。正解は **d**)「民家がそのように言われる理由は、手を合わせて祈る「合掌」に似ているからである」。look like「似ている」本文にある resemble（似ている）と同じ意味である。She looks like [resembles] her mother.「彼女は母親に似ている」/ hands folded in prayer「祈るために組んだ両手」、本文の hands clasped in prayer（祈るために握りしめた両手）と同じ意味である。

民家は以下のようではない。a)「民家は腕を組み祈る姿を表す」b)「民家は手を合わせて祈る方法を示すのに似ている」c)「民家はこぶしを握って祈る姿に似ている」

**(87)**　「大きな窓が切妻壁にある理由は何ですか」

解　説　本文では、"Large window openings in the gabled walls are needed to provide adequate lighting and ventilation for silkworm production."（切妻壁にある窓が大きいのは、養蚕のために適度な光と通風をあてがう必要があるからだ）と放送されている。正解は **a**)「その理由は、養蚕のために光と通風を供給する必要があるからである」。equip〈動〉「備え付ける、装備する」provide, furnish などと同意語である。/ silkworm cultivation「養蚕」silkwrom production と同じ意味である。

選択肢 a), b), c), d)に見られる単語を区別しよう。lighting（照明、光）と lightning（稲妻）、ventilation（換気、風通し）と ventilator（換気装置、通風孔[口]）、特に動詞 equip（備え付ける）、restrain（抑制する）、remove（除去する）、provide（提供する）の意味を理解することである。

次のような理由ではない。b)「養蚕のために稲妻と通風を抑制するためである」c)「養蚕のために光と通風孔を除去するためである」d)「絹布のために適切な光と生産を提供するためである」

**(88)**　「この家屋の屋根のてっぺんが急勾配で建造されている理由は何ですか」

解　説　本文では、"These houses are also able to withstand heavy snowfalls, as the tops of the roofs are constructed at steep angles."（この家屋は屋根のてっぺんが急勾配の角度で建造されているため、大量の積雪に耐えられる）と放送されている。「合掌造り」の「急勾配の屋根」に関する知識が問われる。正解は **c**)「大量の積雪に持ちこたえるためである」。stand against〈動〉「持ちこたえる」他の選択肢の動詞 resist, oppose, withstand と同意語である。

次のような理由ではない。a)「激しい雨量に抵抗するためである」b)「激しい台風に対抗できるためである」d)「激しいひょう［あられ］に耐えられるためである」ひょう（hailstone）に耐えるためではない。

**(89)**　「長良川で人気のある催しは何ですか」

解　説　本文では、"cormorant fishing on the river Nagara-gawa"（長良川の鵜飼い）と放送されている。「鵜」という鳥に関する英語の知識と同時に、「鵜飼い」という日本文化に関する教養が問われる。正解は **d**)「鵜飼い」。岐阜といえば「鵜飼い」（fishing with cormorants）が有名である。その歴史は古く、奈良時代から行われる由緒ある行事である。毎年5

月から10月にかけ、満月と増水時を除いて行われる。ちなみに、獲物は通常「アユ」である。

他の選択肢は「鳥」の種類が違う。a)「よく慣らされた鷺 (heron; egret) での漁」b)「コウノトリ (stork) での漁」c)「よく慣らされた鶴 (crane) での漁」

**(90)** 「高山祭りはいつ行われますか」

**解　説**　本文では、"The festival is held twice a year—in April and October."（この祭りは4月と10月の2回行われる）と放送されている。正解は **d**)「4月と10月に行われる」。「高山祭り」は高山地方を代表する年中行事である。4月に行われる日枝神社の「山王祭り」と10月に行われる櫻山八幡宮の「八幡祭り」という2社の例祭である。その特徴は「山車行列」である。

**[単語と語法]**

steeply pitched roof「急勾配の屋根」/ inhabitant「住民」(= dweller) / attic space「屋根裏空間」/ steep angle「急勾配の角度」/ feature〈動〉「特徴づける；呼び物にする」: The program will feature a famous actress.「その番組では有名な女優が呼び物である」cf.〈名〉「特徴、特色；呼び物」/ lavishly「惜しげなく、気前よく」/ embellish (with)「美しく飾る」/ elaborate carvings「豪華絢爛たる彫刻」

## 演習問題

### 《演習 10》

Listen to the following descriptions〔Part A〕and conversations〔Part B〕, and answer the questions from (1) to (10). Choose the most appropriate answer for the questions following each description from among the four alternatives: a), b), c) and d). Blacken the letter of your answer on the answer sheet. The descriptions and the conversations and the questions will be spoken twice.

〔Part A〕

(1)　a) about the same size as Hokkaido
　　b) about 80% the size of Hokkaido
　　c) roughly 240 square kilometers

d) almost the same size as Australia

(2) a) rare animals such as the Tasmanian devil
b) many freshwater fish
c) deep-sea fish
d) curious seagulls

(3) a) Because of its saltwater.
b) Because of the flows of the river.
c) Because of the fine weather around there.
d) Because of the deep forest.

(4) a) the place of unique animals
b) the sea that time forgot
c) the red bay
d) the place of preservation

(5) a) Tasman is the name of the European who found this island.
b) Tasmania is located off the east coast of Australia.
c) The depth of the bay is about 200 m.
d) The bay is located in Northwest Park.

〔Part B〕

音声12

(6) a) in the southernmost part
b) in the northernmost part
c) in the easternmost part
d) in the westernmost part

(7) a) in the early 15th century
b) in the middle 16th century
c) in the late 17th century
d) in the early 18th century

(8) a) male senior high school students and teachers
b) female senior high school students and teachers
c) male college students and teachers
d) female university students and teachers

(9) a) many dead senior high school students and teachers
b) many noted dead soldiers
c) many well-known dead civilians
d) many unknown war dead

(10) a) It is the site of the fiercest battle of the war.
b) It is the site of the beautiful scenery.
c) It is the site of many unknown war dead.
d) It is the site of traditional Ryukyu architecture.

## 解答と解説

### 《演習 10》

〔Part A〕

［放送の内容］

Tasmania is an island roughly 80% the size of Hokkaido in Japan, located 240 km off the southeast corner of Australia. The island, discovered by a European named Tasman, is the smallest state in Australia. Many unique and rare animals, such as the Tasmanian devil, attract many tourists from all over the world.

Recently, a very rare bay was discovered in this island. The bay is located in Southwest Park. People can reach this site only by ship. This quiet bay is called as 'the sea that time forgot', because many deep-sea fish that usually swim in 200 to 1,000 m seas are living at the bottom of the bay, though it's only 10 to 20 m deep. The most mysterious thing is the color and quality of the water. The color is red and the surface part is fresh water. The reason for this curious phenomenon is that the river flows include red color dirt which washes out over the surface of the bay. The red surface shuts down the sunlight, so the bottom is very comfortable for the deep-sea creatures. If you want to go there, it's impossible without permission of the government because the place is strictly preserved.

**Questions:**

( 1 )　How big is Tasmania?
( 2 )　What kind of creatures are living in the unique bay?
( 3 )　Why is the bay red?
( 4 )　How is the bay known by locals?
( 5 )　Which statement is correct?

■解　答■　(1) − b)　(2) − c)　(3) − b)　(4) − b)　(5) − a)

**(1)**「タスマニア島の大きさはどのくらいですか」

解　説　本文では、"Tasmania is an island roughly 80% the size of Hokkaido in Japan." (タスマニア島は日本の北海道の約80パーセントの大きさの島) と放送されている。「数字」を的確に聴解できることが問われる。正解は **b**)「北海道の約80%の大きさ」。他の選択肢はいずれも本文の内容と合致しない。

**(2)**「このユニークな湾には、どのような種類の生き物が生息していますか」

解　説　本文では、"many deep-sea fish that usually swim in 200 to 1,000 m seas are living at the bottom of the bay" (通常200から1000メートルの海で泳ぐ深海魚が多く湾の底に生息している) と放送されている。正解は **c**)「深海魚」。deep-sea〈形〉「深海の、遠洋の」: deep-sea fish「深海魚」。deep-sea fishing「遠洋漁業」

以下の動物・鳥類・魚介類は、この湾の生物として言及はない。a)「タスマニアデビルのような珍しい動物」the Tasmanian devil「タスマニアデビル」。夜行性で、肉食性の有袋類。b)「多くの淡水魚」freshwater〈形〉「淡水の、淡水に住む」(名詞の前に用いる): freshwater lake「淡水湖」⇔ saltwater (塩水の、海水の) d)「珍しいカモメ」curious〈形〉「奇妙な、物珍しい」

**(3)**「その湾が赤いのはなぜですか」

解　説　本文では、"The river flows include red color dirt which washes out over the surface of the bay." (川の流れが赤い色の土を含ん

でいて、その湾の表面をおおっている）と放送されている。正解は **b**）「川の流れがあるためである」。他の選択肢は本文では触れられていない。

(**4**)「地元の人々には、その湾はどのように知られていますか」

解説　本文では、"This quiet bay is called as 'the sea that time forgot'"（その静かな湾は「時が忘れ去った海」と呼ばれている）と放送されている。正解は **b**）。

本文には以下の内容はない。a)「ユニークな動物のいる場所」c)「赤い湾」d)「保護された場所」preservation〈名〉「保護、保存」cf. preserve〈動〉「保護 [保存] する」

(**5**)「正しい記述はどれですか」

解説　本文では、"The island, discovered by a European named Tasman"（タスマンという名前のヨーロッパ人によって発見された島）と放送されている。また消去法で検討すると、その解答が明白になる。正解は **a**）「タスマンは、この島を発見したヨーロッパ人の名前である」

消去法で検討してみよう。b)「タスマニアは、オーストラリアの東海岸沖にある」タスマニア島は、オーストラリア南東部の240キロ沖合にある。c)「湾の深さは約200メートルである」湾の深さは10〜20メートルである。d)「湾は Northwest Park にある」この湾は Southwest Park にある。

**[単語と語法]**

Tasmania「タスマニア」オーストラリア南東にある島で、オーストラリア最小の州 (state) である。珍しい動物（例：the Tasmaian devil）が生息する。4つの国立公園があり、島の総面積の5分の1にも及ぶ。世界最後の未開の島として知られ、氷河によって浸食された独特の景観があり、固有種の動植物も多い。ユネスコの世界遺産に登録されている。/ quality〈名〉「質、品質」cf. quantity〈名〉「量」/ phenomenon〈名〉(1)「現象」(複数形：phenomena), (2)「驚くべき人 [物]」(複数形：phenomenons) / creature〈名〉「生き物；（特に）動物」

〔Part B〕

**[放送の内容]**

A:　Okinawa Prefecture, located in the southernmost part of Japan, consists of about 60 islands. The largest island is Okinawa which has many splendid seascapes and beautiful subtropical plants.

Okinawa also has many places of historical interest.

B: I've once seen a picture of the beautiful Gate of Courtesy.

A: We call it *Shurei-no-Mon*, which is known as a symbol of Okinawa and as a fine example of traditional Ryukyu architecture. This gate is the ceremonial approach to *Shuri-jo Castle* which was said to be originally built in the early 15th century. The present gate was rebuilt in 1958 to the original design. This castle was designated as one of the World Heritage Sites in Japan in 2000.

B: I see. I've read a book describing Okinawa when I was a student.

A: As you know, Okinawa has many sites of the bloodiest battlefield in the Second World War, and many soldiers and civilians lost their lives there. We have *Okinawa Old Battle Field Quasi-National Park* located in the southern part of Okinawa. There are many monuments dedicated to people who died in World War II. And *Himeyuri-no-To* (Star Lily Tower) is dedicated to female senior high school students and teachers who died on this island as Japan's defeat became inevitable.

B: Are there any other war monuments?

A: Yes, there are. *Kompaku-no-To* (Tower of Kompaku) is the memorial site at the edge of a sea cliff which is dedicated to many unknown war dead. And *Mabuni-no-Oka* (Mabuni Hill) is the site of the fiercest battle of the war where many soldiers and civilians died on the beautiful bluff overlooking the sea. Many people come to pay their respects to the deceased in this memorial park full of war monuments.

B: We must include the motto of "No more Okinawa" in our prayers for peace.

**Questions:**

( 6 ) What part of Japan is Okinawa Prefecture located in?

( 7 ) When was Shuri-jo Castle originally built?

( 8 ) Who is Himeyuri-no-To (Star Lily Tower) dedicated to?

( 9 ) Who are buried in the Kompaku-no-To (Tower of Kompaku)?

(10) What is the historical site of Mabuni-no-Oka (Mabuni Hill)

well-known for in Okinawa?

**■解　答■**　(6)–a)　(7)–a)　(8)–b)　(9)–d)　(10)–a)

**(6)**「沖縄県は日本のどこに位置していますか」

解　説　本文では、“Okinawa Prefecture, located in the southernmost part of Japan”（日本の最南端にある沖縄県）と放送されている。正解は **a**)「(日本の) 最南端にある」なお、日本語の「東西南北」は英語では “north, south, east and west” と言う。

他はいずれも「方位」が違う。b)「最北端にある」c)「最東端にある」d)「最西端にある」

**(7)**「首里城は初めはいつごろ建造されましたか」

解　説　本文では、“Shuri-jo Castle which was said to be originally built in the early 15th century.”（首里城は初めは15世紀初頭に建造されたと言われている）と放送されている。正解は **a**)「15世紀初頭」

以下、いずれも「年代」が違う。b)「16世紀中期」c)「17世紀末期」d)「18世紀初頭」☆「首里城」は、2019年1月31日に火災が発生し、正殿、北殿、南殿が全焼した。1945年の沖縄戦に次いで歴史上5度目となった。政府は2022年に本格着工し、2026年復元を目指す。

**(8)**「ひめゆりの塔は誰に捧げられていますか」

解　説　「ひめゆりの塔」に関する知識が問われている。本文では、“Himeyuri-no-To (Star Lily Tower) is dedicated to female senior high school students and teachers who died on this island as Japan's defeat became inevitable.”（日本の敗北が避けられなくなった頃、当地で亡くなった女子高生と教師の慰霊碑である）と放送されている。正解は **b**)「女子高生とその教師」旧県立第一高等女子学校・沖縄師範女子部の生徒・教職員（204名）。負傷兵の看護をしていたが、最後に米軍に囲まれ、ほとんど全員が自決した。

**(9)**「魂魄之塔には誰が埋葬されていますか」

解　説　沖縄の激戦地にある「魂魄之塔」に眠る「戦死者」に関する知識が問われている。本文では、“Kompaku-no-To (Tower of Kompaku) is the memorial site at the edge of a sea cliff which is dedicated to many unknown war dead.”（魂魄之塔は、多くの無名戦死者に捧げられた海の断崖絶壁の縁にある追悼の地である）と放送されている。正解は **d**)「多数の無名戦死者」。

以下、本文にはない。a)「死亡した多数の高校生と教師」b)「よく知られた多数の戦死兵」c)「死亡した多数の有名な市民」

**(10)** 「沖縄では摩文仁ノ丘の史跡は何で知られていますか」

解説　沖縄にある「摩文仁ノ丘」と言えば、歴史的にどのような「地名」であるかが問われている。本文では、“Mabuni-no-Oka (Mabuni Hill) is the site of the fiercest battle of the war where many soldiers and civilians died on the beautiful bluff overlooking the sea.”(摩文仁ノ丘は、多くの兵士や市民が海を見下ろす美しい断崖で命を絶った最大の激戦地である) と放送されている。正解は **a)**「激戦地」。国内唯一の陸上戦があり、多数の戦死者を出し、現在も数多くの遺骨が眠る地である。また 1945 年 6 月 23 日に沖縄戦が終了した地でもある。海岸寄りに平和広場があり、今も多数の慰霊碑が建ち並ぶ。

[**単語と語法**]

seascape「海景」cf. landscape「(陸の) 風景」/ subtropical plant「亜熱帯植物」cf. tropical plant「熱帯植物」/ places of historical interest「史跡」/ the ceremonial approach to (the castle)「(城に至る) 正式な入口 (である守礼門)」/ pay one’s respects (to the deceased)「(死者に) 敬意を表す」/ memorial park full of war monuments「戦争記念碑が多数並ぶ平和祈念公園」/ prayer for peace「平和の祈り」

☆本文は『日本の観光』(研究社刊、山口百々男著) から抜粋。

# 【付記】 観光英語検定試験1級の概要

## 【1】 観光英語検定試験

観光英語検定試験(TEPT＝Tourism English Proficiency Test)は、グローバル化された世界の中での観光分野・旅行分野において、特定の資格を与えるために必要な『**語学**』(英語基本技能[読む・書く・話す・聞く]における総合的な英語コミュニケーション能力)と『**文化**』(海外または国内における「観光・旅行事情」や「文化事情」における総合的な基礎知識)に関する教養とその運用能力の有無をはかる試験である。

［注］ 観光英語検定試験を「**観光英検**」と略す。

## 観光英語検定試験

### 〖1〗 2級・3級試験

**【1】 筆記試験**

第1　観光用語の問題

第2　英語コミュニケーション(対話・会話)の問題

第3　英文構成の問題

第4　英文読解の問題

第5　海外・国内の観光と文化問題

**【2】 リスニング試験**

第6　写真説明の問題

第7　イラスト説明の問題

第8　英語コミュニケーション(対話)の問題

第9　英語コミュニケーション(会話)の問題

第10 海外・国内の観光と旅行の問題

### 〖2〗 1級試験

**【1】 筆記試験**

第1　英文和訳の問題(A. 海外。B. 国内)

第2　和文英訳の問題(A. 海外。B. 国内)

**【2】 面接(口述)試験**

第1　英文解説と英問英答の問題(A. 海外。B. 国内)

第2　英文紹介と英問英答の問題(A. 海外。B. 国内)

## 【2】 観光英検 1 級試験

**1 級試験**は、国際舞台で活躍する観光業、旅行業、エアライン業、ホテル・レストラン業、また通訳ガイド業や国際添乗業などにおける各種業界を目指している人を対象に、「筆記試験」と「面接試験」を実施することにより実践的な「観光ビジネス英語」の運用能力を測定する試験である。

### (1) 「筆記試験」

海外・国内における観光事情に関する内容について規定時間内で「**英文和訳**」また「**和文英訳**」を行う。筆記試験では「語学」と「知識」の両面を『**受信型英語**』で実施し、筆記による「正しいコミュニケーション」能力を測定する。

### (2) 「面接試験」

原則として、ネイティブスピーカーによる英語の「**インタビュー試験**」を面接にて行う。「面接試験」では「語学」と「知識」の両面を『**発信型英語**』で実施し、口頭による「正しいコミュニケーション」が円滑に行われるかを審査する。

特に国内で活躍する「通訳ガイド」と海外で活躍する「国際添乗員」の目標を設定し、そのいずれかの業務面における英語を適切に運用できるかを審査する。

## 【3】 試験会場における試験実施

- 試験会場は、東京と大阪の 2 会場である。
- 試験時間は、午前 9 時～午後 5 時までに、順次実施する。☆受験票にて集合時間・試験開始時間等を案内する。
- 試験実施の順路は次の通りである。①「待機室」集合(注意事項の説明 5 分) ➡ 移動 ➡ ②「筆記試験室」➡ 移動 ➡ ③「面接試験室」➡ 試験終了

### (1) 試験会場に入る前

受験票(受験番号・集合時間・試験時間・持ち物等記載)及び試験会場案内は試験日の 1 週間前までに受験者宛に送付される。試験日当日は、受験票と身分証明書を受付に提示し、係員の指示に従って試験室に入る。

### (2) 試験会場に入る時

受験者 4 名は、試験会場にて「**筆記試験**」(10 分程度)を受験する。

筆記試験が終わると、受験者 1 人は試験官(1 人)のもとで「**面接試験**」(10 分程度)を受験する。

### (3) 試験所要時間

試験所要時間は全体を通じて約 20 分程度である。

## 【4】 試験会場での実施方式

### 【第 1 部】『筆記試験』の形式と内容

◆ 試験会場には、試験監督者がいる。

◆ 受験者は、試験監督の指示に従って「海外観光事情」と「国内観光事情」について書かれた試験用紙が置かれた机に着席し、筆記試験を受ける。

### (1) 筆記試験の形式

◆ 筆記試験には「英文和訳」と「和文英訳」の試験がある。

◆ 各試験には 2 問の課題(海外観光・国内観光)がある。

◆ 配点は各 10 点とする。

### (2) 筆記試験の内容

筆記試験の内容は「海外観光事情」と「国内観光事情」に関する記事である。

➡「観光英語検定試験(1 級)の問題」(224〜226 頁)を参照すること。

### 【第 2 部】『面接試験』の形式と内容

### (1) 面接試験の形式

◆ 試験会場には、1 名のネイティブスピーカーの試験官がいる。

◆ 受験者は「海外観光事情」また「国内観光事情」に関する「英問英答」また「英文紹介」を行う。

◆ 試験内容に応じて、配点は 10 点または 20 点とする。

### (2) 面接試験の内容

面接試験の内容は「海外観光事情」と「国内観光事情」に関する記事である。

➡『観光英語検定試験の問題と解答・解説』(224〜231 頁)を参照すること。

## 【5】 評価基準と配点

筆記試験と面接試験における各 10 点の配分は下記のとおりである。

(**1**) **筆記試験**:「読む」・「書く」の両面における評価基準。

［1］ 単語と連語　　4 点
［2］ 文法と語法　　3 点
［3］ 構成と字数制限　　3 点

(**2**) **面接試験**:「聞く」・「話す」の両面における評価基準。

合否判定に当っては、試験会場(東京・大阪)の試験官ごとに評価基準が異なることがないように、以下の評価項目ごとに合格基準を設けてある。

［1］ 発音と発声　　3 点
［2］ 単語と語法　　3 点
［3］ 観光事情の知識　　4 点

## 【6】 合否の判定

全試験の点数配分は 100 点である。合否の判定は、筆記試験・面接試験それぞれが概ね 7 割の点数を合格基準として行う。

---

# 観光英語検定試験(1 級)の問題と解答・解説

## 【A】 観光英語検定試験の問題

## 第 1 部　筆記試験

### 《 1 》 英文和訳

英語による海外・国内観光事情に関する「英文和訳」が実施される。

例題 1 『グランド・キャニオン』

◆ **Translate the following English passage into Japanese.**
**(10 点)**

Carved out by the Colorado River, the Grand Canyon is the most spectacular gorge in the world. Located in the state of Arizona, it cuts across the Grand Canyon National Park. This canyon was formed during 6 million years of the geologic activity and erosion by the Colorado River. Its horizontal strata of the Earth's retrace the geological history of the past 2 billion years.

例題 2 『合掌造りの民家(白川郷)』

◆ **Translate the following English passage into Japanese.**
**(10 点)**

The Gassho-zukuri farmhouse is so named because that the steep-sloping roof of the farmhouse looks like "hands folded in prayer". This structure is built with wood and straw ropes without using any nails. The farmhouse has a second floor which is used to raise silkworms. The roofs of the Gassho-zukuri farmhouses are also constructed at steep angles to withstand the heavy snowfalls.

## 《 2 》 和文英訳

日本語による海外・国内観光事情に関する「和文英訳」が実施される。

**例題 3** 『モン・サン・ミシェル』

◆ **Translate the following Japanese passage into English.**

**(10 点)**

モン・サン・ミシェルはフランス・マンシュ県のノルマンディー地方にあります。広大な砂州に囲まれ、欧州最大の(サン・マロ)湾が満潮になると湾上に浮かぶ岩の小島となります。島には大天使ミカエルに捧げられたゴシック様式のベネディクト(会の)修道院が聳えています。モン・サン・ミシェル修道院はまさに「西洋の驚異」と称され、最も有名な巡礼地のひとつです。1979 年には「モン・サン・ミシェルとその湾」は世界遺産として登録されました。

**例題 4** 『2020 東京オリンピック・エンブレム』

◆ **Translate the following Japanese passage into English.**

**(10 点)**

東京 2020 オリンピック・エンブレムは江戸時代に「市松模様」(格子柄)として広まったチェッカーデザインである。日本の伝統色である「紺色」で、粋な日本らしさが描かれている。市松模様は形の異なる 3 種類の四角形を組み合わせ、国とその文化の違いが示されている。「多様性と調和」のメッセージがあり、オリンピック・パラリンピックは「多様性」を認め合い、「つなげる世界」を目指している。

## 第 2 部 面接試験

### 《 1 》 英問英答

指定された記事内容に関する「英問英答」が実施される。各設問には 5 題の質問が設定されている。

【1】 英語で書かれた**海外観光事情**に関する記事内容について、試験官から英語で質問される。受験者は記事内容を見ながら英語で答える。（10 点）

**例題 1** 『海外での空港手続』

**【1】 Check-in**

Now you are ready to depart. You should be at the airport check-in counter at least two hours in designated time or three hours in peak season before the departure time.
You should show your passport and air ticket (or E-ticket) at the check-in counter, and then you will be handed a boarding pass. When you check in all your baggage at the check-in counter, you will receive your baggage claim tags from the check-in attendants, who may attach them to the cover of your air ticket. You should check to see that you have packed all your personal belongings properly. You can have a preference for any kinds of inflight seats (window, aisle or center) if there are some choices.
Above all, you must make sure that you have got a valid passport to countries that entry visas are required. **Bon Voyage!**

**【2】 Security Check**

You are required to go through the security check at the airport before entering the plane.
All carry-on baggage is subject to inspection for security reasons. You should show your boarding pass to the security officer and place your carry-on baggage on the scanner conveyer belt or the X-ray machine. You may also be asked to open your bags. Laptop

computers must be removed from carry-on baggage and placed on X-ray belt. All portable electronic devices, keys, coins and other metal objects should be placed on X-ray belt in separate container. Then you yourself will have to walk through a metal detector gate for body search. In particular, the security officers frisk you for hidden weapons such as knives or similar items.

**【3】 Immigration**

【A】 Going through the Immigration Counter

You are requested to show your passport and boarding pass at Passport Control Counter. An immigration officer will affix an official departure stamp [seal] on your passport.

Once Immigration procedures are over, you have officially stepped out of the United States.

【B】 Passing through the Automated Gate

The Automated Gate system identifies you by passport and fingerprints and allows you to go through arrival or / and departure examination procedures automatically [smoothly]. As long as you have a valid passport, you can make advance registration quickly at the airport on the day of your flight if you want to use the automated gate. All you have to do is to follow the operation instructions on the screen [the touchscreen].

When the automated gate is used, the arrival or / and departure stamp [seal] is not affixed on your passport. When a seal is needed, officials are available near the gate to affix the seal.

**【QUESTIONS & ANSWERS】** ☆質問内容は試験官によって異なる。

Q1: What are you supposed to show at the check-in counter?

Q2: What is the most important thing to make sure before going abroad?

Q3: Why do you have to go through the security check before entering the plane?

Q4: What does an immigration officer ask you to do at Immigration Counter?

Q5: What is the Automated Gate system at the airport?

【2】 日本語で書かれた**国内観光事情**に関する記事内容について試験官から英語で質問される。受験者は記事内容を見ながら英語で答える。(10点)

**例題2** **『日本旅館』**

**湯宿　山本旅館**《趣旨》

美しい自然に包まれた日本の名湯、別府温泉。豊かな自然の恵みとともに、山本旅館は、くつろぎでおもてなし致します。

落ち着きのある和の風情、安らぎを求めるみなさまへ。

◆【お部屋】

和の風情にてくつろぎの時間

○露天風呂付客室(定員2名〜8名)　和室12畳

○一般客室(定員2名〜6名)　和室8畳

◆【温泉】

源泉かけ流しで楽しむ

○男子大浴場・露天風呂/女子大浴場・露天風呂/長さ20メートルの大浴場・一晩中入浴可能。※清掃中(10時〜14時)は入浴いただけませんので、あらかじめご了承ください。

『効能』神経痛、筋肉痛・関節痛・疲労回復・冷え性

◆【料理】

出来立てを味わう

○夕食: 和食・洋食・中華の豪華バイキング
(ご利用時間　午後5時〜午後9時　2階大宴会場)

○朝食: 和食・洋食のバリエーションに富んだバイキング
(ご利用時間　午前7時〜午前9時　2階小宴会場)

◆【特産品】

○湯の華、温泉饅頭、焼酎、カボスジュースなど　※1階　お土産処別府で販売しています。

◆**【施設案内】**

1 階　お客様をお迎えするエントランスホール、メインロビー、茶室山本(ラウンジ)、お土産処別府(売店)
2 階　男子大浴場・露天風呂、女子大浴場・露天風呂、大・小宴会場、娯楽室(卓球、カラオケ)
3 階　露天風呂付客室: 5 室、一般客室 35 室

◆【ご宿泊について】

露天風呂付客室(定員 2 名〜8 名)　一泊お一人様　23,000 円(税別)
一般客室(定員 2 名〜6 名)　一泊お一人様　18,000 円(税別)
チェックイン　午後 3 時　チェックアウト　午前 10 時

**【QUESTIONS & ANSWERS】**☆質問内容は試験官によって異なる。

Q1: When can staying guests use hot spring baths?
Q2: What are the beneficial effects of this hot spring bath?
Q3: What time and where can staying guests take dinner?
Q4: What are there on the first and third floors?
Q5: How much does it cost to stay one night?

### 《2》 英文紹介

◆ 特定の課題(与えらえた題目)に関する「英文紹介」が実施される。
◆ 受験者は試験官から海外観光・国内観光に関する特定の課題(例: バチカン市国 / 富士山など)に関する設問が与えられる。その後受験者は英語で即答する。☆特定の課題は年度によって異なる。
◆ 受験者が特定の課題について説明し終えると、試験官はその内容に関して英語で若干質問をすることがある。

【3】　英語で問われた海外観光に関する課題について受験者は試験官に英語で説明する。(20 点)

**例題 3**　『バチカン市国』

**【QUESTION】**
Q : Please tell me about Vatican City in brief.

**【QUESTIONS & ANSWERS】**

Q1 : What is the must-see attraction in Vatican City?

Q2 : Please tell me about the Sistine Chapel in brief.

【4】 英語で問われた国内観光に関する課題について、受験者は試験官に英語で説明する。 (20 点)

例題 4 **『富士山』**

**【QUESTION】**

Q : Please tell me about Mount Fuji registered as a World Heritage site?

**【QUESTIONS & ANSWERS】**

Q1 : How long will it take you to reach Mt. Fuji area from Tokyo or Shinjuku? And tell me how to get to the top of Mt. Fuji, please.

Q2 : Why was Mt. Fuji designated a "cultural site" rather than a "natural site"?

## 【B】 観光英語検定試験の解答・解説

### 第 1 部 筆記試験

**《 1 》 英文和訳**

例題 1 **『グランド・キャニオン (国立公園)』(ユネスコ世界遺産)**

**【主旨】** コロラド川に彫られているようなグランド・キャニオンは世界で最も雄大な渓谷です。アリゾナ州にあって、グランド・キャニオン国立公園の中央を横切っています。この渓谷は 600 万年前もの地質変動やコロラド川による浸食によって形成されました。横に走る地球の地層は過去 20 億年の地学的歴史をたどることができます。

**【参考】** グランド・キャニオン国立公園はアメリカ合衆国最古の国立公園 (1919 年指定) で、アリゾナ州のコロラド川がコロラド高原を浸食し、数百万年かけて形成された渓谷。

**NB.** ▶ **canyon**「渓谷」(＝gorge; ravine; valley; gulch; gully)。☆canyon「峡谷」(両側が切り立った深くて大きい谷。通常は水流がある)。**gorge**「渓谷、山峡」(谷よりは深くて狭く、両面が絶壁になっている谷)。**ravine**「峡谷、山峡」(切り立った深く、狭く、険しい谷。川の浸食で形成された谷)。**valley**「谷(間)」(両側が山に囲まれた平地で、その中を川が流れる)。**gulch**《米》「小渓谷」(両側が切り立って急流がある)。**gully**「小峡谷」(水の流れによってつくられた小さな谷)。

▶ **river**「川・河」。海や湖に直接流れ込む比較的大きな川。☆【大小順】a river (大きな川)→a stream [creek] (小さな川)→a brook (小川)→a rivulet (細い川)→a streamlet [rill] (細い川)。☆英語で『隅田川』と言う場合、英国式では the River Sumida (gawa)、米国式では the Sumida (gawa) River と言う。書く場合は the Sumida (常に the をつける)とする場合がある。地図では the を省略して Sumida River とする。

▶ geologic (activity)「地質(変動)」。(horizontal) strata「(水平的)地層」(stratum の複数形)。geological (history)「地質学上の(歴史)」。retrace「遡る; 戻る」。

**例題2**　**『合掌造りの民家(白川郷)』(ユネスコの世界遺産・無形文化遺産)**

**【主旨】**　合掌造りの民家と言われるのは、民家の急勾配の屋根が「手を合わせて祈る」姿に似ている(farmhouses resembling hands joined together in prayer)からです。この建造物は釘を使わず、材木とわら縄だけで組み建てられています。この民家は2階では蚕(かいこ)を飼うようになっています。また合掌造りの民家の屋根が急勾配に造られているのは、激しい積雪に耐えるためです。

**【参考】**『**白川郷・五箇山の合掌造り集落**』《Historic Villages of Shirakawa-go and Gokayama》1995年岐阜県白川村にある「荻町」、富山県南砺市にある「相倉」と「菅沼」(2集落は重要伝統的建築物保存地区に選定)の3集落がユネスコ世界遺産に登録された。1939年、ドイツの建築家ブルーノ・タウト(Bruno Taut [1880〜1938])が合掌造り建築を西洋に最初に紹介した。1933年に来日し、「桂離宮」の伝統美を世界に広く紹介した最初の建築家でもある。

**【参考】**『英語で伝える日本の文化・観光・世界遺産』(三修社刊、山口百々男著)から一部抜粋。

《2》 **和文英訳**

**例題 3** **『モン・サン・ミシェル』（「聖ミカエルの山」の意。世界遺産）**

**【主旨】** Mont-Saint-Michel (English: Mount Saint Michael) is located in Normandy in the department of Manche, France. It is surrounded by vast sandbanks and becomes a rocky islet only when the tides are very high in the biggest bay (Saint-Malo) in Europe. A Gothic-style Benedictine Abbey dedicated to the archangel St. Michael is perched high on the islet. The Mont-Saint-Michel Abbey, rightly named "the Marvel of the Western World", has been one of the most famous pilgrimage centers. The "Mont Saint-Michel and its Bay" were listed on the UNESCO World Heritage Site in 1979.

**【参考】** 「**マンシュ県**」Manche (department)。フランスのバス・ノルマンディー地域圏内の県である。イギリス海峡に面している。☆「県」英語では prefecture と言う。「**ノルマンディー地方**」Normandy (region). 英国海峡に面したフランス北西部の地方。第 2 次世界大戦当時、連合軍によるノルマンディー上陸作戦の舞台になった場所として有名。「**ベネディクト修道院**」Benedictine Abbey カトリック教会最古の修道院(529 年創設)。「(大天使聖)ミカエル」(the archangel) St. Michael. フランス語のミシェル(Michel)、英語のマイケル(Mickael)、日本語のミカエル。☆ジャンヌ・ダルクに神の掲示を与えたのは大天使ミカエルである。カトリック教会では「ガブリエル」と「ラファエル」と並ぶ**三大天使**の一人である。フラシスコ・ザビエルは「日本の守護聖人」に定めた。

**NB.**「**砂州**」a sandbank; a sandbar. ☆砂嘴(さし) (a sandpit) がさらに長く伸びて、その先が対岸の陸地につながったもの。▶ Amanohashidate spanning across the Miyazu Bay on the Tango peninsula is noted for sandbank covered with twisted pine trees of fantastic shapes. If you look at Amanohashidate's sandbank upside down from between your legs, it appears as if it were a suspended bridge between the earth and the heaven in mid-air. 天橋立は京都北部の日本海沿岸部にあり、宮津湾に突き出る。丹後半島の宮津湾にかかる天橋立は素敵な松の木々で覆われた砂州でよく知られている。開いた両足の間からこの砂州を逆さにのぞくと、天と地の間にある掛け橋のように見える。《京都府》

**例題4** **『2020東京オリンピック・エンブレム』(an indigo-colored official Tokyo emblem with a checkered pattern)**

**【主旨】** The Olympic Emblem for the Tokyo 2020 is the checkered pattern called "Ichimatsu-moyo" which became popularly known as a fine design in the Edo period. This checkered design of "Ichimatsu-moyo" as the traditional Japanese color of 'indigo blue' which expresses a refined elegance and sophistication that exemplifies Japan. The design of the Ichimatsu-moyo comprising three different kinds of rectangular shapes represents different countries and their cultures. It incorporates the message of "unity in diversity". It also expresses that the Olympic and Paralympic Games seek to promote diversity as a platform to connect the world.

**【参考】**「**市松模様**」a checkered [checked] patter; a check [checker/chequer]. 格子模様の一種で、二色の正方形(または長方形)を交互に配した模様のこと(a pattern of modified stripes consisting of crossed horizonal [vertical] lines forming squares)。江戸時代の歌舞伎役者(初代佐野川**市松**)が江戸の中村座での舞台で公演する時、芝居衣装として「白と紺」の正方形(indigo-and-white checkered square)を交互に配した「袴(はかま)」を着たことから人気を博し、女性の間で大流行した。今では市松模様の品物は、子孫繁栄や事業拡大など運気上昇の祈願を込めた縁起のよい贈り物として選ばれている。☆「市松模様」は漫画『鬼滅の刃』(Demon Slayer)の主人公の服のデザインにも採用されている。

## 第2部　面接試験

### 《1》 英問英答

英語で書かれた記事内容に関する「英問英答」

**例題1** **『国際空港での出国手続』**

**【主旨(試訳)】**

**【1】 Check-in (搭乗手続)**

さて出発の準備は完了です。少なくとも指定時間の出発2時間前またはピーク時には3時間前には空港の搭乗手続きカウンターに来てください。航空会社のカウンターでは旅券と航空券(またはEチケット)を提示すれば、搭乗券が手渡されます。搭乗手続きカウンターで手荷物を預けると、係員から手荷物受取証を受け取ります。係員は航空券に貼りつけてくれるでしょう。所持品をきちんと荷造りしたかをよく調べてください。選択可能であれば好みの機内座席(窓側・通路側・中央)を選ぶことができます。

何はさておき、入国ビザが要求される諸国への有効な旅券を保持しているかを確認すべきです。行ってらっしゃい

**NB.** [1] **peak season**「多客期」。☆「国際線航空運賃」は季節間に3種の格差がある。一年を通じて標準化を図るため季節によって異なる航空旅行の需要に対応して設けられた運賃水準の格差を表すタリフ用語である。

① peak season「繁忙期;多客期」。☆ on season また high season とも言う。peak season は割高になっている。☆旅行者動向の「**多客期**」とも言う。観光シーズン(tourist season)、旅行シーズン(traveling season)、行楽シーズン(holiday season)には割高になっている。

② bottom season「閑散期」。☆ off season また low [basic] season とも言う。☆旅行者動向の閑散期である。「シーズン・オフ」(season off)は和製英語である。

③ shoulder season「ショルダー・シーズン;peak season と bottom season の中間にある期間」。☆ shoulder(肩)は頭より下がった部分と腰から上がった部分の真ん中にある。

## 【2】 Security Check(保安検査)

空港では飛行機に搭乗する前には検問を通過する必要があります。すべての手荷物は保安上の検査を受けます。検査官に搭乗券を提示し、手荷物を走査装置(スキャナー)のベルトコンベヤーまたはエックス線装置に置いてください。バッグを開けるように依頼されることがあるかもしれません。ノート型パソコンは手荷物から取り出しX線検査を受けてください。携帯用電子器具、鍵、硬貨、その他の金属物は別の容器に入れてX線検査用ベルトコンベヤーに置いてください。

その後ボディー・チェックのため金属探知機ゲートを通過することになります。特に検問係官からはナイフやその類似物のような武器を隠していないかどうかを調べるために身体保安検査を受けます。

**NB.** [1] **body search** [名]「ボディー・チェック(和製英語)、身体保安検査」(=frisk)。¶ have a second *body search* at the boarding gate 搭乗口で再度ボディー・チェックされる。cf. **body-search**。[動]「ボディー・チェックする」。¶ *body-search* each passenger for weapons 武器の所持を調べるため各乗客のボディー・チェックをする。

［2］ **frisk** 動「身体検査をする」（＝body search）。服の上から触って隠し持つ凶器などの有無を調べることである。

## 【3】 Immigration（出国審査）

### 【A】 Going through the Immigration counter（出国審査所を通過する）

出国審査所では旅券と搭乗券を提示すると、出国係官に旅券の証印[スタンプ]を押してもらいます。出国手続きが完了すれば、この時点で正式に米国から踏み出すことになります。

**NB. immigration** 名「出入国管理、出入国審査」。移民局や入国管理局などがその国に出入りする旅客の審査と記録をとることである。国によってはpassport control, border control, ヨーロッパではholder controlなどとも言う。『出国（審査）』の場合は「旅券」（passport）と「搭乗券」（boarding pass）を提示する。『入国（審査）』の場合は「旅券」と「入国カード」（disembarkation card）を提示する。

### 【B】 Passing through the Automated Gate（自動化ゲートを通過する）

「自動化ゲート」は、旅券と指紋を照合することにより本人確認を行い、自動的[円滑]に出入国審査手続きを行うことができるシステムです。正当な旅券を保持するかぎり、自動化ゲートを利用したい場合にはフライト当日にすぐに事前登録ができます。操作使用法はディスプレイの表示に従って簡単な操作をするだけです。

自動化ゲートを利用する場合、出入国証印は旅券には押されません。証印が必要な場合には、ゲート近くにいる係官に申し出て証印を受けてください。

**NB.**［1］ **Automated Gate** 名「自動化ゲート」。搭乗手続きの簡素化をはかるため、購入時に座席指定や自動改札が可能になる。ちなみに、銀行でよく見かける **automated-teller machine**［ATM］は「現金自動支払機」（＝automatic-teller machine）のこと。英国では **cash dispenser** と言う。

［2］ **identify** 動「（身分を）確認する」。▶ Will you please cash these traveler's checks? ➡ Do you have something to *identify* yourself? このトラベラーズチェックを現金にしてください。➡ 何か身分を証明するものをお持ちですか。

**【QUESTIONS & ANSWERS】**

Q1 What are you supposed to show at the check-in counter?
搭乗手続所では何を提示することになっていますか。

[Ans.] We should show our passport and air ticket (or E-ticket) at the check-in counter, and then we will be handed a boarding pass.

Q2 What is the most important thing to make sure before going abroad?
渡航前に確認すべき最も大切なことは何ですか。

[Ans.] We must make sure that we have got a valid passport to countries that entry visas are required.

Q3 Why do you have to go through the security check before entering the plane?
飛行機に搭乗する前に保安検査を通過するのは何故ですか。

[Ans.] We should walk through a metal detector gate for body search. In particular, the security officers frisk us for hidden weapons such as knives or similar items.

Q4 What does an immigration officer ask you to do at Immigration Counter?
出国検査所で監査官はあなたに何を要求しますか。

[Ans.] He / She will ask us to show our passport and boarding pass.

Q5 What is the Automated Gate system at the airport?
空港での自動化ゲートシステムとはどのようなものですか。

[Ans.] The Automated Gate system identifies us by passport and fingerprints and allows us to go through arrival or / and departure examination procedures automatically [smoothly].

**【参考】**

● アメリカのチェックインカウンター で必ず「**質問される事項**」がある。下記にその原文を列挙する。B=「**係員**」、A=「**旅客**[乗客]」(返答の内容は人によって異なる)

(1) **B: May I see your passport (or Photo ID)?** —**A:** Here you are.

(2) **B: Has any unknown person asked you to carry anything**

**on the airplane?** —**A:** No. (No one has asked me to do so.)

(3) **B: Did you pack your bags (by yourself)?** —**A:** Yes, I did.

(4) **B: How many bags are you checking today?** —**A:** Just one. / Two.

(5) **B: Do you have carry-on baggage [luggage]?** —**A:** Yes, I do. / No, I don't.

《和訳》 チェックインカウンターでの「質問事項」

(1) **B: パスポート(写真入りの身分証明書)を拝見できますか。**—**A:** はい、どうぞ。

(2) **B: 見知らぬ人から何か機内に持ち込むように頼まれましたか。**—**A:** いいえ。(だれからも頼まれませんでした)

(3) **B: 自分で荷造りをしましたか。**—**A:** はい、自分でしました。

(4) **B: 今日、預ける荷物はいくつですか。**—**A:** 1つだけです。/2つです。

(5) **B: 機内に持ち込む荷物はありますか。**—**A:** はい、あります。/ 無いです。

● ロサンゼルス空港 では下記の「**質問事項**」(FAA Security Requirements)がある。英語の不得手な観光客のために英語と日本語で書かれた用紙が準備されている。(許可を得て)その原文をそのまま列挙する。**FAA** = Federal Aviation Association / **security requirement**「手荷物保安検査要件」

(1) Has anyone unknown to you asked you to carry an item on the flight?

(2) Have any of the items you are traveling with been out of your immediate control since you packed them?

(3) Please control your carry-on baggage at all time to prevent the introduction of dangerous items without your knowledge and do not accept items from unknown persons.

《和訳》ロサンゼルス空港での「質問事項」

(1) 見知らぬ人から何か品物を機内に運ぶように頼まれましたか。

(2) 荷造りをした後に、荷物がお客様の目のとどかぬ所に放置されましたか。

(3) お客様の機内持ち込み手荷物につきましては外部からの危険物混入を避けるため、お手荷物より目を離さないようにお願い申し上げます。

また見知らぬ人より品物を預かりにならぬようお願い申し上げます。

**【参考】**『観光のための中級英単語と用例』（三修社刊、山口百々男著）から抜粋。

**【2】 日本語で書かれた記事内容に関する「英問英答」**

★解答は受検者によって異なる。以下に記載する「英答」は一種の解答例のサンプルである。

**例題２** **『日本旅館』**

**【主旨（試訳）】**

**Yuyado Yamamoto Ryokan**

Beppu Onsen, a famous Japanese hot spring surrounded by beautiful nature. Along with the blessings of nature, the Yamamoto Ryokan offers a relaxing atmosphere.

For those who want a calm Japanese style and comfort.

◆**【The room】**

Relaxing time in a Japanese style

○ Guestroom with open-air bath (capacity 2–8 people) Japanese-style room 12 tatami mats

○ General guest rooms (capacity 2–6 people) 8 tatami Japanese-style rooms

◆**【Onsen】**

Enjoy with sinking at the source

○ Men's large public bath / open-air bath. Women's large public bath / open-air bath. 20 meters long, boasts a large public bath. Available all night. ※ Please note that you cannot take a bath during cleaning (10:00–14:00).

"Efficacy" neuralgia, muscle pain, joint pain, fatigue recovery, coldness

◆**【Cuisine】**

Taste fresh

○ Dinner: Japanese / Western / Chinese luxury buffet
(Operating time: 5 pm–9 pm, 2nd floor large banquet hall)

○ Breakfast: buffet with variations of Japanese and Western dishes

(Operating time: 7 am to 9 am, 2nd floor small banquet hall)

◆【**Specialty goods**】

○ Hot water, hot spring steamed bun, shochu, kabosu juice, etc.

◆【**Facility information**】

**1st** floor: Entrance hall, main lobby, tea room Yamamoto (lounge), souvenir shop Beppu (stand)

**2nd** floor: Men's large public bath / open-air bath, Women's large public bath / open-air bath, large / small banquet hall, Entertainment room (table tennis, karaoke)

**3rd** floor: 5 guest rooms with open-air bath, 35 general guest rooms

◆【**Room charge**】

23,000 yen (guest room with open-air bath) and 18,000 yen (general guest room) per person (excluding tax)

Check-in time starts from 3 PM. Check-out time is at 10 AM.

【**QUESTIONS & ANSWERS**】

Q1　When can staying guests use hot spring baths?
宿泊客はいつ温泉を利用できますか。

[Ans.]　Hot spring baths are available all night. However, staying guests cannot take hot spring baths during cleaning (10:00–14:00).

Q2　What are the beneficial effects of hot spring baths?
温泉にはどのような効能がありますか。

[Ans.]　The health benefits of hot spring baths include recovery from neuralgia, muscle pain, joint pain, fatigue, coldness and so forth.

Q3　What time and where can staying guests take dinner?
宿泊客は何時に、そしてどこで夕食をいただけますか。

[Ans.]　They can take dinner at 5 pm–9 pm in a large banquet hall on the 2nd floor.

Q4　What are there on the first and third floors?
1階と3階には何がありますか。

[Ans.]　There are entrance hall, main lobby, tea room Yamamoto (lounge), and souvenir shop Beppu (stand) on the first floor and 5 guest rooms with open-air bath and 35 general guest rooms on the third floor.

Q5 How much does it cost to stay one night?
1 泊の宿泊料はいくらですか。

[Ans.] The price is 23,000 yen (guest room with open-air bath) and 18,000 yen (general guest room) per night. (excluding tax).

## 《2》 英文紹介

例題 3 『バチカン市国』(ユネスコ世界遺産)

**【QUESTION】**

Q: **Please tell me about Vatican City in brief.**
バチカン市国について簡潔にお話しください。

A: Vatican City, officially the State of the Vatican City, is the world's smallest fully independent nation-state located in the heart of Rome. Vatican City is situated in the west bank of the Tiber River. It is the center of authority over the Roman Catholic Church. The most imposing building is St. Peter's Basilica, built during the 4th century and rebuilt during the 16th century.

Vatican City has its own flag, national anthem, stamps, and coins as well as a newspaper and radio station. The non-commercial economy in the Vatican City is supported financially by voluntary contributions from Roman Catholics throughout the world. In 1984, the Vatican City was registered by UNESCO as the World Heritage Site.

▶バチカン市国(正式呼応は国家としてのバチカン市国)は、ローマの中心地にある完全に独立した世界最小の国民国家です。バチカン市国はテベレ川の西岸に位置します。バチカンはローマカトリック教会に君臨する主権の中心地です。最も目をひく建物は、4 世紀に建立され 16 世紀に再建されたサン・ピエトロ大聖堂です。

バチカン市国には、独自の国旗、国歌、切手や貨幣(現在はユーロも使用)だけでなく新聞やラジオ局などがあります。バチカン市国の非営利経済は世界中のカトリック信者からの有志の募金[寄付]によって財政的に支援されています。1984年バチカン市国はユネスコ世界遺産に登録されました。

**【参考】「バチカン市国」**は、バチカン条約(1929年)でイタリアから独立し、ローマ教皇を元首とする世界最小(日本の皇居より「小さく、東京ドームの約9.4個分)の都市国家である。国家が地理的に位置する「バチカン・ヒル」(Vatican Hill)に因んで名付けられた。1942年に日本とバチカンは正式に国交を開く。二国間の関係は1549年にフラシスコ・ザビエルが日本に上陸したことに始まり、1584年の天正遣欧少年使節のローマ派遣と教皇との謁見など、その歴史は古い。☆詳細はユネスコ世界遺産『長崎と天草地方の潜伏キリシタン関連遺産』(サンパウロ刊・山口百々男著)を参照。

**【QUESTIONS & ANSWERS】**

Q1 : **What is the must-see attraction in Vatican City?**
バチカン市国での必見の呼び物は何ですか。

A : Within the Vatican there are many interesting attractions to visit, but the best are St. Peter's Basilica and Vatican Museums where the Sistine Chapel is located.

In particular, St. Peter's Basilica is one of the largest churches in the world and an important pilgrimage site for Catholic Christians. The basilica was called St. Peter's after one of Jesus's twelve disciples known as Saint Peter. He was executed in Rome and buried where the Basilica now stands. It is the holiest church where the Pope presides many liturgies all year round. The Basilica has many impressive pieces of artworks, including the "Pieta" sculptured by Michelangelo's and the statue of St. Peter on his throne.

▶バチカンには是非参観するべき興味深いものが多数ありますが、キリスト教世界で最も神聖な寺院の一つである「サン・ピエトロ大聖堂」とシスティーナ礼拝堂のある「バチカン美術館」が比類ないものです。

特に「サン・ピエトロ大聖堂」(聖ペトロの大聖堂)は、世界最大の教会の一つであり、カトリック信者にとっては重要な巡礼地です。大聖堂は聖ペトロとして知られるイエスの12人の弟子の一人である「聖ペトロ」に因んで呼ばれています。彼はローマで処刑され、現在建つバジリカにて埋葬されています。バジリカは教皇が一年中多くの典礼を主宰する最も神聖な教会です。大聖堂には、ミケランジェロが彫刻した「ピエタ」また王位の聖ペトロ像などといったような非常に印象的な芸術作品が多数あります。

**【参考】**「**ペトロ**(カトリック用語)」/ペテロ(プロテスタント用語)」(ラテン語で Petrus)。イエス・キリストに従った使徒 12 人の一人。初代ローマ教皇。「サン・ピエトロ」は「聖ペトロ」のイタリア語読みである。ちなみに英語では Peter(ピーター)である。

Q2 : **Please tell me about the Sistine Chapel in brief.**

システィーナ礼拝堂について手短にお話しください。

A : The Sistine Chapel is the papal chapel in the Vatican Palace that was erected for Pope Sixtus IV (hence its name). Its interior walls and ceiling are decorated with frescoes by many Renaissance artists. The most important artworks in the chapel are the frescoes of the ceiling by Michelangelo, who spent four years painting the vault. The most famous of these is "The Creation of Adam", a painting in which the arms of God and Adam are stretching toward each other. It illustrates the story from the Book of Genesis in which God gives life to Adam, the first man. The other well-known painting is "The Last Judgement" on the wall above the altar in the chapel.

The Sistine Chapel is also used by the College of Cardinals as a venue (Conclave) for their election of a new pope when there is a vacancy.

▶システィーナ礼拝堂は、ローマ教皇シクストゥース 4 世(その名の由来)のために建造されたバチカン宮殿にある教皇の礼拝堂です。堂内にある壁や天井はルネサンスを代表する多くの芸術家によるフレスコ画で内装されています。堂内で最も荘重な芸術作品といえば、その天井画制作に 4 年を要したミケランジェロによる天井のフレスコ画です。その最たる有名な作品は、神とアダムの腕が相互に伸びている壁画である「アダムの創造」です。これは『創世記』の場面から神が最初の人類アダムに生命を吹き込む場面を表現しています。その他堂内の祭壇の上方には壁に描かれた有名な『最後の審判』があります。システィーナ礼拝堂は、教皇空位が生じる時、枢機卿(80 歳未満)団が次代の新ローマ教皇を選出する会議(コンクラーベ)

の開催場所としても使用されています。

**【参考】**「コンクラーベ(教皇選挙)」は、前教皇の死去ないし退位により教皇空位が生じてから、15日が過ぎて20日を過ぎないうちに開催される。教皇職は終身であるが、自発的に辞任できる。新教皇が決まらない場合には礼拝堂の煙突から「黒い煙」が出るが、新教皇が決まった場合は「白い煙」を出して外部に合図する。

**例題4**『富士山』(ユネスコ世界遺産)

**【QUESTION】**

Q : **Please tell me about Mount Fuji registered as a World Heritage site.**

世界遺産に登録された富士山についてお話しください。

A : Mt. Fuji was officially designated as a World Heritage site in 2013. Mt. Fuji was registered under the title "Fujisan, sacred place and source of artistic inspiration." Since ancient times, the majestic mountain has been viewed by the Japanese as a religious site and as a sacred symbol of the nation. Mt. Fuji has been depicted in *ukiyo-e* paintings by such great artists as the painter Hokusai and also helped nurture Japan's unique culture.

Mt. Fuji has been a favorite theme for Japanese poets and artistes since ancient times. Many people dream of standing on the summit at least once in their lifetime to watch the sunrise from the top of the mountain called *Goraiko*. Mt. Fuji is really a national symbol of Japan, blending religious and artistic traditions.

▶富士山は、2013年に世界遺産として登録されました。富士山の登録名は「富士山―信仰の対象と芸術の源泉」です。この崇高な山は、日本人には宗教的な聖地であり、国の聖なる象徴として古来崇められてきました。また富士山は画家北斎といった偉大な芸術家たちによる浮世絵に描かれ、日本のユニークな文化を育むのにも大きく貢献してきました。古来長きにわたり日本の詩人や芸術家にとって恰好のテーマでした。富士山頂から「御来光」と呼ばれる日の出を見るために人生一度は頂上に立つことを夢みる人は多いのです。富士山は宗教的また芸術的な伝統を融合するまぎれもない日本国のシンボルです。

**【参考】**「富士山」(標高3,776 mの日本最高峰)は、静岡県と山梨県に跨がる活火山(an active volcano)である。古来霊峰とされ、山岳部には浅間大神(富士山浅間大社の奥宮)が鎮座されるとされ、神聖化されてきた。「日本三霊山」(富士山・白山・立山 the Three Holy Mountains of Japan)、「富士箱根伊豆国立公園」(1936年指定)、「特別名勝」(Special Place of Scenic Beauty. 1952年指定)、「史跡」(historic site. 2011年指定)、「ユネスコ世界遺産」(UNESCO World Heritage site 2013年)に登録された。

**【QUESTIONS & ANSWERS】**

Q1 : **Why was Mt. Fuji designated a "cultural site" rather than a "natural site"?**
富士山が「自然遺産」ではなく「文化遺産」として登録されたのは何故ですか。

A : Japan had earlier tried to register Mt. Fuji as a World Natural Heritage site, but was prevented by the illegal dumping of garbage in the area. Therefore Japan decided to add Mt. Fuji to the list of World Cultural Heritage sites in consideration of its religious significance and repeated depictions in works of art.
There is no doubt that Mt. Fuji has long been venerated as a sacred object since ancient times in Japan. Today, many Japanese climb Mt. Fuji for pilgrimage and / or pleasure every summer. Some of them climb the mountain as part of a religious practice.
Moreover, Mt. Fuji has also been a source of inspiration for a number of art and literary works from ancient to modern, including the "Man-yoshu" (Japan's oldest collection of poems), and Hiroshige's "Tokaido Gojusan-tsugi" (Fifty-three Stations of the Tokdaido). The image of Mt. Fuji in *ukiyo-e* paintings has even had huge influence overseas, inspiring Monet and Van Gogh. This aspect of cultural heritage was a major reason for Mt. Fuji being listed as World Heritage site.

▶日本では当初「世界**自然**遺産」の登録を目指していましたが、裾野へのゴミ不当廃棄のため阻まれました。そこで宗教的意義や芸術作品にたびたび描かれたことを鑑みて「世界**文化**遺産」の登録を決意しました。
富士山は日本古来、聖なるものとして長く畏敬の念をこめて崇められてきました。今では毎年夏が訪れると巡礼(あるいは楽しみ)のために登山する日本人の数が多いのです。また宗教行事の一環として登山する人も少なくありません。

さらには、富士山には「万葉集」や「東海道五十三次」などといったような芸術文化作品の源泉が古今を通じて多数見られます。浮世絵に描かれた富士山の姿は、海外にも大きな影響を及ぼし、モネやゴッホにも感銘を与えました。このような「文化遺産」の側面こそが富士山の世界遺産としての由緒ある所以です。

**【参考】「富士山信仰」**古来、日本人は噴火を繰り返す富士山を神が宿る山として畏れ、遠方から富士山(神)を崇拝する「遙拝(ようはい)」(＝worship (god) from afar)の対象として敬っていた。平安時代後期以降は噴火活動が沈静化し、富士山は 修験道の道場として、次第に富士山の神を拝しながら登山する「登拝(とはい)」する山へと変化した。室町時代になると、修験者だけでなく一般庶民も富士山に「登拝」するようになり、富士登山が次第に大衆化された。江戸時代には「富士講(ふじこう)」(＝富士山を信仰・崇拝する人々によって組織された講社)として、多くの人々が富士の霊地へ巡礼を行うようになり、明治時代になると女性の山頂登山も解禁となった。今では夏になると、海外からの多くの登山者も、日本人とともに「御来光(ごらいこう)」(＝the sunrise seen from the top of the high mountain)を拝むため、富士山の山頂を目指している。

Q2：**How long will it take you to reach Mt. Fuji area from Tokyo or Shinjuku? And tell me how to get to the top of Mt. Fuji, please.**
東京または新宿から富士山へ行くにはどれくらいかかりますか。また頂上までどのようにして行きますか。

A：You can reach Mt. Fuji in about two and a half hours from Tokyo or Shinjuku. To get there from Tokyo, you can take the JR Tokaido Line, through Odawara to Kozu and change for the JR Gotemba Line. From Gotemba Station, you can take a bus in order to reach the climbing routes. However, the easiest way to Mt. Fuji is to take the Keio Express bus from Shinjuku.

The direct bus makes a beeline to the start of the climb at the 5th Station (the 2,400 meter level). There is a resting place and advice center at the 5th Station. Most people take between five and seven hours to climb from the 5th Station level to the top of Mt. Fuji.

▶東京または新宿から富士山までの所要時間は約 2 時間半です。東京からのアクセスは、JR 東海道線を利用し、小田原を経由して国府津まで行き、JR 御殿場線に乗り換えます。御殿場駅から登山口まではバスを利用します。しかし最も簡単な行き方は新宿から京王高速バスを利用することです。直行バスは富士山五合目(標高 2400 m)まで一直線に運行されています。五合目には休憩施設と案内所があります。多くの人は五合目から富士山頂まで 5 時間から 7 時間かけて登山します。

**NB.**「**2 時間半**」two and a half hours; two hours and a half (あまり用いない). ☆「2 時半[2 時 30 分]」two and half an hour; a half past two; two thirty.

**【参考】**『英語通訳ガイド試験 問題と解説(八訂版)』(研究社刊、山口百々男著)から本体と Q&A を抜粋。本書の第 2 部「口述(第 2 次)試験の最新傾向」では「【1】日本の文化(伝統・現代)・観光・地理: Q&A (20 選)」と「【2】日本事情・日本人論: Q&A (20 選)」の音声無料ダウンロード(2 分間プレゼンテーション)ができる。「伝統文化」では「歌舞伎と能の違い」や「懐石料理と会席料理」(ユネスコ無形文化遺産)など、「現代文化」では「ゆるキャラ」、「メイドカフェとマンガ喫茶」などが記載されている。本書の第 2 部はバイデン大統領の就任演説やテレビ討論会などの同時通訳者(加賀谷まり子)が校閲している。

【監修者略歴】

**山口百々男**（やまぐち　ももお）　サレジアン・カレッジ（哲学科・神学科）。ラテン語・イタリア語に精通。ハーバード大学留学（英語）。東京大学研修（教育）。大阪星光学院中学・高等学校及びサレジオ学院高等学校の元教頭。旧通訳ガイド養成所（現・文際学園日本外国語専門学校及び大阪外語専門学校）の元初代校長兼理事（創業に参画）。全国専門学校日本語教育協会（元理事）。英検1級2次面接元試験官。全国語学ビジネス観光教育協会（元理事）付属観光英検センター顧問。『和英・日本の文化・観光・歴史辞典（三改訂）』（三修社刊、カシオ電子辞書版）、『和英・日本文化辞典（第18刷）』（the Japan Times 刊、日本図書館協会選定図書）、『英語通訳ガイド試験・問題と解説（八訂版）』、『和英・日本のことわざ成語事典』（研究社刊）など著書多数。

KENKYUSHA

〈検印省略〉

**観光英語検定試験**
**問題と解説［2級］**
（四訂版）

2021年7月30日　初版発行

編　者　全国語学ビジネス観光教育協会・観光英検センター
監修者　山口百々男
発行者　吉田尚志
印刷所　研究社印刷株式会社

発行所　株式会社　研究社
〒102-8152 東京都千代田区富士見 2-11-3
電話 03（3288）7711（編集）
03（3288）7777（営業）
振替 00150-9-26710



Printed in Japan / ISBN 978-4-327-43099-3　C1082
装丁：明昌堂